KB216668

대한예수교장로회 제104회 총회 주제연구 시리즈 1

느헤미야와 한국교회의 개혁

총회한국교회연구원 편

대한예수교장로회 제104회 총회 주제연구 시리즈 1

느헤미야와 한국교회의 개혁

지은이 · 총회한국교회연구원 편
펴낸이 · 이충석
꾸민이 · 성상건

펴낸날 · 2019년 9월 9일
펴낸곳 · 도서출판 나눔사
주소 · (우) 03354 서울특별시 은평구 불광로 13가길
         22-13(불광동)
전화 · 02)359-3429   팩스 02)355-3429
등록번호 · 2-489호(1988년 2월 16일)
이메일 · nanumsa@hanmail.net

ⓒ 총회한국교회연구원 편, 2019

ISBN 978-89-7027-987-9-03230

값 15,000원
잘못된 책은 바꾸어 드립니다.

이 도서의 국립중앙도서관 출판예정도서목록(CIP)은 서지정보유통지원시스템 홈페이지
(http://seoji.nl.go.kr)와 국가자료종합목록 구축시스템(http://kolis-net.nl.go.kr)에서 이용하실 수 있습니다.
(CIP제어번호 : CIP2019034589)

대한예수교장로회 제104회 총회 주제연구 시리즈 1

느헤미야와 한국교회의 개혁

총회한국교회연구원 편

나눔사

목차

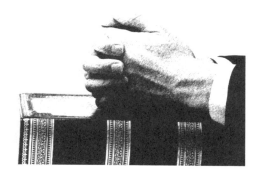

김태영 목사/ 대한예수교장로회 총회장

(백양로교회)

제104회 대한예수교장로회 총회의 주제는 '말씀으로 새로워지는 교회' (느 2:17, 엡 5:26-27)입니다. 현재 교단과 한국교회가 직면한 상황을 말씀을 통하여 지혜를 얻고, 힘 있게 헤쳐나가고자 하는 바람에서 이 주제를 정하게 되었습니다. 제104회기 총회를 위해 기도로 준비하면서 주님께선 느헤미야 에 집중하게 하셨습니다. 신앙공동체를 향한 대내외적 공격과 비난을 슬기롭 게 대처하였던 느헤미야를 바라보며, 교단의 개혁과 교회의 갱신, 나아가 한 국사회를 변화시키고자 하는 소망과 기대를 품게 되었던 것입니다.

현재 우리 교단을 비롯한 한국교회는 대외적으로 많은 위협과 비난을 받 고 있습니다. 그 중 어떤 비난들은 저희도 인정할만한 것이긴 하지만, 상당한 비난들이 사실에 대한 확인도 없이 감정적 측면에서 행해질 때도 적지 않습니 다. 어떤 때는 비난을 넘어 위협과 공격으로 느껴지기도 하는데, 이런 때엔 우 리가 어떻게 대처해야 할까 망설여지기도 합니다.

교회 내적으로 볼 때 매우 다양한 목소리들이 있습니다. 먼저 한국교회의 성장과 성숙은 이 나라와 민족에게 항상 좋은 영향력을 끼쳤다는 평들도 있습 니다. 일제강점기 당시 국민과 온 나라가 절망하고 포기 하던 시대에 말씀을 통해 소망을 품게 된 교회와 성도들은 자유와 해방을 위해 노력하였으며, 이 는 조국의 광복에 큰 도움이 되기도 하였습니다. 전쟁 후 피폐해진 이 땅을 회 복시키고 다시 일으키는 일에도 성도들과 교회가 앞장섰으며, 오늘의 번영된 조국을 만드는 데에 크게 일조하기도 하였습니다.

하지만 오늘의 한국교회는 사회로부터 많은 지탄의 대상이 되고 있는바, 그 이유 중 하나는 하나님과 성경의 말씀에 집중하지 않는 데에 있다고 생각합니다. 오늘 우리 교회는 신앙적인 삶에서 벗어나 세상적인 가치관에 물들어 있는 것 같습니다. 교회 밖의 사회보다도 공적 책임의식이 덜하며, 눌린 자의 해방에 관심이 없는바, 하나님의 영광보단 인간의 욕망을 채우기 위해 경주하고 있는 것이 우리들의 모습이 아닌가 생각됩니다. 이로 인해 한국교회에 대한 신뢰가 추락하였는데 우리는 그 원인이 하나님의 말씀과 은혜를 외면하는 데에서 야기한 것이라 진단하고 있습니다.

하나님께선 교회를 향한 분명한 미션을 가지고 계십니다. 교회를 통해 우리 사회와 민족, 그리고 전 세계와 온 우주를 구원하시기 위한 계획입니다. 우리는 이 같은 하나님의 뜻에 따라 우리 교회를 바른 방향으로 개혁하고 주님의 원하시는 바의 교회의 모습으로 회복하기 위해 노력해야겠습니다. 우리 주님의 계획대로 이 땅과 민족, 세계와 온 우주를 주님께로 돌아오게 하는 교회가 되어야 하는 것입니다. 이와 같이 주님의 뜻에 충실한 교회가 되기 위해 우리 교회를 변화시켜 나갈 때, 외부로부터 오는 비난과 공격을 막아낼 수 있을 것이며, 우리를 감싸고 있는 영적 전쟁으로부터 승리할 수 있을 것입니다.

우리 총회는 이런 소망을 담아 금번 『제104회 총회 주제 연구 시리즈 1: 느헤미야와 한국교회의 개혁』라는 책을 발간하게 되었습니다. 특별히 연구에 동참해주신 목사님들과 교수님들께 진심으로 감사의 마음을 전함과 동시, 연구의 진행과 편집을 해주신 총회한국교회연구원 관계자 모든 분들께 감사의 말을 전합니다. 또한 본인의 일을 도와 혁신을 위한 많은 제안을 하여준 교단 내의 많은 분들에게도 이 자릴 빌어 감사의 뜻을 전하고 싶습니다. 그분들이 없었다면 우리 교회와 사회를 개혁하고자 하는 하나님의 뜻이 구체화되지 않을 것이라 생각합니다. 마지막으로 이 책이 교단과 한국교회를 새롭게 하는데 좋은 길잡이가 되길 바라며 권두언을 갈음합니다.

채영남 목사/ 총회한국교회연구원 이사장
(본향교회)

대한예수교장로회 제104회기 총회의 "말씀으로 새롭게 되는 교회"라는 주제는 '말씀'과 '혁신'이란 두 축으로 구성되어 있습니다. 특히 느헤미야서는 오늘의 우리에게 혁신의 영감을 주는 책입니다. 기회가 되어 예루살렘으로 온 느헤미야는 무너진 곳곳을 살피면서 나라와 민족의 회복을 위한 우선순위를 정하게 됩니다. 성벽을 다시 중수하여 대외적인 침략을 막고, 내적으론 국민들을 신앙으로 하나 되게 하는 것이 가장 우선적인 일임을 그는 깨닫게 됩니다. 이런 느헤미야의 '혁신'의 실천은 모두 하나님의 말씀에 의거한 신앙에서 야기한 것으로, 당시 이스라엘의 신앙공동체가 새로워질 수 있었던 것은 모두 하나님의 은혜였음을 느헤미야서에선 우리에게 강조하고 있습니다. 이에 오늘의 한국교회는 느헤미야가 했던 바대로 무너진 곳을 수축하고, 백성들의 마음을 새롭게 하는 일에 진력해야 할 것입니다.

작금의 우리의 상황은 이런 느헤미야 시대와 같이 총체적 위기 가운데 있습니다. 이러한 위기 상황 가운데에서 우리는 다시 하나님의 말씀에 의지하게 됩니다. 세상을 사랑하셔서 독생자 아들 예수 그리스도를 이 땅에 보내신 하나님의 선하신 구원계획을 우리는 더욱 절실히 의지해야 하는 것입니다. 이를 위해 교회는 지금보다 더 성숙해져 교회의 전반을 혁신해나가야 합니다. '혁신'은 가죽을 벗겨 다듬는다는 뜻을 갖는 것으로, 뼈를 깎는 아픔을 감수하지 않고는 이런 혁신을 가능하지 않습니다.

개혁을 위해 여러 어려움들이 산재해있습니다. 그러나 교회가 한 마음과 한 뜻으로 일어나면 혁신의 성벽이 수축되는 것은 그리 힘들지 않을 것입니다. 하나님의 일하심과 말씀의 능력이 이런 일을 가능하게 할 것이라 생각하는 것입니다. 이러한 시대적 정황 가운데에서 본 총회한국교회연구원은 제104회기 총회주제연구 시리즈 중 첫 번째 결과물로, 본 『느헤미야와 한국교회의 개혁』이란 책을 발간하게 되었습니다. 이 책이 오늘 우리의 목회를 점검해볼 뿐만 아니라 우리가 나아가야할 교회변혁에 확실한 방향을 제시해주길 바라는 것입니다.

이 책은 크게 3부로 구성되어 있습니다. 느헤미야의 영성과 교회개혁과 사회개혁입니다. 제1부에서는 느헤미야의 영성을 다룹니다. 교회와 사회개혁은 하나님을 향한 신앙과 영성으로부터 출발되어야 합니다. 그것은 사회적이며 물질적인 것이기에 앞서 영적인 문제로서 우리가 하나님과의 관계가 바로되지 않고는 어떤 혁신도 불가능한 것입니다.

2부에선 사람이 하나님의 말씀으로 변화되면 교회와 사회는 자연 개혁되기 마련임을 강조합니다. 말씀에서 힘을 얻은 느헤미야의 개혁은 본질적으로 교회의 공동체성을 회복하는 사역이었습니다. 우리 또한 느헤미야의 개혁정신을 이어받아, 이교도의 침략을 당하고 있는 예루살렘과 같이 세속화라는 무서운 격랑 속에서 어려움을 당하고 있는 오늘의 한국교회가 내적이며 외적인 개혁을 통해 사회의 변화를 선도해 나갈 것을 소망하는 것입니다.

3부에선 느헤미야의 개혁이 개인으로 시작하여 신앙공동체뿐 아니라 결국에는 사회공동체에도 영향을 미치게 되는 것임을 우리는 보게 됩니다. 우리의 개혁은 내적인 사역과 함께 교회 밖의 사회를 변혁하는 외적인 사역이기도 합니다.

마지막으로 이번 연구에 동참하여 옥고를 내주신 목사님들과 교수님들께 먼저 감사의 말을 전함과 동시, 연구원의 노영상 원장님, 실장 김신현 목사님, 간사 구혜미 목사님 그리고 책을 출판하여 주신 나눔사의 성상건 사장님의 노고를 치하 드립니다. 바라기는 이 책이 제104회 총회를 위해 유용하게 쓰여, 한국교회와 우리 사회를 새롭게 하길 기대하여 봅니다.

제1부

느헤미야의 영성

느헤미야서에 나타난
인간 변화의 문제

김정훈 교수(부산장신대학교)

1. 들어가는 말

잘 알려진 대로 느헤미야서는 포로기 이후 귀환 공동체의 두 가지 큰 개혁을 주제로 삼는다. 곧 8장에서 언급하는 대로 말씀을 통한 종교적 정체성과 13장에서 보듯 혈통의 순수성을 유지하기 위해 개혁을 통한 민족적 정체성을 확고히 하는 개혁이다. 이는 포로기 이후 페르시아 시대에 여전히 회복되지 않는 다윗 왕조 언약(참조. 삼하 7장)의 대안 구실을 하였다. 물론 이런 정체성 확립을 위한 노력이 배타적 유대주의로 잘못 흘러가는 경향을 보이기도 했지만, 이런 노력이 없었더라면 유다 공동체는 소멸해 버렸을지도 모를 일이다. 그런 뜻에서 이 두 사건은 느헤미야서의 핵심 내용이다.

그런데 그런 개혁을 실행하는 사람들은 실제로 유다 백성들이었다. 이들이 이렇게 마음을 모아 말씀 운동과 혈통의 순수성을 위한 노력을 하기 위해서는 먼저 그들이 마음속 깊이에서부터 달라져 있어야 했다. 느헤미야의 전반부는 바로 그 이야기를 우리에게 들려준다. 페르시아의 수산 궁에서 고위관리로 있던 느헤미야가 예루살렘에 돌아오기 전에 유다 백성들의 상황을 생각해 보라. 비록 그들이 포로기를 지나 해방을 경험하고 고국을 되돌아왔지만, 여전히 페르시아의 속주일 뿐이었다. 더구나 아래서 살펴보겠지만, 폐허가 된 땅을 겨우 회복시키고 살아가려던 때, 뜻하지 않게 예루살렘 성이 공격을 당한 듯하다. 성경에 정확히 나와 있지 않지만, 느헤미야는 바로 이런 배경에서 시작한다. 유다 백성들의 패배감과 좌절은 아마도 극에 달해 있었을 것이다. 더구나 느헤미야는 예루살렘의 멸망도, 성전 파괴도 경험해 보지 못한 세대였다. 그리고 페르시아에서 태어나 그곳에서만 살아왔다. 또한, 이때 페르시아를 다스리던 아닥사스다 1세는 유다의 성전 재건이나 성벽재건에 우호적이지 않은 상태였다. 이런 상황에서 느헤미야가, 아닥사스다가, 그리고 예루살렘을 중심으로 남아 있던 유다 백성들이 달라지지 않는다면, 그 이후의 일은 아무것도 도모할 수 없었을 것이다. 그래서 우리는 여기서 느헤미야서에서 위대한 개혁의 배경이 되었던 예루살렘 성벽재건의 이야기를 살펴보면서 사람들이 어떻게 달라지는지, 또 거기에 어떤 신앙의 모습이 바탕이 되는지, 하나님께서는 어떻게 역사하시는지를 본문을 주석하면서 새기려 한다. 이를 통해서 오늘 우리의 모습을 되짚어 보고 교훈을 얻는 기회가 될 것이다.

2. 느헤미야서에서 변화된 사람들

1) 성벽재건과 개혁을 위한 느헤미야의 변화(느 1:1-2:10)

느헤미야서에 들어서자마자 변화를 경험한 첫 인물은 느헤미야 자신이다. 느헤미야 1장의 첫 구절은 '하가랴의 아들 느헤미야의 말이라'로 시작한다. 그리고 곧바로 느헤미야는 1인칭 시점 진술로 자신의 이야기를 한다. 그래서 1장 1절-2장 10절까지의 본문을 '느헤미야 회고록'(Nehemia-Denkschrift; ND) 가운데 첫 부분으로 여긴다.[1] 이렇게 시작한 본문은 4절까지 앞으로 느헤미야서에서 이어질 내용의 핵심 인물이 될 느헤미야의 변화과정을 그려준다. 그리고 5-11절 전반까지는 변화한 느헤미야가 하늘의 하나님께 드리는 기도다. 그리고 마지막 11절 후반에서는 이런 변화를 겪었을 때 느헤미야의 상황을 다시 한 번 진술한다.

(1) 1장 1-4절, 11절 후반: 느헤미야의 변화

1절 본문에서는 느헤미야서의 이야기를 '느헤미야의 말씀들'로 규정하는데, 복수형으로 쓴 이 '말씀'은 예언서의 신탁과는 달리 '느헤미야가 이룬 일들에 대한 여러 이야기'[2]로 새기는 것이 좋겠다. 이어서 시대적 배경이 등장하는데, 아닥사스다 왕 20년 '기슬르'(히. 키슬레브) 달로 밝힌다. 이때는 일반적으로 아르타크세르크세스 1세의 통치기로 기원전 445년 11/12월 무렵으로 여긴다. 느헤미야는 이때 페르시아 왕들이 머물렀던 수산 궁에 있었다고 밝힌다. 그가 왜 수산 궁에 있었는지는 이 장의 맨 마지막에 가서 밝혀지는데, '왕의 술 관원'이었기 때문이라고 밝힌다. 이 구절이 맨 마지막에 언급되는 것은 이어지는 2장의 이야기와 연관되기 때문이다. 어쨌거나 '왕의 술 관원'(히. 마쉬케 라멜렉)은 정치적 암살이 자주 있었던 고대 사회에서는 널리 퍼져 있었던 제도로, 왕이 마실 술에 독이 들어있는지를 먼저 맛보는 직책이었다. 이 직책으로 느헤미야가 아닥사스다의 깊은 신임을 받고 있었다는 점과 왕과 독대할 수 있는 자리였다는 사실을 알 수 있다. 한 마디로 그는 페르시아 왕실에서 왕의 핵심 측근이었다는 말이다. 이런 자리에 있었던 느헤미야는 사실 자신의 고국 유다의 형편을 살펴야 할 의무는 없었으며, 그럴 필요도 없었을 것이다.

2절을 보면 그러던 어느 날 느헤미야의 형제 가운데 한 사람인 하나니가 몇몇 유대인들을 데리고 찾아온다. 그들은 유다 땅에서 온 사람들이었다. 페르시아 왕실의 고위관리였던 느헤미야는 그들에게 어쩌면 형식적으로 남아

---

1) K.-D. Schunk, *Nehemia*, (BKAT XXIII/2; Neukirchen: Neukirchener Verlag, 2009), 10.
2) P. A. Noss/K. J. Thomas, *A Handbook on Ezra and Nemiah* (New York: United Bible Society, 2005), 257-258.

있던 유다와 예루살렘 사람들의 형편에 관해 물어보았을 것이다. 여기서 쓰인 명사 '(사로잡힘을) 벗어난 이'(히. 하플리타; 개역개정. '면하고')는 '(사로잡힘에서) 살아남은 이'(히. 아쉐르-니쉬아루 민-하쉐비)에 덧붙은 낱말[3] 로, 독자들은 이 말에서 느헤미야가 그들에 대해 걱정하고 있지 않았음을 짐작할 수 있다. 사실 유다는 그가 관심을 두기에는 너무 먼 곳이었고, 또 눈에 보이지도 않았기 때문이었을 것이다. 그런데 3절에서 느헤미야는 뜻밖의 이야기를 전해 듣는다. 고국에 남아 있는 이들이 그곳에서 '큰 환난 가운데'(히. 브라아 그돌라) 있고, '능욕 가운데'(히. 브헤르파) 있으며, 예루살렘 성벽이 허물어지고 성문은 불탔다는 것이다. 아마도 이는 느부갓네살의 침공이 아니라 느헤미야가 살던 시대에 일어난 어떤 사건을 가리킬 것이다.[4] 이것은 느헤미야에게는 충격적인 소식이었다. 사실 느헤미야는 예루살렘 침공을 직접 경험한 세대가 아니어서 고국의 상황에 큰 관심이 없었을 가능성이 크다. 그런 그에게 또다시 예루살렘에 환난이 닥쳤다는 사실은 느헤미야의 마음 깊숙이 있던 혈통적이고 종교적인 근원 정체성을 다시 들끓게 하였던 듯하다. 잘들 지내려니, 이제는 다 회복되었으려니 하며 자신을 위로하고, 왕실 관리로서 자신의 미래에만 관심을 두고 있었을 터인데, 그렇지 않다는 소식을 접하였기 때문이다. 느헤미야가 겪었을 이런 변화의 감정은 4절에서 구체적인 모습으로 드러난다. 그는 예상치 못한 소식에 충격을 받고, 그 자리에 주저앉아 며칠을 울었다. 이것은 사실 장례 때 슬픔을 표하는 방식이다. 이어서 느헤미야는 금식하며 기도하는데, 여기서 금식은 기도의 능력을 더하려는 수단으로 쓰였다.[5] 이 순간 그들의 일이었던 것이 느헤미야에게 나의 일이 되었다. 더는 '수억만 리' 떨어진 곳의 이야기가 아니라 내 동포 내 동족의 일이 되는 순간이다.

---

3) 이 낱말이 더러는 포로기 이후 귀환한 이들을 가리킨다고 주장하기도 한다. 자세한 본문 관찰은, Schunk, Nehemia, 22-23을 보라.
4) 스 4:23 등. H. G. M. Williamson, *Ezra, Nehemiah* (WBC 16; Waco: Word Books, 1985), 172; Schunk, Nehemia, 23 등.
5) Williamson, *Ezra, Nehemiah*, 172.

(2) 1장 5-11절 전반: 느헤미야의 기도

느헤미야의 변화는 기도로 이어진다. 느헤미야의 기도에서 중요한 주제는 회개와 간구다. 먼저 5-7절에서는 자신이 이스라엘 백성을 위하여 드리는 중보기도에 하나님께서 귀를 기울이시고 눈을 열어 들어주시기를 간구한다. 여기서 기도를 들으시는 하나님의 성품과 기도의 내용을 요약하는데, 먼저 5절에서 하나님께서는 '주를 사랑하고 주의 계명을 지키는 자에게 언약을 지키시며 긍휼을 베푸시는' 분으로 고백한다. 이는 흔히들 하는 말로 신명기와 연관된 표현들이다(참조. 신 7:9, 12, 21; 10:17 등).[6] 그리고 기도의 핵심 주제는 6절에서 자기 조상 이스라엘 자손의 범죄에 대한 회개다. 이 또한 여전히 신명기계 역사서에서 보여준 역사서술의 원칙이다. 곧 지난날의 잘못을 되돌아보고 회개하여 지금 겪는 고난에 대한 하나님의 은총을 간구하는 것이다. 어쨌거나 이 기도문에는 신명기계 역사가의 관점이 배어 있음을 알 수 있다. 이런 관점은 7절에서 더욱 선명하게 드러난다. 곧 이 구절에서는 신명기에서 즐겨 쓰는 계명(히. 미츠보트)과 율례(히. 후킴)와 법도(히. 미쉬파팀)을 쓰며(참조. 신 5:31; 6:1; 7:11; 26:17 등), 이것들이 모세와 관련된 전통임을 분명히 밝힌다.

이어지는 8-9절은 하나님의 본성에 기대어 간구를 구체화한다. 곧 하나님께서는 백성들의 범죄 때문에 그들을 흩으실 것이지만, 돌이켜 계명을 지켜 행하면 하나님의 이름을 두시려고 택한 곳을 돌아오게 하실 것이라 하신 약속에 기댄다. 이 구절은 특히 신명기 30장 1-4절을 생각나게 한다. 이어지는 10절에서는 하나님과 맺는 관계 안에 있는 이스라엘 백성의 정체성에 기댄다. 요컨대 하나님의 약속과 선택받고 구원받은 이스라엘 백성의 정체성을 바탕으로 또 한 번의 구원을 간구하는 것이다.

10절까지는 다소 정형화된 간구라 여길 수 있다. 반면에 11절 전반은 변화한 느헤미야의 개인적이고 구체적인 결단이 들어있는 결정적 간구다. 느헤

---

6) J. M. Myers, *Ezra, Nehemiah* (AB 14; Garden City/New York: Doubleday, 1965), 95-96; Schunk, Nehemia, 26; Williamson, *Ezra, Nehemiah*, 172 등.

미야는 자신이 '이 사람'(히. 하이쉬 핫제) 앞에서 은혜를 입게 해 달라고 간구한다. 여기서 말하는 그 사람은 분명히 아닥사스다 임금일 것이다. 느헤미야가 말하는 은혜가 무엇인지는 앞서 다룬 11절 후반에서 짐작할 수 있다. '왕의 술 관원'[7]으로서 자신이 할 수 있는 일을 무사히 실행하기를 바라는 간구인 셈이다. 여기서 변화한 느헤미야가 마음의 변화에 그치지 않고 곧바로 실행에 옮기는 결단력과 과감함을 엿볼 수 있다.

(3) 2장 1절-10절: 아닥사스다의 변화

1장 11절에서 느헤미야가 아닥사스다 임금의 술 관원이었다는 사실을 밝힌 장면에서 2장의 이야기가 이어진다. 본문은 왕실에서 느헤미야와 아닥사스다 임금 사이에 오간 대화가 중심을 이룬다. 여기서 느헤미야의 기도, '이 사람 앞에서 은혜를 입게 하옵소서'라는 간구가 어떻게 이루어지는지를 아닥사스다의 질문에서 그의 생각이 어떻게 변해가는지를 추적해 보면 흥미롭다. 아닥사스다 임금은 본문에서 세 차례(2, 4, 6절) 느헤미야에게 질문하는데 본문은 이 질문을 중심으로 흐름이 바뀐다(1-3, 4-5, 6-10절).

먼저 1절에서 본문의 사건이 '아닥사스다 왕 제이십년 니산 월'이라 밝히는데, 이는 1장 첫 부분에서 밝힌 때부터 넉 달이 지난 기원전 444년 4/5월이다. 그러니 이 넉 달 동안 느헤미야는 계속해서 자신이 무엇을 할 수 있을지 궁리하고 기회를 엿보고 있었을 것이다. 술 관원이었던 느헤미야는 여느 때처럼 임금에게 자신이 검사한 포도주잔을 드린다. 1절 마지막 부분에서 개역개정은 '내가 왕 앞에서 수심이 없었더니'라고 옮겼는데, 원문을 직역하자면 '나는 그 앞에서 악(히. 라아)이 없었다'가 된다. 물론 창세기 40장 7절이나 잠언 25장 20절 등을 바탕으로, 문맥에서 이 '악'이 왕을 향한 나쁜 의도가 아니라 실제로는 느헤미야의 겉모습이 수척해 있거나 우울해 보이는 모습을

---

7) 몇몇 칠십인역 필사본들은 여기서 '술 관원'(헬. 오이노코스)을 비슷한 발음의 '환관'(헬. 에우노코스)로 음역하는데, 이를 두고 느헤미야가 거세당한 환관이었을 것이라고 여길 필요까지는 없겠다. 참조. 2장1절.

묘사한다. 느헤미야가 비록 본문에서 스스로 감추려 했지만, 아마도 지난 넉 달 동안 고국을 생각하고 기도하며 금식하느라 얼굴도 수척하고 우울함은 그대로 드러나 있었을 것이다.[8] 그래서 2절에서 임금이 묻는다. '왜 그대의 얼굴에 수심이 있는가? 그대에게 병이 없으니, 분명히 그대의 마음에 수심이 있는 것이 아닌가?' 임금의 이 질문은 독자들에게 느헤미야의 모습을 아주 선명하게 그려준다. 이 질문을 받은 느헤미야는 매우 두려워한다. 느헤미야는 왜 두려워했을까? 왕의 신임을 받던 그가 이 질문으로 형벌이라도 받을까 두려워했을 것 같지는 않다. 그 대신 이제는 자신이 기도해 오던 일을 말하고 아닥사스다 임금의 반응을 보아야 한다는 사실에서 오는 두려움이라 해야 할 것이다. 3절에서 느헤미야는 임금에게 자신이 들은 이야기를 전한다. 여기서 느헤미야가 예루살렘을 '내 조상들의 묘실이 있는 성읍'으로 언급한 것은 처음 예루살렘에서 온 사람들을 만났을 때 보여준 거리감과는 매우 차이가 있다. 이제 느헤미야는 예루살렘의 일을 자기 일로 여기고 있다.

4절에서 임금은 느헤미야에게 두 번째로 질문한다. '그대가 바라는 것이 무엇인가?' 이 질문을 들었을 때 느헤미야는 벌써 자기가 하나님께 했던 기도, 곧 '은혜'의 응답을 느꼈을 것이다. 왜냐하면, 임금이 '그것이 그대와 무슨 상관이 있는가? 그대는 여기서 하던 일에나 충실하도록 하라.'라고 대답했다면 끝이었을 것이기 때문이다. 이에 느헤미야는 하나님께 또 한 번 기도한다. 느헤미야가 구체적으로 어떻게 기도했는지는 전하지 않지만, 문맥에서 볼 때, 1장 11절의 간구를 되풀이했을 것으로 추정할 수 있다. 5절은 이 단락에서 핵심 구실을 한다. 느헤미야가 품고 있던 뜻을 과감히 임금에게 밝히기 때문이다. 자신을 예루살렘으로 보내서 무너진 성벽을 재건하게 해 달라는 것이다. 이제 느헤미야가 할 수 있는 모든 일은 다 했다. 느헤미야의 이 모습에서 두 가지를 배울 수 있다. 먼저 변화된 신앙인은 행동한다. 느헤미야는 멀게만 느껴지고 자신과 무관하게만 보였던 예루살렘의 일을 보고 공감을 한 뒤 그 일

---

8) Myers, *Ezra, Nehemiah*, 99.

을 해결하기 위해 기도하고 행동했다. 둘째로 변화된 신앙인은 저 스스로 모든 일을 해결하려 들지 않고, 할 수 있는 일을 다 한 뒤 하나님께 내맡긴다. 느헤미야가 지금 기도하고 아닥사스다의 결정의 기다리는 모습과 마음이 그렇다.

6절에서 본문은 왕비(히. 쉐갈)이 함께 있었다는 흥미로운 정보를 준다. 고대 사회에서 왕비는 일반적으로 공공의 만찬에 함께 하지 않는다는 점을 바탕으로 볼 때, 이 언급은 지금 느헤미야가 임금을 개인적으로 만나고 있다고 여길 수 있다.[9] 이 본문은 '임금이 내게 말했다'는 언급 뒤에 있어서 독자들에게 긴장감을 더해준다. 이윽고 임금은 세 번째로 느헤미야에게 얼마나 걸리겠느냐고 질문한다. 이 질문은 사실 느헤미야에게는 기도의 응답이다. 아닥사스다 1세가 성전 재건 금지 칙령을 내린 적이 있던 것을 생각하면(스 4:7-23),[10] 아닥사스다가 예루살렘 성벽재건에 대해 긍정적인 답변을 주었다는 것은 엄청난 변화다. 그런데 이 변화는 느헤미야의 능력 밖에 있는 일이었다. 그런데 지금 기도의 능력에 의지한 느헤미야는 예루살렘의 일에 대해 완고했던 아닥사스다 임금의 변화를 경험한다. 결국, 이 구절에서 임금은 느헤미야를 예루살렘으로 보내는 일에 동의한다. 그리고 기한(히. 즈만=아람어)을 정한다. 7-8절 전반에서 느헤미야는 내킨 김에 임금에게 조서(히. 이게레트; 아람어. 이그라)를 내려달라고 요청한다. 이 조서에는 페르시아에서 예루살렘까지 가는 길목에 있는 여러 지방의 통과 허가를 총독들에게 명령하는 것(7절)과 성곽과 자신이 머무를 집을 위한 목재 조달 허가(8절 전반)가 들어있어야 한다. 여기서 흥미로운 점은 느헤미야가 벌써 '왕의 삼림(히. 파르데스; 페르시아 차용어) 감독'이 누구인지 그 이름까지 알고 있다는 점이다. 느헤미야가 언급하는 삼림이 어디인지 정확히 알 수는 없지만, 감독관 이름을 '아삽'이라는 히브리식 이름으로 언급한 것은 적어도 팔레스틴 근처를 생각할 수 있게 해 준다. 그렇다면 느헤미야는 아닥사스다 임금에게 이 말을 하기 전,

---

9) Williamson, Ezra, Nehemiah, 180.
10) Schunk, Nehemia, 36.

그러니까 지난 넉 달 동안 치밀하게 준비해 왔다는 사실을 짐작할 수 있다. 8절 후반에서 임금은 느헤미야가 요구한 모든 것들을 허락하는데, 여기서 '내하나님의 선한 손이 나를 도우시므로'가 강조되어 있다. 이 말도 아닥사스다의 이런 우호적인 태도 변화는 오로지 하나님의 도우심으로만 가능함을 가르쳐주는 대목이겠다.

이리하여 느헤미야는 예루살렘을 향해 출발한다. 9절이 그 여정을 요약한다. 10절에서는 벌써 느헤미야가 예루살렘에 도착한 것으로 보인다. 여기서 호론 사람 산발랏과 암몬 사람 도비야가 언급되는데, 이들은 이스라엘 자손들이 다시 재정비하려 한다는 소식을 듣고 몹시 나쁜 마음을 먹었다. 이 언급은 앞으로 일어날 일에 대한 복선 구실을 한다.

결국, 느헤미야가 기도로 준비하고 하나님께 모든 것을 내맡긴 뒤에 아닥사스다 임금에게 담대히 나아갔을 때, 성벽재건의 열쇠를 쥐고 있던 임금의 마음을 하나님께서 변화시켜 주셨음을 본문을 통해 분명히 알 수 있다.

2) 성벽 건축을 위한 백성들의 변화(느 4:1-23; 5:1-13)

아닥사스다 임금의 허락을 받은 느헤미야는 마침내 예루살렘에 도착하여 무너진 성벽을 돌아본다(2:11-16). 그리고 백성들을 설득하여(2:17-20), 모든 백성이 저마다 일을 나누어 도맡아 성벽재건을 시작한다(3장). 그런데 이 일을 마무리하기까지는 아직 넘어야 할 산이 있었다. 곧 외부의 도전과 내부의 도전을 극복해야 했다. 이를 위해서 느헤미야의 지도력을 중심으로 백성들이 어떤 변화를 거쳤는지를 살펴보기로 한다.

(1) 4장 1-23절: 외부의 도전에 맞닥뜨려서

2장 10절에서 복선으로 언급한 대로, 성벽재건의 사업에 가장 먼저 방해로 부딪쳐 온 것은 산발랏과 도비야의 도전이었다. 이 이야기는 우리말 성경으로 느헤미야 4장에 나오는데, 우선 이 본문은 히브리어와 우리말 성경의 장절 구분이 다르다. 히브리어 성경은 우리말 성경의 4장 6절까지를 3장에 포함해서 읽는다. 그리하여 히브리어 성경에서 3장은 38절까지 있고, 4장은 17절까지 있게 된다. 이렇게 하면 성벽재건의 광경과 외부 대적의 비난을 이어서 읽게 되어 긴장감이 더 넘친다.

본문은 히브리어 성경이 3장으로 읽은 1-6절에서는 대적들의 첫 반응과 느헤미야의 기도가 나오며, 7-14절에서는 대적들의 둘째 반응과 느헤미야의 조치가 나온다. 그리고 15-23절에서는 실제로 느헤미야를 중심으로 백성들이 대처해 나가는 과정이 기록되어 있다.

1절에서 가장 먼저 성벽재건에 반응한 외부 세력은 산발랏이다. 산발랏의 이름은 바벨론식이다. 그 뜻은 '(달의 신) 신이 생명을 주었다'[11] 이지만, 그의 출신지에 대해 더는 알 수 없다. 다만 느헤미야나 유다 백성들의 일에 직접 관여하는 것으로 보아 지도자 계층임은 추측할 수 있으며, 이집트에서 발견된 문서인 엘레판틴 파피루스의 언급[12] 과 2절을 바탕으로 그가 사마리아를 관장하고 있었을 것으로 여긴다. 2장 10절에서 산발랏을 '호론 사람'이라고 한 데서는 큰 정보를 얻기 어렵다. 어쨌거나 그는 예루살렘 성벽재건 소식에 먼저 '크게 분노한다.' 이 분노는 아마도 당시 유다의 쇠락을 틈타 그가 누렸던 정치적이고 경제적인 권력에 위협을 느꼈기 때문일 것이다.[13] 하지만 그는 우선 느헤미야의 계획을 비웃는다. 2절에서 그는 자기 백성인 사마리아 사람들에게 유다 백성들을 '미약하다'(히. 아멜랄림)고 깎아내린다. 우선 자기 백성들의 동요를 막으려는 시도였을 것이다. 3절에서는 전통적으로 유다의 대적 세력이었던 암몬 사람 도비야가 나선다. 그는 흥미롭게도 '여호와는 선하시다'는 뜻의 히브리식 이름을 가지고 있다. 하지만 그가 여호와를 섬기는 사람이었다거나 이스라엘 출신이라고 말하기는 어렵다. 어쨌거나 그는 이번에는 유다 백성들이 세우고 있는 성벽을 여우가 올라가도 무너질 것이라고 비웃는다.

---

11) Williamson, *Ezra, Nehemiah*, 182.
12) Williamson, *Ezra, Nehemiah*, 182.
13) Noss/Thomas, *Ezra and Nehemiah*, 323.

이 두 사람의 비웃음은 우선은 자기 세력을 결집하고 단속하려는 의도가 있었겠지만, 무너진 성벽을 애써 재건하던 유다 백성들에게는 위협이자 힘을 빼는 말이었을 것이다. 그도 그럴 것이 산발랏은 자신들의 무기력을 꼬집어 말했고, 도비야는 자신들이 하는 일 보잘것없다고 비웃었기 때문이다. 이는 느헤미야가 오기 전 유다 백성들이 빠져 있던 좌절감의 핵심이었을 것이다. 산발랏과 도비야의 이런 도발은 바벨론 포로기부터 유다 백성들을 억눌러 왔던 패배주의에 불을 지르는 일이 될 수 있었다. 무너진 예루살렘 성벽을 보고서도 다시 쌓을 엄두도 내지 못하고 있는 유다 백성들이 겨우 힘을 내서 모이려는데, 그들 내면에 있는 열등감을 자극한 것이다.

이때 4-5절에서 느헤미야는 하나님께 다시 기도한다. 4절에서는 탄원 시편에서 전형적으로 찾아볼 수 있는 간구를 볼 수 있다. 먼저 느헤미야는 하나님께서 유다 백성들이 업신여김을 당하여서 하는 탄원을 들어주시기를 간구한다. 그리고 자신들을 대적하는 세력들에게 하나님께서 갚아주시기를 간구한다. 시편에서도 마찬가지이지만, 특히 느헤미야는 앞서 아닥사스다 임금에게 나아갈 때도 모든 것을 하나님께 내맡겼는데, 여기서 대적들의 공격에 대한 대응도 가장 먼저 하나님께 그 주권을 내맡기는 것으로 시작한다. 그리고 5절 후반에서 느헤미야는 산발랏과 도비야의 도발이 자신들을 향하는 것이 아니라 '주를 노하시게 하였음'이라고 고백한다. 이 또한 탄원 시편에서 하나님께서 탄원을 들어주셔야 하는 근거로 드는 형태다. 6절에서 느헤미야와 백성들은 기도와 더불어 '마음 들여 일을 하였'다(직역: 일하는 데 마음이 있다). 그러니 느헤미야와 백성들은 산발랏과 도비야의 도발에 기도를 통해 대적들의 처리를 하나님께 내맡기고 자신들은 할 수 있는 일에 최선을 다했다는 말이다. 이는 앞서 아닥사스다 임금에게 나아갔을 때의 느헤미야도 마찬가지였다. 지금 산발랏과 도비야 등 대적들 앞에서 유다 백성들이 맞닥뜨린 상황만 보자면, 무너진 성벽을 내버려 둬야 했던 지난날과 다를 바 없었지만, 그들은 분명히 달라져 있다. 신앙의 기본에 돌아와 있다. 이는 유다 백성들을 향한 기도이기도 하다. 그들의 열등감과 패배주의는 시선을 자신과 환경에만 두기 때문이다. 탄원 시편에서 그토록 애쓰는 것이 그런 유한한 가치 세계를 초월하여 시선을 무한하신 하나님께로 옮기는 것이었는데, 지금 느헤미야는 바로 그런 신앙의 기본을 기도를 통해 역설하는 것이다.

하지만 산발랏과 도비야의 도발은 말에 그치지 않았다. 7절에서는 대적의 세력이 늘어난다. 산발랏과 도비야는 물론 유다 남쪽의 아라비아 사람들과 동쪽의 암몬 사람들, 그리고 서쪽의 아스돗 사람들까지 가세한다. 그러니 온 사방에서 대적들이 몰려온 셈이다. 기도하며 오로지 성벽재건에만 매진하는데, 대적은 점점 늘어가며 상황이 나빠져 간다. 더 나아가서 8절에서 대적들은 물리적 공격을 모의한다. 곧 그들이 합세해서 예루살렘으로 올라와서 전쟁을 치르고, '요란'(히. 토아)하게 하자는 것이다. 이 낱말은 이 형태로 구약성경에서 여기와 이사야 32장 6절에서만 쓰이는데, 이사야에서는 신앙적으로 하나님을 떠난 어긋난 생각을 뜻한다.[14] 그러므로 이들이 노린 것은 신앙을 저버리고 다시 패배주의에 빠져 좌절하는 것이다.

이런 공격에 맞닥뜨려 유다 백성들은 9절에서 두 가지 반응을 한다. 이 반응은 느헤미야의 앞선 행보에서도 전형적이었다.[15] 먼저 유다 백성들은 느헤미야와 함께 하나님께 기도한다. 이는 느헤미야의 앞선 기도가 끌어낸 근본적인 변화다. 느헤미야는 고국의 소식을 처음 들었을 때도, 아닥사스다 임금 앞에 섰을 때도 기도부터 했다. 변화된 지도자 한 사람의 영향력이 패배주의에 빠져 있던 유다 백성들에게까지 퍼져나간 좋은 보기다. 둘째로, 느헤미야가 할 수 있는 모든 것을 했던 것처럼 유다 백성들도 대적들의 침략을 막기 위해 파수꾼을 두어 밤낮으로 지키게 했다. 이것은 이전에도 할 수 있었지만, 신앙의 기본으로 돌아와서 시선을 오로지 하나님께만 두었을 때, 과감히 할 수 있는 일들을 실행할 수 있었다고 보겠다.

10절을 보면, 유다 백성들이 패배주의를 완전히 극복하지는 못했던 것으로 보인다. 10절에서 유다 백성들은 여전히 자신들의 나약함을 탄식하며, 성

---

14) 빌헬름 게제니우스, 이정의 역, 『히브리어 아람어 사전』(서울: 생명의 말씀사, 2007), 874.
15) 비슷한 견해로는, Williamson, Ezra, Nehemiah, 226을 보라.

벽 건축에 부정적인 태도를 보인다. 여기서 유다 백성들의 심정은 히브리어 본문의 운율에서도 찾아볼 수 있다. 유다 백성들의 말을 히브리어 어순 그대로 옮겨보면 다음과 같다.

절 전반: 쓰러졌다네/힘이/짐 나르는 이들의//그러나 흙무더기는/많다네. (3+2)
절 후반: 그러니 우리는/않다네/가능하지//짓는 것이/그 성벽을. (3+2)

어쩌면 유다 백성들은 이때 넋두리처럼 이런 노래를 읊조렸을 수 있다.[16] 평행 어구(3+3)가 완성되지 못한 이런 운율(3+2)은 이른바 '키나'(qinah)라고 부르며, 주로 히브리어 조가(弔歌)에서 슬픔을 표현하는 방식이다. 이토록 유다 백성들은 여전히 비탄과 좌절에 잠겨 있다.

더욱이 11절에서는 다시금 산발랏과 도비야와 같은 대적들이 8절에서 했던 것보다 한술 더 떠서 유다 백성들이 '알지 못하고 보지 못하는 사이에' 쳐들어오겠다고 위협하는 소문을 퍼뜨린다. 다시금 변화에 치명적인 위기가 찾아온다. 12절을 보면, 이런 위기에서 실제로 유다 백성들을 동요하게 한 것으로 보인다. '그 원수들의 근처에 거주하는 유다 사람들'은 열 번씩이나 느헤미야를 찾아와 도움을 청하였기 때문이다.

13-14절에서 느헤미야는 이런 위기에서 두 가지 조처를 한다. 13절에서는 우선 대적들을 향한 의지를 보여주는 조처인데, 취약한 성벽 부분에 무장한 병사들을 배치하였다. 이는 자신들은 무장하였으며, 대적들과 싸울 준비가 언제든 되어 있음을 보여주는 행동이다.[17] 더불어 이렇게 병사들을 배치하여서 외부의 위협에 불안해하는 유다 백성들을 안심시키는 목적이기도 하겠다. 14절에서 느헤미야는 둘째로 유다 백성들을 독려하는데, 여기서도 지금까지 이어온 두 가지 신앙의 기본을 강조한다. 먼저 상황에 압도되어 두려워하지 말고, 무엇보다 '크고 두려우신 주를 기억'하라는 것이다. 모든 일을 이루시는

---

16) Schunk, *Nehemia*, 134.
17) 이런 견해는 Noss/Thomas, *Ezra and Nehemiah*, 333을 보라.

이는 하나님이므로 먼저 그분께 존재 자체를 내맡기는 것이 변화의 시작이라는 말이다. 그런 뒤에 제각각 할 수 있는 일을 하라고 독려한다. 곧 '너희 형제와 자녀와 아내와 집을 위하여' 싸우라는 것이다. 이것은 지금 하는 성벽재건의 일이 느헤미야의 명령이기 때문이 아니라, 자신을 위한 일임을 강조하는 대목이다. 이는 느헤미야가 유다로 온 결정적인 까닭이기도 했다.

느헤미야의 이런 독려의 세 가지 결과를 15절에서 요약한다. 먼저 대적들의 반응이다. 그들은 느헤미야가 대적들을 향해 주었던 메시지를 분명히 알아들었다. 곧 그들이 퍼뜨린 소문이나 그들의 의도를 유다 백성들이 이미 알고 있음을 깨달은 것이다. 그다음으로 하나님께서 어떻게 하셨는지를 말해준다. 본문은 '하나님이 그들의 꾀를 폐하셨으므로'라고 전한다. 하나님께 모든 것을 내맡기고 그분께 기도한 뒤, 제각각 할 수 있는 일들을 최선을 다해 실행했을 때, 그 결과는 하나님께서 이루심을 또 한 번 분명하게 고백한다. 마지막으로 유다 백성들은 이 모든 일을 경험하고 다시금 제자리로 돌아가서 성벽 건축의 일을 계속한다. 이제는 정말 유다 백성들이 더는 아무런 불화 없이 (without dissension)[18] 마음을 굳혔음을 깨달을 수 있다.

16-23절은 본격적으로 성벽재건을 하는 모습을 서술한다. 백성들은 16-18절과 21-23절에서 보듯, 절반은 무기를 들고 외부의 도전에 대비하고, 나머지 절반은 성벽재건의 일을 한다. 조직적이고 일사불란하게 이 모든 일이 진행된다. 이 가운데 19-20절에서 느헤미야는 거듭 백성들을 독려한다. 핵심은 20절에서 보듯, '우리 하나님이 우리와 위하여 싸우시리라'는 메시지다. 모든 것을 그분께 내맡기고 묵묵히 할 일을 해나갈 때, 그분께서 결과를 책임지실 것이라는 신앙을 북돋아 준 것이다.

유다 백성들은 성벽재건의 일을 시작하면서 외부에서 오는 심각한 도전에 맞닥뜨렸다. 물론 이 도전에 유다 백성들은 다시금 이전의 패배주의로 돌아갈 위기를 맞았지만, 느헤미야를 중심으로 신앙의 기본을 다지는 것으로 이 위기

---

18) Williamson, *Ezra, Nehemiah*, 227에서 이렇게 표현한다.

를 극복할 수 있었다. 유다 백성들의 변화 중심에는 하나님께 모든 것을 내맡기고 공동체 구성원이 제각각 할 수 있는 일을 묵묵히 최선을 다해 실행하는 데 있었다.

(2) 5장 1-13절: 내부의 도전에 맞닥뜨려서

느헤미야와 백성들이 성벽재건을 위해 안간힘을 써서 외부의 도전을 물리친 본문에 이어 독자는 5장에서 또 다른 당혹스러운 문제에 맞닥뜨린다. 이 문제는 외부가 아니라 내부의 사회 계층 사이에서 벌어진 갈등이다. 본문의 형성과 관련해서는 학자들의 의견이 엇갈린다.[19] 곧 어떤 이들은 이 본문이 성벽재건의 시대 이야기가 아니라고 주장하는데, 그들 견해의 핵심적 주장은 이런 사회 계층 갈등이 생기기에는 성벽재건이 너무 짧다는 것이다. 하지만 성벽재건에서 이런 갈등이 비로소 생겨나지는 않았을 것이다. 이미 유다 백성들 사이에 뿌리를 깊이 내리고 있던 계층 갈등이 성벽재건에서 촉발되었다고 볼 수 있다. 힘을 모으기에 마음이 나뉘어 있다는 것이다. 그래서 우리는 이런 관점에서나 최종형태 본문을 읽는 이의 입장에서 이 본문이 성벽재건 당시의 기록을 전한다는 이들의 입장에 동의하고 읽는다.

본문은 내용과 형식의 관점에서 명확히 두 부분으로 나뉜다. 먼저 1-5절에서는 3인칭 시점에서 사회 계층 사이의 갈등이 촉발되는 장면을 그려준다. 이어지는 단락부터는 느헤미야 회고록의 한 부분으로 여기도록 1인칭 시점으로 되돌아온다. 6-13절은 사회 계층 사이의 문제를 해결하기 위해서 느헤미야가 취한 조치를 서술한다. 여기서 우리는 외부의 도전을 극복한 느헤미야와 유다 백성들이 내부의 도전을 어떻게 극복하며 변화해 가는지를 살펴보기로 한다.

1절에서 사회 계층 사이의 문제가 어떤 형태로 드러났는지를 '부르짖음' (츠아카)으로 표현한다. 이 낱말은 물리적으로 들리는 소리뿐 아니라, 불의에

---

19) 서로 다른 견해는 Williamson, *Ezra, Nehemiah*, 234-236과 Schunk, *Nehemia*, 144-146 을 견주어 보라.

대한 탄원(참조. 창 18:21; 19:13)은 물론, 그러한 상황을 바로잡아 주기를 바라는 도움의 호소(참조. 출 22:22; 시 9:12; 욥 27:9; 34:28 등)를 뜻한다.[20] 여기서 부르짖는 이들은 '백성'(하암)이며, 이들의 '원망'(히브리어 본문에 없음)을 받는 이들은 '그들의 형제 유다 사람들'이다. 이 두 집단은 결국 모두 유다 사람들이다. 더욱이 독서 과정에서 자연스레 추측할 수 있는 사실은 이 두 집단 모두 성벽재건 공사에 동원되어 있었을 것이라는 사실이다. 아무리 좋은 일이더라도 마음이 갈라져 있는 상태에서는 그 일에 매진하기 어렵다. '백성'이라 일컫는 이들은 지금 '그들의 형제 유다 백성들'과 집단을 분리하여 그들의 불의를 하소연한다. 더욱이 그들은 제각각 아내와 함께 부르짖는다. 느헤미야서에서 여성들이 행동에 나서는 일이 드물다는 점(참조. 느 3:12; 12:43)에서 볼 때, 이들이 나선 것은 상황의 심각성을 강조한다고 볼 수 있다.[21]

2-4절에서는 백성들의 부르짖음이 어떤 내용이었는지를 구체적으로 세 가지로 예를 든다. 2절과 3절과 4절에서 제각각 '그리고 ~ 라고 말하는 사람들이 있었다'(브예쉬 아쉐르 오므림)라는 구절로 시작해서 생생하게 직접화법으로 전달한다. 2절에서 말하는 첫째 무리는 자녀가 많아서 곡식을 '얻어야' 먹고 살 수 있다고 탄식한다. 이 말은 일반적으로 해석하는 대로 땅을 소유하고 있지 않아서 품꾼으로 사는 사람들을 일컫는다. 그러니 이들은 경제적으로 가장 가난한 이들이겠다. 이들의 문제는 두 가지로 추측할 수 있다. 첫째는 품을 팔 자리가 없는 경우와 둘째로는 품을 팔 자리가 있더라도 부당노동행위가 있었을 수 있다. 근본적인 생존권의 문제를 안고 사는 이들이다. 이들에게는 사실 성벽재건이라는 명분이 있는 일보다는 하루하루 생존이 더 큰 문제다. 둘째 무리는 밭과 포도원을 소유한 사람들이다. 그러나 이들은 부농들과 시장에서 경쟁하지 못하고, 이문은커녕 그나마 가진 재산, 밭과 포도원과 심지어 사는 집을 저당 잡혀서 먹을 것을 구해야 하는 신세다. 이들은 전형적으로 빈익빈 부익부의 부조리에 희생당하고 있는 이들이다. 더욱이 이집트 유대 공동체

---

20) Schunk, *Nehemia*, 146.
21) Noss/Thomas, *Ezra and Nehemiah*, 342.

의 문헌에 따르면 이 당시 이자율이 무려 65-70%에 이르렀다.[22] 아마도 이무리의 탄식에는 이런 고리대금의 관행이 배경일 것이다. 만약 그렇다면 무슨 명분으로도 이 백성이 한 마음으로 성벽재건을 하기는 쉽지 않다. 셋째 무리에게 문제는 '왕의 세금'(히. 미다트 하멜레크)이다. 이들은 제국에 바쳐야 하는 세금이 형편에 버거움을 극단적으로 표현한다. 앞선 구절에서와 마찬가지로 밭과 포도원을 담보로 빚을 내서 갚아야 할 지경이라는 것이다.

5절에서는 이런 상황에서 유다에 사회 계층 문제가 생겨서 결국 어떤 이들은 부유하지만, 다른 이들은 채무 노예로 전락하였음을 역설한다. 결국, 이런 상황에서 힘없이 손쓰지 못하고 다를 것 전혀 없는 동족들 사이의 양극화를 견딜 수밖에 없다고 탄식한다. 이런 상황에서 유다 민족의 부흥을 위해 성벽재건을 하는 일에 무슨 마음을 모으고 힘을 합칠 수 있겠는가? 그래서 유다 백성들에게 지금 가장 필요한 것은 거창한 명분이 아니라, 경제적인 부조리에 상한 마음을 한데 모으는 실제적인 조치였다. 더욱이 1절을 바탕으로 보면, 이런 문제들의 바탕에는 동족 사이 계층 양극화와 그에 따르는 갈등으로 마음이 나눠진 상황이 있었다.

이런 문제에 대해 6-13절에서 느헤미야가 직접 나선다. 6-7절에서는 느헤미야의 반응이 어떻게 변화되어 가는지 그 과정을 보여준다. 6절에서 '그들의 부르짖음과 이런 말'이라는 표현에서 1절에서 썼던 '부르짖음'(즈아카)를 그대로 다시 쓴다. 그리고 '말'(드바리)은 2-5절을 생각나게 한다. 어쨌거나 느헤미야는 백성들의 모든 원성을 다 들어준다. 그리고 크게 노하였다. 이 분노는 말 그대로 '의분'(義憤)이라고 할 수 있다. 느헤미야는 오로지 하나님의 성읍이 황폐해진 채 방치되고 하나님의 백성이 실의에 빠진 것을 두고 보지 못해 페르시아 왕실에서 누리던 모든 것을 버리고 수억만 리를 건너왔다. 더욱이 안간힘을 써 가며 산발랏과 도비야와 같은 외부 세력의 도전을 이겨냈다. 그런데 정작 유다 공동체 내부에 더 큰 위협이 도사리고 있었다. 이런 상황에

---

22) 위의 책, 344.

서 느헤미야의 의분은 어쩌면 당연한 인지상정일 것이다. 그러나 느헤미야는 거기서 그치지 않는다. 7절에서 느헤미야는 자신의 마음을 다스린다. 우리말 성경에서 '깊이 생각하고'(바임말로크 립비 알라이)로 옮긴 말의 히브리말 원문에서 쓰인 낱말은 마음속으로 대책을 세우고 궁리하는 모습을 묘사한다. 그런 뒤에 기득권층으로 세력을 키워가던 이들을 불러 논쟁을 벌인다(바아리바). 여기서 우리말 성경에서는 '꾸짖어'로 옮겼는데, 이 낱말은 원래 법정에서 오가는 말을 뜻한다. 그러므로 느헤미야가 윗사람으로 일방적으로 꾸짖었다기보다는 이 문제를 두고 느헤미야는 자신의 견해를 밝히고, 또 그들의 입장도 들었다는 뜻으로 새겨야 한다. 그러니 지금 유다 공동체 안에 도사리고 있다가 곪아 터진 이 도전은 의분만으로는 해결할 수 없다. 도리어 공동체 구성원의 마음을 더 어긋나게 할 것이기 때문이다. 느헤미야는 한숨 쉬고 자신을 돌아본 뒤에 그것도 의견을 나누는 것으로 문제 해결을 시도한다. 문제의 핵심은 유다 백성들 안에서 상대적 상실감으로 마음에 상처를 안고 있는 사람들이 많다는 것이었다. 그리고 거기에는 기득권층이 동족들에게서 챙기고 있었던 '높은 이자'(맛사)가 있었다. 동족에게서 높은 이자를 받는 행위는 율법의 측면에서나(출 22:24; 신 23:19-20), 종교적인 관점에서나(시 15:5) 유다 공동체 안에서 있어서는 안 되는 행위였다. 느헤미야는 바로 이 점을 기득권층에게 알려주었다. 결국, 이 문제가 앞서 느헤미야를 찾아온 백성들의 탄식 밑바탕에 있었다는 말이다. 이른바 '팩트체크'를 해 준 것이다. 느헤미야의 이런 주장에 기득권층은 반박하기 어려웠을 것이다. 그런 뒤에 느헤미야는 모든 유다 사람들을 소집하여 '대회'(크힐라 그돌라)를 연다. 문제를 제기한 사람들도, 또 그 문제에서 비난을 받은 사람들도 모두 처지를 밝혔기 때문에 이제는 다 함께 모여서 이 내부에서 생겨난 도전을 해결할 수 있게 되었다.

경제적인 문제로 마음이 갈린 유다 백성들을 한데 모은 느헤미야는 이제 8-11절까지 연설을 한다. 느헤미야는 이 연설에서 문제의 핵심과 그 해법을 꼬집어 분명하게 말한다. 8절에서는 앞서 느헤미야가 기득권층을 먼저 모아서 했던 주장을 다시 한다. 곧 동족을 향해서 율법에서, 그리고 종교의 관점에서 금지하는 이자를 기득권층이 받아서, 결국 백성들이 채무노예로 전락하게 하였다는 말이다. 그런데 한 걸음 더 나아가서 느헤미야는 이 구절 첫머리에서 자신들이 이방인들에게 노예살이하던 동족들을 해방하려 애썼던 점을 되새겨준다. 물론 이것이 구체적으로 어떤 사건인지 언급하는지는 밝히지 않지만, 자신은 율법을 거슬렀던 기득권층과 달리 레위기 25장 47-49절과 같은 율법 규정에 충실했음을 강조한다.[23] 그리고 기득권층이 동족들에게 높은 이자를 받는 행위를 형제를 '파는'(마카르) 행위라고 규정하는데, 이는 느헤미야가 형제들을 '사는'(카나; [개역개정] '도로 찾았거늘') 행위와 대조를 이루어 강조된다. 이런 느헤미야의 주장에 아무도 한 마디도 대답하지 못한다. 이 대목에서 내부의 도전에 맞닥뜨려서 진정한 변화를 끌어내는 느헤미야의 영적 지도력이 돋보인다. 이어서 9절에서 느헤미야는 히브리어 본문 순서로 다음의 세 가지를 지적한다. 첫째, 기득권층이 동족에게서 높은 이자를 받은 행위가 좋지 않다(로 톱토브)는 것이다. 이것은 율법의 측면에서 본 잘못을 지적한 것이라 할 수 있겠다. 둘째, 여호와를 경외하는 가운데 행해야 했지 않았느냐고 반문하는데, 이는 앞서 언급한 대로 종교적 관점에서 본 잘못을 가리키겠다. 셋째, 대적 이방 사람들의 비방을 생각해보라고 종용하는데, 이는 호시탐탐 빈틈을 노리며 침략을 엿보는 이방 세력의 도전을 일컫는다. 이로써 듣는 이들에게 눈앞에 얻을 수 있는 이익보다 더 중요하고 더 본질적인 것을 생각하게 한다. 10절과 11절에서 느헤미야는 나뉘어 있는 백성들의 마음을 되돌릴 구체적인 방안을 제시한다. 먼저, 10절에서는 느헤미야와 그에게 속한 사람들에게서부터 솔선수범하여 다 함께 동족에게서 이자 받기를 그치자고 선언한다. 이는 새로운 선언이 아니라 모두가 알고 있는 본질로 돌아가자는 제안이다. 그리고 11절에서는 한 걸음 더 나아간 조치를 명령한다. 여기에는 두 가지가 있다. 첫째로 느헤미야는 기득권층이 담보로 받은 밭과 포도원과 감람원과 집을 되돌려 주라고 한다. 이는 앞서 백성들이 제기한 문제에 대한 직접

---

23) Schunk, *Nehemia*, 152.

적인 조치다. 둘째 조치는 사실 논란거리다. 이자로 받은 돈이나 양식, 새 포도주나 기름의 '백분의 일'(메아트 하케세프; [직역] '은[돈]의 백분의 일')을 되돌려 주라는 것이다. 이 '백 분의 일'이 한 달 치 이자로 12%의 연이자를 염두에 둔 것인지, '백'을 뜻하는 연계형 '메아트'가 '이자'(마쇼트)나 '조세'(마소트)의 필사 오류인지 등의 문제는 거듭 견해가 갈린다.[24)]

어떤 견해이든지 12절에서 기득권층이 그대로 하겠다고 맹세까지 한 것을 보면, 그들에게 무리가 되지 않는 합리적인 제안으로 이해할 수 있다. 다시 말하자면, 느헤미야는 이 제안에서 상대적 상실감으로 성벽재건의 일에 진심으로 참여하지 못하는 이들뿐 아니라 자칫 조세나 이자율의 개혁으로 기득권층의 불만이 생기는 일을 막은 것이다. 사실 개혁과 변화라는 미명으로 종종 한 계층은 소외되기 마련인데, 느헤미야는 모든 이를 아우를 수 있는 해법을 제시한다. 여기서 온 유다 백성의 참된 변화를 끌어낼 수 있는 원동력이 생겼다고 보아도 되겠다. 형이상학적인 이상만 강요하는 것이 아니라 느헤미야는 현실적인 문제의 원만한 해결에 관심을 두는데, 중요한 것은 느헤미야가 유다 백성들의 마음을 중요하게 여기고 그들의 마음을 감싸는 데 초점을 맞추었기 때문에 가능하였을 것이다. 마지막으로 13절에서는 느헤미야가 맹세의 상징적 행동으로 옷자락을 털며 '이 말대로 행하지 아니하는 자는 모두 하나님이 또한 이와 같이 그 집과 산업에서 털어 버리실지니 그는 곧 이렇게 털려서 빈손이 될지로다'라고 선언한다. 그리고 그 자리에 모인 모든 백성은 '아멘'으로 화답한다. 그리고 여호와를 찬송한 뒤, 모든 일을 그대로 행한다.

여기서부터 안팎의 모든 도전을 이기고 성벽재건이 탄력을 받아 완공된다. 그리고 이어서 말씀을 통한 개혁과 이방 통혼 단절을 통한 민족 정체성 개혁에 모든 백성이 한마음으로 참여할 수 있게 되었다. 이 모든 일은 느헤미야에게서 시작한 마음속 깊이에서부터 우러난 변화가 안팎의 도전을 이겨내는 백성들의 변화로 이어지고, 그 힘으로 이루어낼 수 있었던 개혁의 결과다.

---

24) 이 문제에 대해서는, Williamson, Ezra, *Nehemiah*, 233을 보라.

3. 나가는 말

이상에서 우리는 느헤미야서 전반부의 내용들을 통해 느헤미야서에서 중요한 개혁의 원동력이 된 느헤미야를 비롯한 유다 백성들의 변화를 살펴보았다. 우리는 여기서 공동체를 구성하는 한 사람 한 사람이 힘을 모아야 하는 일을 추진하기 위해 어떻게 어떤 변화가 중요한지를 배울 수 있었다. 오늘 우리나라 교회 공동체에서 시작해야 할 또 한 번의 변화를 위해 새겨야 할 교훈 몇 가지를 정리하는 것으로 마무리해 보자.

첫째, 신앙공동체의 변화는 관심에서 시작한다.

느헤미야에게 예루살렘은 머나먼 곳이었다. 사실 외국에서 태어나 그곳에서 자라, 그 나라의 고위관리가 되어 승승장구하던 느헤미야가 굳이 관심을 가질 까닭은 찾기 힘들었다. 그러나 형제들의 말에서 시작한 민족의 정체성은 느헤미야에게 멀게만 느껴졌던 예루살렘의 상황에 관심을 두게 하였고, 결국 페르시아의 고위관직조차 버리고 예루살렘으로 가서 개혁을 이끌게 하였다. 또한, 유다 백성들도 패배주의에 빠진 채, 성벽이 무너진 데 관심을 둘 겨를이 없었다. 더욱이 산발랏과 도비야와 같은 외부의 도전과 경제 정의가 무너진 내부의 도전에 맞닥뜨려서 점점 더 나락으로 빠져들 수 있었다. 그런데도 유다 백성들은 무너진 성벽을 바라보고 관심을 두고 그 성벽의 재건이 곧 신앙공동체의 개혁을 이루는 첫걸음임을 깨달을 수 있었다.

관심을 두지 않는 곳에 변화의 꿈을 꿀 수는 없다. 느헤미야가 유다 백성들이 무너진 성벽에 눈길을 두고 그곳에 관심을 두고 재건과 개혁을 이루어낼 수 있었던 것처럼, 오늘 우리 공동체에서도 실망과 외면보다는 관심의 애정이 어린 관심의 눈길이 필요하겠다.

둘째, 신앙공동체의 변화는 하나님께 시선을 맞추는 데서 시작한다.

느헤미야는 성벽이 무너진 채 방치되어 있다는 소식을 듣고, 먼저 기도했다. 그리고 아닥사스다 앞에 나아가서도 하나님께 기도하는 것을 먼저 했다. 유다 백성들도 산발랏과 도비야 등의 도발에 맞닥뜨려 하나님께 기도하는 것으로 시작했다. 기도는 무엇인가? 단순히 가지고 있던 바람을 하나님께 토로하고 하나님께서 들어주시기를 바라는 일인가? 그보다 먼저 기도는 시선을 하나님께 맞추는 일이다. 느헤미야가 예루살렘 성벽이 무너진 채 방치되었다는 말을 들었을 때, 그는 성벽을 재건하게 해 달라는 기도를 하지 않았다. 하나님의 약속을 의지하고 하나님을 바라보며 회개하는 것을 시작했다. 유다 백성들도 외적들의 음모를 듣고 기도하는 것으로 시작했다. 사실 한 번 성벽이 무너지도록 공격을 경험한 이들이 또 한 번의 공격 음모를 듣고 이성적으로는 좌절하고 실망하는 것이 먼저이겠지만, 그런 유한한 가치관보다 무한한 하나님의 권능에 시선을 맞추는 것으로 시작했다. 기도는 우리의 제한된 시선을 하나님의 무한한 시선을 넓히는 가치관 전환의 시작이다. 변화는 자신의 능력이나 지식보다 하나님께 먼저 시선을 맞추는 데서 시작한다.

셋째, 신앙공동체의 변화는 구성원 각자가 할 수 있는 일을 최선을 다해 시작하는 데서 이루어진다.

느헤미야가 예루살렘의 소식을 듣고 아닥사스다에게 그 일에 대해 논의하기까지는 넉 달이 걸렸다. 이 동안 느헤미야는 자신이 할 수 있는 여러 일을 했다. 구체적으로 성벽 재건을 위해 도움을 받을 수 있는 사람이 누구인지, 가는 여정에 필요한 것이 무엇인지 등 그 모든 일을 준비한 뒤에 아닥사스다에게 나아갔다. 또 유다 백성들도 성벽을 재건할 때, 누구 한 사람에게 기대지 않고, 저마다 할 수 있는 부분, 자기 집 맞은편부터 다시 쌓기 시작했다. 산발랏과 도비야의 도전에 맞닥뜨려서도 절반은 일하고, 절반은 외적의 침입을 막는 일을 했다. 더욱이 경제 불균형의 문제로 공동체에 위기가 찾아왔을 때, 느헤미야는 모든 이들을 아우를 수 있는 조치를 찾아갔고, 구성원들도 저마다 할 수 있는 일을 해 가며 갈등을 극복했다. 하나님께서는 바로 이렇게 저마다 최선을 다하는 공동체에 진정한 변화와 개혁의 현실을 맛보게 해 주셨다. 이것은 느헤미야 공동체뿐 아니라, 하나님의 백성 어느 공동체에든 적용된다.

넷째, 궁극적인 변화는 하나님께서 이루신다.

느헤미야는 뛰어난 지도자였다. 그러나 그는 결국 변화는 하나님께서 이루심을 인정한 사람이었다. 예루살렘 성벽의 일을 듣고 그가 자신을 위해서 한 기도는 아닥사스다에게 은혜 입게 해 달라는 것이었다. 자신이 할 수 있는 일과 하나님께서 하실 일을 분명히 구분하고 하나님의 일은 하나님께 전적으로 맡길 줄 알았다. 유다 백성들도 외적의 침입에 맞서 '지극히 크고 두려우신 주를 기억'하는 것을 기본으로 삼았다. 어떤 일이건 이 경계를 잊고 교만해지기에 십상이다. 대부분 공동체에서 어떤 일을 이룬 뒤에 문제가 생기는 것이 이런 경우다. 누가 무엇을 얼마나 이바지했고, 누구는 어떻게 맡은 일을 해내지 않아서 결과가 이렇다는 둥 서로의 잘잘못을 가리고, 마음 상하게 하는 일이 이런 데서 생긴다. 하나님의 백성은 하나님의 일을 하는 도구다. 하나님의 일은 하나님께서 이루신다. 그래서 진정하고 궁극적인 변화는 하나님께서 이루심을 인정하는 일이 핵심이다.

공동체를 세운 느헤미야

김상권 목사(평화교회)

1. 들어가는 말

하나님 백성의 역사에 있어서 공동체성은 그 공동체의 질적, 양적 부흥을 가늠하는 기준이 되었다. 포로귀환 공동체에 대한 느헤미야의 개혁은 공동체성 회복 운동이라고 할 수 있다. 공동체성을 어떻게 회복하느냐에 따라 하나님 백성으로서의 정체성을 회복하느냐, 아니면 이방 민족에 다시 융합되느냐가 결정되는 사역이었으니 개혁이 맞을 것이다. 그런 맥락에서 느헤미야 개혁의 핵심 가치는 성벽 재건이 아니라 공동체성 확립으로 볼 수 있다.

본 소고에서는 느헤미야의 개혁과 사역이 공동체적 관점에서 어떤 의미를 갖는지 살피고자 한다. 먼저 교회 공동체성을 사회학과 초대교회의 모습으로 조명해 보고, 공동체성에 미치는 교회의 사역이 요인이 무엇인지를 정리한 다음, 느헤미야의 사역이 어떤 면에서 공동체적 성격을 띠었는지 확인하려 한다. 그리고 이런 느헤미야의 공동체적 사역을 기반으로 한국교회는 앞으로 어떤 개혁의 방향성을 가질 수 있는 고려해 본다. 작금의 한국교회가 가지고 있

는 질문은 느헤미야 귀환 공동체가 던졌던 질문이며, 그 질문의 답을 공동체
성에 찾았다는 점에서 한국교회의 개혁 방향을 느헤미야의 개혁에서 찾는 것
은 유의미한 일이라 할 수 있다.

2. 공동체성과 교회공동체

1) 공동체란 무엇인가?

느헤미야의 개혁에 대해 알아보기 이전에 먼저 사회학적 관점에서 공동체
가 무엇인지를 이해하는 것은 중요하다. 그래야 보편적 공동체성이 무엇인지
가늠할 수 있고, 그 관점으로 교회의 공동체성과 느헤미야의 사역을 논할 수
있기 때문이다.

'공동체(Community)'라는 말은 'Communitas'라는 라틴어에서 파생되
었다. 학자마다 때로는 철학적으로, 때로는 정신적인 현상으로 정의하기 때문
에 의미 자체가 모호(模糊)하고 부정확한 방식으로 표현될 때가 많다.[1] 공동체
를 사회집단의 일반적 형태 속에 포함시킬 것이지 말 것인지가 모호하기 때문
에 보다 작은 하위체계(下位體系)들로 구성된 전체체계(全體體系)로 분석하는
경향이 많다.[2] 이 입장에서 포플린(Dennis Poplin)은 공동체란 인간의 모든
욕구, 즉 신체적, 심리적, 사회적 욕구들을 잠재(潛在)적으로 충족시켜 줄 수
있는 첫 번째 하위체계라고 말한다.[3] 현대사회이론에는 공동체를 개인적인
혹은 사회적인 상호작용의 연결망으로서 이해하기도 한다.[4]

---

1) Dennis Poplin, 신용하 편, 『공동체 이론(Communities: A Survey of Theories and Methods
   of Research)』 (서울: 문학과 지성사, 1985), 14-15.
2) Ronald L. Warren, *The Community in America, second edition* (Chicago: Rand McNally
   College Publishing Company, 1972), 34-40.
3) Dennis Poplin, 『공동체 이론』 (1985), 34.
4) Willis A. Sutton, Jr., "Toward a Universe of Community Action," *Sociological Inquiry* 34
   (1964): 48-59.

데니스 포플린, 그리고 콜린 벨과 하워드 뉴비(Bell & Newby)는 공동체를 크게 세 가지로 분류한다. 첫째는 동질(同質)성을 가진 소규모의 집단으로, 둘째는 관계를 형성해 가는 심정적이고 정신적인 관계의 현상으로, 셋째는 지역적 관계를 형성하는 공간적 차원에서의 심리적 욕구의 근접성이 그것이다.[5] 이 말은 인간은 본질적이고 필연적으로 공동체를 추구한다는 말이다. 인간은 본질적으로 사회적 행위를 통해 자아를 발견해 가는 존재이기 때문에 존재론적으로 처음부터 공동체적이다.[6] 독일의 사회학자 퇴니에스(F. Tonnies)도 인간은 자연적으로 가진 '본질의지(Wesenwille)'에 의해 공동체 형성을 필연적으로 지향한다고 말한다. 처음에 인간은 촌락 중심의 농경사회 공동체 안에서 상호 융합적으로 살아가면서 전통이나 종교가 강력히 지배하던 폐쇄적인 게마인샤프트(Gemeinschaft) 시대를 살았다. 하지만 사회가 변화하면서 이제는 남이 자기 영역에 들어서는 것을 거부하고, 자신의 선택의지(Kürwille)를 보유하면서 때로는 긴장 관계를 유발하는 생활을 하는 게젤샤프트(Gesellschaft) 시대를 살게 되었다. 하지만 여전히 인간은 공동체를 추구한다는 것이다.[7] 실제로 미국의 경우를 보면 1960년대의 시대 변화에도 게마인샤프트같은 공동체가 존재했다. 산업화 이후에도 인종적으로, 혹은 문화적으로 배경을 같이 하는 사람들 사이에서 직접적인 공동체 형식과 내용을 갖추고 있었다.[8]

이처럼 공동체는 시대와 사회가 변하면서 다양한 형태의 모습을 띠게 된다. 하지만 인간 내면에 존재하는 공동체를 지향하는 본질적인 모습은 변함이 없다. 이는 인간이 존재하는 한 공동체는 존재한다는 사실을 방증(傍證)하는 것이며, 그만큼 교회공동체 역시 모습과 형식은 달라져도 공동체로 존재해야 함을 의미하는 것이다.

사회심리학적 관점에서의 보편적 공동체를 정리해 보면, 공동체란 첫째,

5) Dennis Poplin, 『공동체 이론』 (1985), 14-15.
6) 권문상, "21세기 목회를 위한 조직신학적 제안: 교회의 공동체성을 주목하라," 「개혁신학」 13(2002), 95-96.
7) 강대기, 『현대사회에서 공동체는 가능한가?』 (서울: 아카넷, 2004), 20-21.
8) 강대기, 『현대사회에서 공동체는 가능한가?』 (2004), 91.

심정적, 정신적 일체감의 속성을 내포(內包)하고 있으며, 둘째, 구성원 서로의 상호작용을 포함하는 말로, 수평적으로 같은 세대뿐만 아니라 수직적으로 다른 세대 간의 상호작용도 포함하는 개념이다. 셋째, 인간의 본연적인 특성으로 시대가 변해도 그대로 공동체 지향성(志向性)을 가진 원래 인간 생득적(生得的) 성향이라고 할 수 있다.

2) 공동체성이란 무엇인가?

공동체성이란 공동체가 드러내는 의식적 특성을 말한다. 공동체에 대한 구성원들의 소속감, 구성원들에 대한 서로의 감정적 공감, 공동체와 자신의 이익을 동일시하는 개념과 활동에 참여하는 정도, 공동 행동의 양과 질, 공동체 질서를 위해 구성원들이 지키는 규범의식 정도 등을 포함한다.[9] 공동체성이란 공동체라는 경계선 안의 구성원들의 정서적 의식적 소속감과 교섭을 통한 결속, 그리고 지속적인 집합 의식과 함께 공동체를 유지, 발전시키려는 행동적 실천 의식이라고 할 수 있다.

교회공동체와 관련된 공동체성의 개념 역시 일반적인 공동체성의 잣대 안에서 해석될 수 있다. 하지만 일반적인 공동체성이 신앙공동체의 구성원들이 갖는 공동체성의 전부가 될 수는 없다. 신앙공동체 안에서 인간존재의 본질인 공동체성은 삼위 하나님의 공동체성에 찾아야 한다. 인간이 근본적인 자기중심성을 극복하여 공동체성을 가지는 과정이 신앙 혹은 영성이며, 그 대표적인 예가 겟세마네 동산에서의 예수의 기도 "이 잔을 내게서 옮기시옵소서. 그러나 내 뜻대로 하지 마옵시고 아버지의 뜻대로 하옵소서"라고 할 수 있다.[10] 이 말은 자기중심성에서 공동체 중심성으로 가는 길의 시작, 즉 공동체성을 가지는 출발이 바로 신앙이라는 말이다. 따라서 공동체성은 신앙의 목적이며, 공

---

9) 김경준, "지역사회 주민의 공동체 의식에 관한 연구" 『서울대학교 대학원 교육학 박사학위 논문』 (1998), 20.
10) 송제근, "영성은 공동체성으로 성숙해가야 합니다." 「목회와 신학」 177(2004), 146-147.

동체에 봉사하는 개념이 된다. 이처럼 공동체성이란 한 공동체의 특징을 말하기도 하고, 공동체 안에서 각 구성원이 공동체에 대해 가지는 다양한 의식과 가치이기도 하여, 이 공동체성의 함양 여부에 따라 자기중심성을 극복하고 보다 성숙한 신앙으로 나아가는 목적이 되기도 한다.

공동체의 특성과 공동체성의 개념을 종합적으로 정리하여 그 속성을 하위 영역별로 분류하면 다음과 같이 정리할 수 있다.

공동체성		
관계적 속성	정서적 속성	물리적 속성
친밀한 상호작용과 영향 공동 목적 추구 행위 전인격적 관계 공동체 참여 공동 가치, 규범의 공유	정서적 공감과 일치 개인과 공동체 유익의 일치 심리적 욕구의 통합과 충족 공동체 지향 본연 의지 의식적 소속감	지리적 근접성 시간과 공간의 유사성 공동체 환경의 특성 사회적 단일성 공통된 문화의 공유

공동체성이라 함은 크게 관계적 속성과 정서적 속성, 그리고 물리적 속성으로 구성된다. 관계적 속성에는 공동체 내에서 각 구성원이 행사하는 친밀한 상호작용과 서로 간에 주고받는 영향, 공동체의 공동 목적을 함께 추구하며 그에 따른 전인격적 관계, 그리고 그 공동체에 대한 공동 가치를 공유하는 것 등이 포함된다.

정서적 속성에는 공동체의 목표와 가치에 대한 정서적 공감과 일치, 개인의 유익과 공동체의 유익을 동일시하는 일체감, 공동체에 기대하는 심리적 욕구의 통합, 그리고 그 공동체의 일원이라고 하는 의식적 소속감 등이 포함된다.

마지막으로 물리적 속성에는 구성원들이 그 공동체에 소속될 수 있는 지리적 근접성, 그 공동체를 위해, 혹은 공동체 안에서 사용하는 시간과 공간의 유사성, 구성원 서로가 느끼고 사용하는 공동체 환경의 특성, 그리고 공통된 문화가 포함된다고 할 수 있다.

이와 같은 공동체성의 하위영역은 사도행전 2장에 등장하는 초대 교회의 모습에서 그대로 드러난다. 초대 교회의 공동체성은 상기한 바와 같은 관계적 속성, 정서적 속성, 물리적 속성으로 구성되기 때문이다. 그것이 서로 함께 교제하고, 떡을 떼며, 제자된 삶을 살기 원하는 목적을 공유하고, 함께 가르침을 받으며, 지리적 근접성을 가진 지역에 함께 모이고 전하는 것으로 드러난 것이다. 그러므로 공동체성의 하위영역은 교회 사역의 중요한 목표가 된다. 부흥이 성장은 결과로 놓고 공동체성을 강화하기 위한 수단이면서 동시에 목표로 설정할 때 교회의 공동체성을 강화할 수 있는 터전을 마련하게 된다.

3) 택한 백성으로서의 교회공동체

구약성경에서 하나님과 이스라엘 백성의 관계를 가장 잘 설명하는 말은 '성부 하나님의 택하신 백성'이라는 개념이다. 린그렌(Alvin J. Lindgren)은 그렇기 때문에 하나님의 백성의 개념은 교회공동체의 핵심이며, 구약의 이 개념은 신약에서 성취된다고 본다.[11] 바울의 관점에서 볼 때, 구약에서 하나님의 약속으로 택하심을 받은 이스라엘 백성들, 즉 교회공동체는 그리스도의 구원사역으로 인해 형성된 성도들의 모임으로, 그 자체로서 하나님의 약속에 적용될 수 있는 하나님의 백성이다.[12] 다시 말하면, 성부 하나님의 택함으로 이스라엘 백성이 공동체로 구별된 것처럼, 성자 하나님 그리스도의 택함으로 오늘날의 교회 역시 공동체로 부름 받게 된다는 것이다.

이처럼 성부 하나님의 택함을 받은 이스라엘 공동체가 그리스도의 구원

---

11) Alvin J. Lindgren, 박근원 역, 『교회 개발론(*Foundation for Purposeful Church ministration*)』 (서울: 대한기독교출판사, 1977), 36.

12) 이러한 연속성을 근거로 하여 바울은 여러 가지 개념으로 교회공동체가 하나님의 택하신 백성이라고 말하고 있다. 교회를 롬8:23에서는 '우리'라는 표현으로, 딤후2:10에서는 '택한 자'로, 골3:12에서는 '하나님의 택하신 거룩하고 사랑하신 자'로 언급하고 있으며, 딛1:1에서는 자신의 사도직이 '하나님의 택하신 자들의 믿음'을 향해 있음을 표방하고 있다. 그렇기 때문에 바울에게 있어서 하나님의 택하신 백성은 이스라엘에 남아 있는 거룩한 자들을 포함하여 예수 그리스도의 십자가를 믿는 이방인들을 표현하는 개념으로서 등장한다. Herman Ridderbos, 박영희 역, 『바울신학(*Paul, an Outline of His Theology*)』 (서울: 지혜문화사, 1985), 402-404.

사역에 의해 부름 받은 교회 공동체의 연속선상에 있다는 점과 바울에게 있어 하나님의 택한 자들이라는 개념은 유대인과 이방인을 동시에 포함하는 말인 것을 고려할 때, 교회는 반드시 공동체적 성격을 띠어야 한다. 이런 관점은 구약의 회복되어진 느헤미야의 포로귀환 공동체는 신약의 초대 교회 공동체를 지나 오늘날 한국의 교회공동체가 회복되고 개혁되어야 할 방향성을 제시한다.

그럼에도 불구하고 하나님의 택하신 백성이란 이스라엘 민족 공동체라는 말과는 구분되어야 한다. 최초의 그리스도인들은 유대인들의 민족 공동체로부터 자신을 분리하지 않고 유대교 내에서 활동하였다. 그들은 예루살렘 성전에서 모임을 가졌으며(행2:46), 유대교의 희생제물과 성전세금을 거부하지 않았다(마5:23, 17:24-27). 심지어 구약 성경의 율법을 포기하지도 않았던 것을 알 수 있다(마5:17-19). 하지만 십자가 사건을 통해 구약의 약속이 예수에 의해 성취되었다는 믿음을 가지면서 유대교로부터 사실상 구분되기 시작한다.[13] 이때부터 초대 교회 공동체는 유대교 민족 공동체에서 구분되어 보다 현격하고 구속사적인 공동체의 성격을 띠게 된다. 이런 공동체적 성격 자체가 시간이 지남에 따라 하나님의 백성으로서의 교회공동체의 대표적인 특징이 되어 갔던 것이다.

또한 이 개념은 교회의 본질이 무엇인가 하는 점에서 가톨릭교회와도 구분된다.[14] 가톨릭교회는 성직자를 교회의 구성에 있어서 본질적인 요소로 본

---

13) 김균진은 최초의 기독교 공동체가 유대교 민족 공동체와 구분되는 몇 가지 형식들을 찾아내었는데, 그것은 첫째, 최초의 기독교 공동체는 회개와 죄의 용서로서 세례라는 표식을 행했다는 것이며(행2:38, 41:8,12,16,36,38,9:18, 고전12:13, 갈3:27, 롬6:1-11), 둘째, 공동의 예배와 각 가정에서 드리는 예배를 통하여 자신의 분명한 예배 대상과 형식을 가지고 있었다는 점(고전16:22), 셋째, 예수께서 죄인들과 함께 나눈 만찬과 최후의 만찬에 근거하여 종말론적 성찬을 거행했다는 점(요21:20, 고전11:20,21), 넷째, 자신들 만의 조직과 운영 체계를 가지고 있었다는 점(갈1:18, 행12:17,18,21,11:30,15:21 갈2:12), 다섯째, 서로의 고난과 고통을 도와주고 소유를 함께 나누기도 했다는 점(행2:45, 4:32-36)등을 들고 있다. 김균진, "하나님의 백성으로서의 교회," 「신학논단」 23(1995), 82-83.
14) 가톨릭에서 교회란 성직자가 있는 곳에 교회가 있다는 맥락에서 다루어지며, 성직자는 사도 계승을 통하여 '위로부터' 세워진 개념이다. 하지만 개신교에서의 교회는 성도들의 공동체로서 성직자는 성도들에 의해 '아래로부터' 세워진 개념이다. 김균진, "하나님의 백성으로서의 교회," (1995), 81.

다. 반면에 개신교는 성직자나 평신도 모두가 함께 형성하는 공동체로 교회를 본다. 그뿐만 아니라 만인제사장설에 근거하여 성직자와 평신도의 개념은 기능의 차이일 뿐 사명의 차이가 아니라고 보아, 공동체성을 위협하는 가톨릭적 교회관의 위험을 제거한다. 이처럼 하나님의 택하신 백성이라는 개념은 가톨릭의 성직자 중심의 사도적 계승(繼承)을 거부하고, 그리스도를 믿는 모든 성직자와 평신도들을 포함한 유기체인 공동체성으로 표현된다.

하나님의 백성으로서의 교회는 성부 하나님이 택하신 이스라엘의 거룩한 백성이라는 구약적 개념을 계승하면서도, 동시에 신약에 와서는 유대교의 민족 공동체와도 그 성격을 달리하여 공동체성을 더욱 부각하고 있다. 오늘날에 이르러 같은 교회라고 하는 가톨릭교회와도 그 구성에 있어서 보다 공동체성을 지향하는 유기체적 개념을 내포(內包)하고 있다. 교회가 가지고 있는 역사적, 신학적, 통전적 공동체성은 느헤미야의 포로귀환 공동체로부터 한국교회가 어떤 방향으로 개혁을 감행해 나가야 하는지 중요한 통찰을 준다.

3. 공동체성 회복에 영향을 요인과 중요성

1) 공동체성 회복에 영향을 주는 요인

교회는 필연적으로 공동체적이어야 하고, 구약의 '택하신 이스라엘 백성' 개념을 계승하면서도 유대인 사회와 전통적인 가톨릭교회와도 구분되어야 한다. 그렇다면 교회의 공동체성은 교회의 정체성을 가늠하는 중요한 잣대가 된다. 느헤미야의 공동체가 공동체성을 회복한 실제적인 면모를 들여다보기 이전에 기본적으로 공동체성의 함양에 미치는 요인들이 무엇인지 살피는 것은 느헤미야의 개혁을 공동체적 관점에서 파악하는데 중요한 안목을 제공해 준다.

공동체는 결국 소그룹 환경 속에서 존재한다. 초대교회로 대변되는 소그룹 환경은 그 공동체적 환경을 이루는 기본 구성 요소가 있다. 각 요소는 소그룹의 목적이고 기능이면서 동시에 존재 양식이기도 하다. 하지만 근본적으로는 공동체의 본질을 드러내는 특징이 된다. 따라서 교회의 공동체성 회복을 위해서는 이 공동체성에 영향을 미치는 요인들을 알아야 한다.[15] 이 요인들은 사도행전 2장 42-47절에 소개된 초대교회의 모습으로 설명된다.

　여러 학자는 공동체성이 영향을 미치는 요인을 크게 네 가지, 즉 양육, 예배, 교제, 전도로 보았다.[16] 성경에서 말하는 초대교회의 기능은 양육, 예배, 교제, 그리고 전도의 범주 안에서 설명된다.

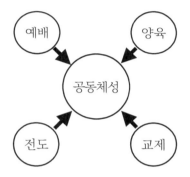

　네 가지 요인은 교회공동체 안에서 함께 맞물려 작용할 때만이 각각의 기능 또한 온전히 그 역할을 하게 된다. 양육은 하나님의 말씀을 배우는 것이며, 예배는 그 말씀을 토대로 하나님께 반응하는 것이고, 교제는 양육과 예배를 통해 이루어지고, 그리고 이런 특징을 가진 공동체는 필연적으로 전도하여 양육하게 되는 것이다.

　리챠드(Lawrence O. Richard)와 마틴(G. Martin)도 신약성경의 공동체의 모습은 일대일의 방법이 아니라 각 구성원이 다른 구성원의 헌신과 성장에 기여(寄與)하고 상호 영향을 주는 소그룹 방법이었으며, 이는 교회의 공동체성과

---

15) Ron Nicholas, 신재구 역, 『소그룹 운동과 교회성장(*Good Things Come In Small Group*)』 (서울: IVP, 2005), 99.
16) Ron Nicholas, 『소그룹 운동과 교회성장』(2005), 100-157, Jimmy Long, IVF 자료 개발부, 『소그룹 리더 핸드북(*Small Group Leader Handbook*)』 (서울: 한국기독학생회출판부, 2003), 59.

밀접한 관계가 있다고 하였다.[17] 소그룹의 핵심은 공동체성 함양을 통해 하나님의 성품인 공동체성을 회복하는 것이다.[18] 말인즉슨 각 요인이 독립적으로 사역하는 것이 아니라 상호 영향을 준다는 말이며, 이러한 공동체의 목적과 기능을 위해서 진정한 만남과 참된 교제, 예배와 양육이 있어야 한다는 뜻이다. 이를 통해 각 개인은 성도의 위치가 무엇인지 깨닫고, 참된 섬김을 교회공동체 안에 나타낸다. 이처럼 양육, 예배, 교제, 전도는 소그룹 공동체 안에서 독립적이지 않으며 상호 영향을 주며 함께 공동체성을 함양하도록 영향을 미치는 중요한 요인이 된다. 느헤미야의 사역은 이 네 가지 기능이 공동체성의 세 가지 하위영역에 영향을 줌으로 이루어진 개혁이라고 할 수 있다.

2) 공동체성 회복의 중요성

한국교회는 이미 마이너스 성장을 넘어 정체기에 접어들었다. 이제 급속한 쇠퇴의 시대를 준비하고 있다. 니스뱃(R. A. Nisbet)은 교회가 약화되는 근본적인 원인을 공동체로부터의 이탈로 초래되는 개인주의화로 보았다.[19] 한 개인의 공동체 이탈은 곧 공동체성의 약화이며, 이로 공동체의 결속과 제한으로부터 탈피하려는 현상이라고 할 수 있다.

공동체성 회복의 중요성은 공동체성이 교회 성장과 쇠퇴의 원인으로 작용하기 때문이다. 1950년대부터 1978년까지의 미국 개신교회의 성장과 쇠퇴를 종교사회학적으로 연구한 호지(Dean R. Hoge)와 루젠(David A. Roozen)은 미국 개신교회의 성장에 크게 세 가지 요인이 있다고 지적한다. 첫째는 사회변화에 따른 요인들이고, 둘째는 박탈이론(deprivation theory)에 의한 요인들, 셋째는 다른 다양한 요인들이다.[20] 쉽게 정리하면 사회가 정치적으로

---

17) 한금석, 『교회성장학』 (서울: 성광문화사, 1989), 205-206.
18) 채수권, "소그룹은 교회 안의 잠재력을 깨우는 사역입니다," 「목회와 신학」 2000년 10월호, 182.
19) Robert A. Nisbet, *The Social Bond: An Introduction to the Study of Society* (New York: Knopf, 1970), 372.
20) Dean R. Hoge and David A. Roozen, *Understanding Church Growth & Decline: 1950-1978* (New York: The Pilgrim Press, 1979), 39-43.

경제적으로 변화하는 상황에서 사람들의 박탈감과 피해의식을 종교적으로 보상받으려는 심리적 기제(機制), 그리고 다양한 필요들과 외로움을 채워주는 사역을 했기 때문에 성장할 수 있었다는 이론이다. 이 세 가지 요인의 기저에는 교회가 공동체성의 하위 속성인 정서적, 관계적, 물리적 속성을 강화하는 역할을 했음이 깔려 있다.

이러한 공동체성 회복이 교회 성장과 쇠퇴에 미치는 현상들은 한국교회도 다를 바 없다. 1970년대 후반부터 급성장한 한국교회는 1950년대 미국 교회가 성장의 요인으로 가졌던 그 사회적 변화 현상들을 비슷하게 드러낸다. 1970년대 한국 경제의 산업화는 고도의 성장을 이룩하면서 사람들이 농촌에서 도시로, 일차 산업에서 삼차 산업으로 그 중심을 이동하는 제도적, 상황적 변화가 있었는데, 이런 정치적 사회적 변화가 교회로 하여금 공동체성을 강화하게 하였고, 사람들의 관계적, 정서적 필요를 채워주면서 공동체적 기반으로 성장하게 된 것은 미국교회 성장의 요인 현상과 비슷한 양상을 띤다고 할 수 있다. 1970년대 이후부터 제도적, 상황적 변화의 요인 속에서 교회는 교회의 정체성과 공동체적 기반을 확립하면서 교인증가에 막대한 도움을 얻었다.[21]

미국교회와 한국교회 성장과 쇠퇴의 이면에 동일하게 관계적, 정서적, 물리적 속성으로서의 공동체성 확립이 존재한다. 미국교회와 한국교회 모두 사회의 제도적, 상황적 급변이라는 환경 속에서 사람들에게 전인격적인 관계를 가질 수 있는 장을 마련해 주었다. 또한 빈익빈 부익부 등과 같은 경제 병리 현상으로 인해 심리적 박탈감, 소외감을 지녔던 사람들에게 교회는 정서적으로 그들의 욕구를 충족시켜주고 통합해 주었으며, 공동체에 참여하게 함으로 의식적 소속감을 갖게 했다. 그뿐만 아니라 시대가 변함에 따라 생긴 문화의 가치 변화와 사람들의 필요에 맞게 교회는 사회적, 문화적 공유의 공간을 제공하였으며, 그들의 필요를 돕는 관계적, 정서적, 물리적 역할을 했다.

상기한 바와 같이 공동체성의 관계적, 정서적, 물리적 속성이 교회공동체

---

21) 노치준, 『한국개신교사회학』 (서울: 한울 아카데미, 1998), 28.

의 성장에 미치는 영향은 크다 할 수 있다. 그렇기 때문에 공동체성의 여러 속성의 회복은 한국과 미국이라는 문화적 차이에 상관없이 모든 교회 성장에 영향을 주는 요인이 된다. 따라서 공동체성의 회복은 작금의 한국 교회공동체에도 동일한 영향을 미치게 될 것이다.

4. 공동체성 회복을 위한 느헤미야의 사역

느헤미야의 사역은 한 마디로 포로 귀환 공동체의 공동체성을 회복하는 사역이었다. 느헤미야 1~7장까지는 느헤미야의 귀환과 성벽 건축에 대해서, 8~13장까지는 언약 갱신과 종교개혁을 다룬다고 볼 수 있다. 성벽 재건과 제1차 포로 귀환자들의 명단, 언약 갱신, 그리고 예루살렘의 수도 기능과 방비를 위한 제도 확립 등은 모두 이스라엘 공동체의 공동체성을 회복하는 일환으로 해석된다. 느헤미야의 몇 가지 사역을 짚어보고 그 사역이 어떤 점에서 공동체성을 함양하는 면모를 취하는지 확인보고자 한다.

1) 율법 낭독을 통한 공동체성 회복(9:9-22)

가장 대표적인 느헤미야의 사역은 학사 에스라와 감행했던 율법 낭독(1~12절)과 그에 따른 초막절 거행(13~18절)을 들 수 있다. 백성들은 말씀을 듣고 그동안 율법을 지키지 못한 삶을 회개하며 울었다. 그리고 율법에 따라 초막절을 다시 회복하여 지키게 되는데, 이는 성벽 재건과 언약 갱신 사이에 이루어진 뜻깊은 회복의 준수였다. 이 새로운 출발은 율법의 낭독, 즉 하나님의 말씀을 듣고 백성들이 회개함으로 시작된다. 율법 낭독과 그에 따른 초막절의 준행은 양육 기능에 의한 공동체성의 함양이라고 정리할 수 있다. 양육 기능을 통해 공동체원들의 정서적, 관계적 공동체성을 강화한 것이다.

9장은 세 번째 율법의 낭독을 다루고 있다. 첫 번째 낭독 때는 함께 기뻐하며 음식을 나누었다. 두 번째 낭독 때는 초막절을 지켰다. 세 번째 낭독은 회개와 고백으로 반응한다. 언약 갱신을 위한 회개는 세 부분으로 정리할 수 있다.

첫 번째 부분은 현재의 전민족적 회개를 다루고(1~5절 상반절), 두 번째 부분은 과거 이스라엘 역사를 회고하며 하는 찬양을 다루고(5절 하반절~31절), 세 번째 부분은 미래의 하나님의 긍휼을 구하는 기도를 다룬다(32~37절).

느헤미야는 과거 이스라엘 역사를 돌아보며 먼저는 출애굽의 은혜와 능력을 찬양토록 한다(9~11절). 이를 통해 백성들로 하여금 다시 율법을 기억하고 말씀대로 살도록 촉구하는 것이다. 삶의 터전이 망가지고, 먹고 살기 힘든 상황 속에서도 어떻게 구원받게 되었는지를 확인하도록 한 것이다. 이것은 오늘날도 동일한 영적 각성의 공식, 영적 개혁의 공식이 될 수 있다. 하나님의 구원을 기억하는 자리에서부터 개혁은 시작된다. 이런 가르침을 통해 느헤미야는 온 백성들을 구원의 감격이라는 정서적이고, 관계적인 공동체성을 함양하도록 촉구한 것이다.

두 번째로는 세 가지를 기억하도록 가르친다(12~21절). 첫 번째는 불, 구름 기둥으로 인도하심과 보호하심을 기억하도록 한다(12절). 광야에서도 그들을 지키시고, 앞서가시고, 떠나지 않으셨던 하나님의 임재를 기억하게 함으로, 포로귀환의 어려운 삶 속에서도 하나님은 떠나지 않을 것임을 상기하고 있다. 두 번째는 시내 산에서 주신 율법을 기억하라고 한다. 광야에서의 삶에 가장 중요한 것은 '하나님의 말씀'이라는 기준이었다. 귀환한 이스라엘 백성들에게도 가장 중요한 삶의 기준은 말씀임을 상기하는 것이다. 세 번째는 범죄에도 불구하고 주신 용서를 기억하라고 말한다. 포로 귀한 백성들의 패역함도 하나님께서는 용서하실 것을 믿음으로 바라보게 함으로 주께 돌아오게 하는 것이다.

느헤미야의 율법 낭독은 다시 한 번 말씀으로 돌아오도록 하는 양육 기능의 강화로, 이는 자연스럽게 예배와 교제의 기능을 강화하게 했다. 그리고 이런 강화된 각 기능은 공동체성의 정서적 속성과 관계적 속성에 막대한 영향을 미쳤다. 공동체성의 회복이 결국 이스라엘 공동체의 개혁으로 이어진 것이다.

2) 귀환 계보를 통한 공동체성 회복(7:5-73, 12:1-26)

성벽은 완성되었지만, 성을 지키기 위한 거주민들이 부족한 상황(4절)에서 성 밖에 거주하는 사람들의 상황을 파악하던 중 하나님의 감동으로 스룹바벨을 중심으로 한 1차 귀환자들의 정보를 얻게 된다(5절). 이 계보는 예루살렘 성읍을 견고하게 하고 백성들을 선민으로 회복시키는 중요한 자료가 된다.

귀환자의 계보는 몇 가지 특징을 드러낸다. 첫 번째는 포로귀환을 '또 다른 출애굽 사건'으로 간주하고 있다는 점이다. 귀국한 지도자는 총 12명으로, 귀환자의 합은 총 42,360명이었다(66절). 포로로 끌려간 사람들에 비해 매우 많은 수다. 여기에 등장하는 수치는 필사자에 의해 실수로 잘못 기록된 차이 말고는 에스라 2장의 1차 포로 귀환자 수치와 거의 일치한다. 12명의 지도자를 언급하는 것은 12지파를 상징한다. 느헤미야는 포로귀환을 또 다른 출애굽 사건으로 규정한다. 야곱의 가족들이 애굽으로 간 것에 비해 장정만 60만 명이 출애굽한 상황을 재연하는 사건으로 간주하는 것이다(Breneman). 이는 출애굽 백성들이 광야 삶을 통하여 하나님의 백성으로서의 공동체적 성격을 강화해 갔던 것처럼 포로귀환 백성들에게도 동일한 공동체성 강화가 삶의 지표여야 함을 신학적으로 시사하는 것이 된다.

두 번째는 하나님의 예배를 회복하기 위한 인구 계수였다. 의도적으로 하나님의 성전을 위한 명단만을 계수하고 자신들을 위한 노예와 노래하는 가수들은 귀환자 명단에서 구분하여 분류한다. 67절에서 말하는 노비(7,337명)와 노래하는 남녀(245명)는 44절의 '성전에서 노래하는 자들'과 달리 사적인 즐거움과 유흥을 위해 고용한 가수 정도로 보인다(송병현). 이것은 결국 이스라엘 백성의 공동체성의 회복이 예배 기능을 통해 주어질 것임을 시사한다. 느헤미야의 개혁은 결국 하나님의 성전을 중심으로 한 하나님 백성 공동체의 회복을 표방한다.

12장은 성벽 낙성식에 앞서 제1차 포로귀환 이후의 제사장과 레위인의 계보를 기술하고 있다. 그리고 44절부터는 십일조를 정비하여 성전 제사를 회복하는 조치를 한다. 포로귀환 공동체를 점점 더 확고히 회복하는 맥락에서 제사장과 레위인의 계보를 이해하는 것이 중요하다. 이 계보에서 우리는 몇 가지 중요한 특징을 발견할 수 있다.

　　첫째는 이 계보는 1,2,3차에 걸친 포로 귀환자들의 명단을 아우르고 있다는 점이다. 본 명단은 에스라 2장 1절의 스룹바벨과 예수아의 제1차 포로귀환으로부터 시작한다. 그리고 총독 느헤미야와 제사장 겸 학사 에스라까지의 제사장과 레위인들을 망라하고 있다(26절). 1,2차는 실패했고, 3차 귀환에서 드디어 성공했다는 의미가 아니다. 포로 귀환자들의 계보를 1,2,3차에 걸쳐 하나의 계보로 간주하여 이 귀환이 하나의 목적과 정체성을 가지고 있다는 점을 시사한다. '역사적 맥락 속에서 하나님께서 이스라엘 공동체를 회복하셨다'라는 의미가 담겨 있는 것이다. 이러한 계보에 대한 정립은 과거의 실수와 잘못된 역사까지도 하나님의 섭리 속에서 공동체를 회복하시는 일로 보게 하는 도구가 된다. 교회공동체는 과거의 실수와 아픔도 하나님께서 공동체를 회복해 가시는 섭리로 볼 수 있어야 한다는 식견을 제공한다.

　　두 번째는 공동체를 섬기는 리더십의 변경을 드러낸다. 원래 한 권인 에스라서와 느헤미야서의 특징은 전체 분량의 약 4분의 1이 계보로 이루어 진다는 점이다. 느헤미야서만 총 5개의 계보가 나온다. 이 계보는 공동체는 소수의 지도자들이 아니라 모든 백성의 참여를 통해 든든히 서 간다는 점을 시사한다. 포로기 이전에는 왕조를 중심으로 역사가 진행되었다면 포로귀환 이후에는 이스라엘 각 가문의 개개인을 통해 역사가 진행되는 것이다. 에스라서와 느헤미야서의 실질적인 주인공은 지도자들이 아니라 이제는 그 공동체의 구성원들인 것이다. 이 포로귀환 이후의 공동체의 양상은 신약에서 임하실 성령 강림 이후의 시대를 예견하게 한다. 교회 시대의 복음의 역사는 몇몇 지도자가 아니라 제자들로 대변되는 공동체원 모두가 이끌어 가야 함을 의미한다. 그런 관점에서 느헤미야의 계보가 전달하는 교회공동체의 정체성은 교회사적으로도 중요한 역할을 한다.

　세 번째는 교회공동체가 무엇인지를 시사한다. 느헤미야는 앞선 에스라서와 깊은 관련성이 있다. 그 이유는 에스라 제1장에서 말하는 예레미야의 예언 성취를 위해 고레스로 하여금 선포케 하신 '하나님의 집(바이트, 성전)'이 무엇인지를 느헤미야가 답하고 있기 때문이다. 그것은 민족의 신앙적 순수성을 보존하고 말씀대로 살아가는 신앙공동체, 즉 교회다. 마가복음 11장 17절에 "기록된 바 내 집은 만민이 기도하는 집이라 칭함을 받으리라"의 '내 집(오이코스)'이 에스라서에서 말하는 '하나님의 성전(바이트)'이다. 오늘날 교회다. 느헤미야는 교회공동체란 하나님과의 관계가 회복되는 곳이며, 하나님 백성으로서 정체성을 확인하는 곳으로 정의한다. 계보를 중심으로 한 교회공동체의 설명은 관계적 속성과 정서적 속성, 지리적 근접성을 토대로 하는 공동체성의 면모를 담고 있다.

3) 성벽 완공을 통한 공동체성 회복(6:15-7:4)

　52일 만에 성벽 공사가 끝이 난 후 느헤미야의 두려움은 이방 민족의 두려움으로 바뀌게 된다. 그 이유는 이방 족속들이 이 역사를 하나님께서 이루신 것으로 간주했기 때문이다(16절). 이는 신앙의 공동체로서의 면모를 외인들이 확인하여 인정했다는 의미다. 마치 초대교회의 모습처럼 외인들에게 칭송을 듣고, 그리스도인이라는 말을 들었던 것과 같은 공동체성의 확립을 의미한다. 하지만 성벽이 완성되었더라고 끝은 아니었다. 그 이유는 친인척 관계로 얽혀 있던 대적들이 내통하며 느헤미야를 관찰하고 그를 협박했기 때문이다. 7장의 앞 구절에서 설명하고 있는 성벽 완공 이후 공동체성의 회복을 위해 느헤미야가 추진했던 몇 가지의 사항들은 모두 교회 공동체성을 함양하는 중요한 요인들로 볼 수 있다.

　첫 번째로는 사람을 세웠다(1~4절). 느헤미야가 이스라엘 공동체를 다스리기 위해서 가장 먼저 시행한 정책은 하나니와 하나냐 같은 리더를 세우는 것이었다. 하나니는 느헤미야의 친동생으로 예루살렘의 상황을 알리기 위해 무려 1,600미터나 떨어진 수산궁의 느헤미야를 찾아왔던 성실한 믿음의 사람이었다(1:2). 하나냐는 '충성스럽고 하나님을 경외하는 사람'이었다. 두 사람 모두 하나님을 경외하고 백성을 사랑하는 이들이다. 표면적으로는 예루살렘 성의 실제적 경비와 치안을 이유로 행정력이나 병법에 능한 사람을 세워야 하는 것이 맞았을 것이다. 하지만 믿음의 사람들을 세움으로 예루살렘이 하나님을 섬기는 공동체의 터전으로 거듭나도록 한 것이다. 교회공동체의 가장 중요한 핵심은 - 소그룹 사역에 있어서도 가장 핵심이기도 하다. - 지도자를 세우는 것이다. 교회는 하나님의 공동체이기 때문에 하나님을 경외하는 사람이 이끌어 가야 한다.

두 번째는 예루살렘 성문을 해가 뜨면 열고, 해가 지기 전에 닫게 하는 것이었다(3절). 느헤미야는 성벽이 만들어졌기 때문에 방심하지 않았다. 오히려 호시탐탐 예루살렘을 넘보는 대적들이 있음을 인식하고 더 세심하게 대비하는 겸손함을 보였다. 자만하지 않고, 대적들을 비웃지 않고, 계속해서 성을 지켜나가는 일관된 지도자의 모습을 볼 수 있다. 성벽을 완공하고도 느헤미야가 방심하지 않은 이유는 성벽 완성이 사명의 전부가 아니었기 때문이다. 사명은 그 성벽 안에 있는 하나님의 백성들을 하나님의 공동체원으로 만드는 것이었다. 문제는 도비야와 내통하며 전혀 하나님을 두려워하지 않는 공동체 안의 사람들이다. 세상과 내통하고, 세상의 방식과 협업하는 교회 안에 있는 사람들이다. 세상의 가치관과 사고방식은 교회를 무너지게 한다. 그래서 느헤미야는 계속해서 기도하고 일관되게 대비하고 있는 것이다. 이는 초대교회 공동체가 매일같이 모여 기도하기에 힘쓰고 가르침을 받는 일에 전념했던 모습을 연상케 한다.

세 번째는 예루살렘 성안의 주민들에게 각 지역을 지키도록 한 것이다(3절). 3절의 원 의미는 '일부는 순번을 정해 성의 중요한 곳을 지키게 했고, 나머지 순번에 들지 않는 사람들의 일부는 자신의 집 맞은편을 지키게 했다'는 뜻이다. 공동체 안에서 자신의 맡은 역할을 충실히 감당하도록 한 것이다. 공동체성의 정서적 속성인 같은 목적하에 연관된 일을 헌신하도록 한 것이다. 그래서 우리는 한 공동체원이라는 정서적 속성을 높인 것이다. 따라서 성벽 완공 이후 실시한 느헤미야의 시행세칙 역시 공동체성을 강화하고 회복하는 특단의 조치였음을 알 수 있다.

4) 결단을 통한 공동체성의 회복(13:15-31)

13장은 느헤미야의 두 번째 개혁으로, 아닥사스다왕 32년에 느헤미야가 바벨론으로 갔다가 다시 돌아온 B.C. 432년 이후에 발생한 사건들로 보인다. 본문은 성전의 회복과(4~9절) 십일조와 사역자의 회복을 위한 개혁(10~14절) 이후에 안식일의 회복(15~22절)과 공동체의 회복을 위한 개혁(28~31절)을 다루고 있다. 느헤미야의 일련의 개혁들은 초심을 잃어버리기 쉬운 교회공동체에 중요한 교훈을 준다.

첫 번째는 안식일의 회복을 위한 결단을 단행한다(15~22절). 백성 중 일부와 예루살렘에 살던 두로 사람 몇이 안식일에 일을 하고 물건을 팔며 안식을 범하자 느헤미야는 모든 유다의 귀인들을 꾸짖었다(17절). 조상들이 이처럼 안식일을 범하였기 때문에 모든 재앙이 임했다는 역사의식을 가지라고 말한 것이다. 그리고 안식일에는 아예 온종일 성문을 열지 않도록 하여 장사꾼들이 들어오지 못하게 하고, 레위 사람들을 정결케 하여 성문을 지키게 해서 안식일을 거룩하게 지키게 하였다. 안식일 준수를 부르짖는 것으로 그치지 않고 구체적인 방안을 세워 안식일이 지켜지도록 한 것이다.

안식일 준수는 하나님의 공동체의 상징적인 기준이다. 느헤미야가 단행한 개혁은 안식일 준수가 아니라 엄격하게 말하면 안식일의 의미를 기억하도록 한 것이다. 안식일은 우리 구원의 완성을 기념하는 날이다. 우리가 그저 세상의 취미 동아리가 아니라 하나님의 친 백성 공동체라는 사실을 주지시켜 주는 것이 안식일이요, 지금의 주일이다. 느헤미야의 개혁은 율법적 강요가 아니라 의미적 강조와 실제적 기준이 공존한 개혁이었다. 즉 교회공동체의 주일 예배에 대한 의무가 아니라 주일 예배에 대한 의미를 강조함으로 공동체성을 강화한 것이다.

두 번째는 공동체성 회복을 위한 실제적 결단을 단행했다(23~31절). 그 당시는 백성 중 몇이 이방 여인을 아내로 맞아, 자녀들이 어머니 쪽 방언은 했지만, 유다 방언은 하지 못하는 상황이었다. 이번에는 유다의 귀인들이 아니라 그 당사자들을 책망한다(25절). 솔로몬이 이방 여인들과 결혼함으로 범죄한 것을 예로 들어 다시는 자녀와 이방인을 결혼시키지 않기로 맹세케 한다. 그리고 본보기로 가장 유력한 집안인 대제사장 엘리아십의 손자 요야다의 아들 중 산발랏의 사위가 된 자를 쫓아낸다. 어떤 권력자도 하나님의 말씀에 어긋나면 징계받는다는 사실을 예외 없이 공론화한 것이다. 교회공동체 안에서 어떠한 기득권층도 있을 수 없다는 사실을 공론화함으로 귀인들과 모든 백성이 하나의 공동체성을 형성하도록 유도하였다.

안식일 회복과 이방 결혼의 시정이라는 개혁의 공통점은 긍정적이든, 부정적이든 지도자들부터 개혁을 단행했다는 점이다. 공동체 회복의 첫 번째는 누가 뭐래도 리더들의 회심이다. 지도자가 돌이키지 않으면 그 공동체의 회복은 있을 수 없기 때문이다.

세 번째는 기도의 결단을 통한 개혁을 단행했다. 느헤미야는 완벽주의적이고 고지식한 성품 때문에 개혁을 단행한 것이 아니다. 그는 시종일관 말씀을 기준으로, 구체적인 대안을 제시하고 스스로 실천하는 지속적인 개혁을 주도하였다. 그리고 이 모든 개혁을 기도함으로 진행하고 마무리하고 있다(14,22,29절). 공동체성의 회복은 외형적인 건물의 재건이나 경건한 마음만으로 안된다. 하나님의 말씀이 기준이 되어야 하고, 기도하는 마음으로 겸손히 자신을 돌아보고 긍휼을 구해야 한다. 변하지 않으면 변질될 수밖에 없는 이 땅에 있는 하늘 공동체의 특성상 끊임없이 기도하는 것은 공동체성을 건강하게 유지하는 방편이 된다.

5. 느헤미야가 교훈하는 한국교회의 공동체성 회복의 방향

1) 양육 기능 강화를 통한 공동체성의 회복

느헤미야의 율법 낭독은 초대교회 성도들이 사도들의 가르침을 받은 일과 동일한 가치 매김을 할 수 있다(행2:42). 율법의 가르침은 포로귀환 백성들로 하여금 자신을 돌아보게 했다. 그래서 율법의 기준으로 자신들을 회개하며, 과거 역사 속에서 하나님께서 함께하셨던 사실을 상기하게 한다. 그리고 초막절이라는 삶의 실천으로 이어지게 된다. 이런 회개와 선민으로서의 역사의식, 그리고 율법의 이행이라는 삶의 전환은 공동체성에 영향을 주는 양육 기능의 강화를 통해 '우리는 하나님의 백성'이라고 하는 정서적 속성과 하나님과 백성 간의 관계를 율법 안으로 끌어들이는 관계적 속성을 강화하는 역할을 하였다. 이런 느헤미야의 개혁은 작금의 한국교회가 교회 안의 양육 기능을 강화함으로 개혁해 나가야 함을 시사한다. 양육 기능의 강화는 정서적, 물리적 속성을 함양하여 공동체성을 회복하게 할 것이다.

에베소서 4장 15절의 "오직 사랑 안에서 참된 것을 하여 범사에 그에게까지 자랄지라 그는 머리니 곧 그리스도라"는 말씀은 양육의 목표가 그리스도를 닮아가는 것임을 시사한다. 성도 개개인은 양육을 통해 그리스도가 가르치신 교회의 공동체성인 상호 섬김의 원리를 훈련하게 된다. 이를 통해 한 개인이 그리스도의 제자로서의 삶을 살아갈 수 있고, 삶으로 대변되는 개인의 섬김과 영적 성숙은 곧 교회의 공동체성 함양에 유효한 영향을 주게 된다.

현대 사회에서 그리스도인들이 가장 간과(看過)하기 쉬운 것이 하나님의 말씀 위에 서서 그리스도의 주권을 인정하고 순종하는 삶이다. 이런 변화가 없이 교회를 다니는 것은 가장 경계해야 할 부분이다.[22] 이는 오늘날 교인들이 가지고 있는 고질적인 문제의 근저에 양육의 부재(不在)가 있음을 의미하는 말이다.

---

22) Jimmy Long, 『소그룹 리더 핸드북』 (2003), 47.

그리스도인으로서의 섬김과 공동체성을 바탕으로 한 사랑과 삶을 양육하기 위해서 가장 적합한 환경은 소그룹 환경이다. 이러한 목적 하의 양육을 위한 성경 연구의 방법은 귀납적 성경 연구의 방식이다. 왜냐하면 귀납적 성경 연구는 성경에 관한 책으로부터 시작하는 것이 아니라 성경에서부터 시작하는 것이기 때문이며, 소그룹 안에서 성경의 진리를 올바로 이해하고 나누며 자신이 믿는 진리의 핵심을 실행에 옮길 수 있도록 하기 때문이다.[23] 느헤미야의 개혁으로부터 교훈 삼은 회개와 역사의식의 고취, 그리고 삶의 실천이 그것이다. 양육을 통해 말씀을 접하게 되고 말씀에 반사된 자신의 삶의 진실을 공동체 안에서 서로 실천함으로 살아있고 운동력 있는 말씀의 능력을 관계 속에서 발견하게 된다.[24]

한국교회의 개혁은 소그룹 환경 속에서 공동체성을 염두에 둔 양육 기능을 강화하는 것이다. 양육이란 하나님을 알기 위해 하나님의 말씀을 연구하는 소그룹에서의 활동이며, 동시에 그 말씀의 능력과 간증을 서로의 삶에서 함께 나누므로 얻어지는 것이라고 할 수 있다. 이런 양육 기능의 강화를 통한 개혁은 하나님이 가르치신 상호 섬김과 삶으로 대변되는 그리스도의 몸으로서의 공동체성을 함양할 수 있게 해주고, 현대의 한국교회가 맞닥뜨린 공적 제제도와 대사회적 책임의 기능을 충실히 실천하게 해줄 것이다.

2) 예배 기능 강화를 통한 공동체성의 회복

느헤미야의 개혁은 처음부터 끝까지 성전 예배를 회복하기 위한 접근이었다. 그래서 의도적으로 성전 제사를 위한 명단만을 계수하고 개인적인 삶과 관련되는 귀환 명단은 따로 분류한다. 율법 낭독을 통한 백성들의 반응 역시 초막절을 지킴으로 하나님 앞에 예배하는 모습을 띤다. 그뿐만 아니라 성벽

---

23) Kay Arthur, 김경섭, 최복순 역, 『귀납법적인 성경연구 방법(*How to Study Your Bible: The Lasting Rewards of the Inductive Method*)』 (서울: 프리셉트 성경연구원, 1987), 9.
24) 옥한흠, 『다시 쓰는 평신도를 깨운다』 (서울: 도서출판 두란노, 1999), 256.

봉헌식의 준비와 사후 관리도 모두가 예배 기능의 강화를 위한 조치였다. 느헤미야는 귀환한 백성들로 하여금 예배에 헌신하도록 함으로 하나님의 친백성이라는 정서적 속성과 예루살렘이라는 물리적 속성을 강화하여 공동체성을 강화한 것이다.

느헤미야의 개혁의 궁극적 방향은 하나님을 온전히 예배하는 것이었다. 예배는 소그룹 활동의 처음과 나중이다. 예배 가운데 포함된 찬양과 기도는 웨슬리가 말한 바 있는 소그룹 모임의 방법론에서도 공동체 구성원들이 함께 위로 하나님을 바라보는 것이다.[25] 즉 예배를 통해 하나님과 그의 백성의 공동체성을 확인하고 함양하는 것이다. 예배는 그 대상이 하나님이시라는 점으로 그 당위성(當爲性)이 부여된다. 그 이유는 하나님은 예배하는 자를 찾으시며, 성령과 진리로 예배하는 자를 기뻐하시기 때문이다(요4:23,24). 따라서 한국교회가 개혁의 시점에 반드시 요구되는 것은 하나님과의 하나 됨을 위한 필연적 예배인 것이다.

하나님이 원하시는 예배는 예배당에서 드려지는 제의적(祭儀的) 예배에 국한(局限)되지 않으며, 우리의 삶을 통해, 특히 소수가 모인 가운데 하나님을 경외하는 마음으로 가득한 것이다.[26] 이는 삶으로서의 예배와 공동체 안에서의 예배의 중요성을 강조한 것이다. 삶으로서의 예배는 특별히 규격화된 형식에서부터 탈피(脫皮)할 수 있기 때문에 제의적 예배로부터 더욱 자유롭게 하나님을 예배할 수 있는 장점이 있다. 그뿐만 아니라 자신의 삶을 나누면서 서로의 기도 제목을 함께 중보하고, 그 기도에 대한 하나님의 역사하심을 찬양하는 방법으로써 공동체성을 함양하게 한다. 니콜라스는 예배란 하나님에 대한 지식에서 시작하며, 우리가 그분을 점점 더 많이 알아갈수록 그분을 더욱 찬미하고 높이게 되는 것이라고 말한다.[27] 따라서 인본주의적 동기부여가 팽배해 가고 있는 한국교회의 개혁의 방향은 누가 뭐래도 예배 기능을 강화하여

---

25) Anne Ortlund, 편집부 역, 『소그룹 지도를 통한 신앙 훈련(*Discipling One Another*)』 (서울: 보이스사, 1986), 195.
26) Jimmy Long, 『소그룹 리더 핸드북』 (2003), 51.
27) Ron Nicholas, 『소그룹 운동과 교회성장』 (2005), 28.

공동체성을 함양하는 것이다.

특히 대그룹의 제의적 예배보다 삶을 유연하게 나눌 수 있는 소그룹에서의 예배가 공동체성 함양을 위한 핵심이 되어야 한다. 무리가 아니라 제자로 살기 위한 기본적인 환경이요 생태계인 소그룹에서의 예배는 하나님을 삶 속에서 높이게 하는 원동력이 되기 때문이다. 함께 말씀을 배움으로 그분에 대해 알아가고 그 앎을 기초로 한 삶의 반응을 나눌 수 있으며, 함께 하나님을 섬기기 때문에 하나님과 하나 되는 공동체성을 드러낸다. 동시에 형제간의 하나 됨인 공동체성을 드러내는 수단이 되기도 한다.

그러므로 소그룹에서의 예배는 공동체성을 함양하는데 중요한 요인이 되며, 한국교회 개혁의 시점에서 서로의 필요와 성장, 개인적인 기도 제목 등을 놓고 함께 기도하며 섬기는 사명의 맥락에서는 필요한 것이다. 말씀과 삶을 통해 하나님을 함께 알아 감으로서의 결과로 공동체성이 함양되는 것이다. 즉 예배 하나만으로 공동체성을 함양하는 것이 아니라 양육과 맞물려 함께 성도의 공동체성 함양을 지지한다. 한국교회 개혁의 방향성은 소그룹과 삶이라고 하는 환경 속에서의 예배의 개혁이 필요하다.

3) 교제 기능 강화를 통한 공동체성의 회복

느헤미야의 개혁은 공동체의 교제 기능을 강화하는 측면이 강하다. 양육과 예배, 교제가 별개의 것이 아니라 상호 유기적 영향을 미치는 것이기 때문이다. 율법을 낭독하고 초막절을 지키기로 결단하면서 느헤미야는 백성들로 하여금 '살진 것을 먹고 단것을 마시되 준비하지 못한 자에게는 나누어 주라'라고 하면서 교제의 기능을 강화한다(8:10). 그리고 히브리말을 모르는 백성들을 위해 회중들 사이사이에 사람들을 세워 들려지는 말씀을 깨닫도록 도와주는 것도 교제의 기능으로 볼 수 있다(8:7). 그뿐만 아니라 믿는 백성들의 공동체성을 강화하기 위해 유력한 집안인 대제사장 엘리아십의 손자 요야다의 아들 중 산발랏의 사위가 된 자를 쫓아낸다(13:28). 이는 믿지 않는 자와 멍에를 함께 매지 말라 하신 공동체 안에서의 교제를 강화하는 개혁으로 볼 수 있다.

교제는 공동체 안에서 구체적인 만남으로 이루어지며, 이 만남이 지속될수록 더더욱 깊은 사회적 관계적 필요를 누리게 된다. 서로의 깊은 만남은 하나님과 공동체의 사랑을 체험하게 되고, 이런 참된 공동체적 교제는 깊은 만남이 용이한 소그룹에서 더욱 강화된다. 공동체적 교제란 그리스도인으로서 갖게 되는 경험을 신자들이 형제자매들과 나누는 것을 의미한다.[28] 믿음 안에서 모인 공동체는 하나님의 영감된 말씀에 대한 가르침인 양육과 하나님께 드리는 예배로 인해 교제하게 되는 특징을 가지게 된다. 이런 양육, 예배, 교제의 교오적(驕傲賊)인 기능은 소그룹이라는 환경 안에서 일어나는데, 이때 느끼는 감정은 주관적이고 사적인 모임과는 다른, 가정에서 느끼는 것과 같이 마땅한 의무나 사랑의 헌신과 같은 감정에 더 가깝다.[29]

양육과 예배를 통한 교제는 공동체 안에서 그 구성원들을 초대교회 성도들이 가졌던 그 친밀한 관계성을 가지게 하는데 영향을 준다. 사도행전 2장에 나타난 초대교회 공동체의 신자들은 자신들이 경험했던 그리스도의 구원에 대한 감격으로 인해 서로 함께 모이며, 집에서 떡을 떼고, 소유물을 통용했으며, 성전에 가서 함께 예배드리는 공동체가 될 수 있었다.[30] 이러한 모습은 느헤미야서에서는 율법을 낭독하고 말씀의 의미를 가르침 받은 백성들이 함께 떡을 떼며 교제하는 모습으로 소개된다.

복음 안에서의 교제는 그것 자체로서 공동체성의 특징이며, 반복되어지는 교제의 삶은 교회의 공동체성을 함양하는 결과를 초래한다. 공동체에서의 교제는 그리스도로 인한 구원의 감격을 함께 나누고, 그 사랑을 교회 안의 신자들뿐만 아니라 교회 밖에 있는 사람들에게도 흘러가게 하는 가장 효과적인 방법이라고 할 수 있다. 따라서 공동체의 교제 기능 강화는 한국교회 개혁의

---

28) Jimmy Long, 『소그룹 리더 핸드북』 (2003), 42-43.
29) Ron Nicholas, 『소그룹 운동과 교회성장』 (2005), 29.
30) Gary W. Kuhne, 엄종오 역, 『제자훈련의 시작과 진행(*The Dynamics of discipleship training*)』 (서울: 나침반사, 1986), 43.

필수적인 요소 중 하나로 자리매김한다. 공동체 안의 교제가 공동체 밖, 즉 세상으로 흘러가도록 하는 것이 교제 기능의 또 다른 면모가 되어야 한다. 교제 기능의 강화는 하나님의 말씀을 배우는 양육과 그로 인한 예배 행위, 그리고 서로의 필요를 채워주는 모습으로 그 특징을 드러내어 교회의 공동체성을 함양하는데 중요한 요인으로 작용한다. 한국교회 개혁의 중요한 기준점이 느헤미야가 제시하는 교제 기능의 강화로 나타나야 하는 것이다.

4) 전도 기능 강화를 통한 공동체성의 회복

느헤미야는 전도한 적이 없다. 그런데도 어째서 전도 기능의 강화가 공동체성을 회복할 수 있는가? 여기서 전도란 외적 영향력을 말한다. 52일 만에 성벽 공사가 끝이 난 후 공동체를 바라보고 있던 이방 민족들은 시각의 변화가 있었다. 느헤미야의 일련의 개혁들을 통해 하나님을 본 것이다(16절). 이는 신앙의 공동체로서의 면모를 외인들이 확인했다는 측면에서 초대교회의 모습을 연상케 한다. 외인들에게 칭송을 듣고, 그리스도인이라는 말을 들었던 공동체성의 확립을 의미한다고 할 수 있다.

전도는 공동체의 공동체성을 강화할 때 드러나는 특징이다. 예수께서는 '그러므로 너희는 가서 모든 족속으로 제자를 삼아 아버지와 아들과 성령의 이름으로 세례를 주라'고 말씀하셨기 때문이다(마28:19). 즉 양육과 예배, 그리고 교제가 있는 제자 공동체로 다져져 갈 때 자연스럽게 공동체 밖을 향해 복음을 들고 나가게 되는 사명적 양상(樣相)을 띠게 되는 것이다. 롱(Long)은 양육과 예배, 그리고 예배적 삶으로 점철(點綴)되는 그리스도인들은 자연적으로 궁핍함에 처해 있는 사람들에게 그리스도의 사랑에 의한 복음을 나누어 주기 위해 외부로 뻗어 나가는 아웃리치(out-reach)의 성격을 띠게 된다고 말한다.[31] 이는 초대교회 성도들이 자신들이 가지고 있었던 공유된 사명과 공

---

31) Jimmy Long, 『소그룹 리더 핸드북』 (2003), 55.

동체적 삶의 기쁨을 나눠주어야 한다는 의식에서 출발한 것이다. 성경에는 그리스도인들이 외부 사람들에 대한 사랑으로 그들의 삶을 특징지어 갔음을 쉽게 찾을 수 있다(행2:47). 이처럼 전도는 공동체 안에서 건강하게 행해지는 양육과 예배, 교제의 필연적 결과물임과 동시에 공동체성을 드러내는 방법이기도 한 것이다.

성도가 그리스도의 몸인 것을 인식하고 그의 사랑과 능력을 힘입어 개인과 사회를 향해 나아갈 때 성령께서는 그들이 하나님과 만나며 그들이 그리스도의 형상으로 자라도록 도우신다. 그러므로 전도야말로 하나님과 그의 백성들의 공동체적 삶의 특징을 드러내는 가장 강력한 방법이라고 할 수 있다. 우리에게 주어진 구원의 감격과 하나님의 말씀, 그리고 사랑에 빚진 자로서의 은혜를 가지고 세상을 향해 나아갈 때, 공동체가 더욱 건강해지고 성장하는 것을 경험하게 된다.

한국교회의 개혁은 공적 제자도의 실천과 교회의 대사회적 책임을 강화하는 방향으로 길을 잡아야 한다. 불특정 다수를 향한 '예수 천당, 불신 지옥'의 전도가 아니라 현대 사회가 수용할 수 있는 관계적 차원에서 접근하여 교회공동체의 이미지를 건강하고 밝게 가꾸는 전도의 방편이 필요하다. 진리는 변하지 않지만 변하는 사대 속에서 변하지 않는 진리를 전하는 방편은 개혁되어야 한다.

공동체를 지탱시켜주고, 공동체의 본질을 이루며 동시에 공동체의 목적이 되기도 한 네 가지 구성 요소, 즉 양육, 예배, 교제, 전도는 각각이 별개의 것으로 독립적으로 존재하지 않으며, 긴밀한 관계 속에서 상호 영향을 주는 연관성을 가지고 작용하여 교회의 공동체성을 함양하는 특징을 드러낸다. 이런 공동체의 기능은 함께 맞물려 작용할 때만 그 기능을 온전히 할 수 있다는 점에서 공동체적이라고 할 수 있으며, 더불어 각 기능의 상호작용은 성도와 교회공동체로 하여금 그 공동체적 관계와 사명을 감당하게 한다.

한국교회의 개혁은 각 기능이 상호 의존적이며, 상호 보완적이며, 상소 지지하는 연관성을 가지고 있어야 한다. 각각의 공동체적 기능들은 교회의 공동체성을 함양하거나 강화해주는 역할을 하지만, 동시에 각각의 기능들이 서로에게 상호 영향을 주어 교회가 공동체적 성향을 띠게 하고, 공동체로서의 사명을 다하게 하는 힘을 실어준다. 그러므로 공동체의 각 기능은 개혁의 기능들이 되어야 하고 활발하게 운영될 때 교회의 공동체성도 강화될 것이다.

5) 리더 훈련을 통한 공동체성의 강화

느헤미야의 개혁은 포로에서 귀환한 사람들을 다시 하나님의 백성들로 세우는 개혁이었다. 이 개혁의 핵심은 사람을 세우는 데 있었다. 새롭게 정비된 이스라엘 공동체를 다스리기 위해서 가장 먼저 시행한 정책이 하나니와 하나냐 같은 리더를 세우는 것이었다. 느헤미야가 세운 리더들은 성의 실제적 경비와 치안에 탁월한 행정가들이 아니라 하나님을 경외하는 사람들이었다. 이들의 모습을 통해 백성들에게 본으로 삼고 싶었던 것은 하나님을 섬기는 공동체로서의 모습이었다. 그래서 사람을 세우는 것이 느헤미야의 개혁의 최고의 지향점이었다. 정비된 행정 조직을 유지시키는 힘도 신실한 리더를 세움이었다. 하나님의 공동체로서의 개혁은 사람을 훈련하는 것으로부터 시작된다고 해도 과언이 아니다.

한국교회의 문제점 중 하나는 존경할 만한 지도자가 없다는 점일 것이다. 이 문제는 모든 지역 교회가 마찬가지다. 아무리 시스템을 갖추어도 헌신할 리더가 없다면 그 시스템은 유지하기 어렵다. 느헤미야의 개혁의 핵심이 이것이다. 하나님 백성으로서의 시스템 구축 후에 가장 심혈을 기울인 부분이 사람을 세우는 것이었기 때문이다. 지속되는 리더십 계발 프로그램의 빈약과 리더 양육의 효과적인 운영의 부재는 자연히 교회공동체의 비전과 목적, 그리고 그 필요성을 공유하지 못하게 한다. 그래서 필연적으로 관계적, 정서적 속성으로서의 공동체성의 약화를 가져왔다. 이런 현상은 마치 도미노 현상과 같이 공동체원들의 활동을 약화시키고, 그래서 교회 개혁은 다시 실패로 돌아가는 것이다.

느헤미야가 세운 지도자들의 면모는 신약에서는 제자의 모습으로 천명된다. 사복음서의 저자들은 하나같이 예수께서 무리와 제자를 구분하셨음을 시사하고 있다. 교회 개혁을 위한 리더 훈련이란 제자들을 세우는 것을 의미한다. 누가복음 5장 15절에서는 무리를 '예수님의 말씀도 듣고 병 고침도 얻고자 하여 온 자들'이라고 정의한다. 하지만 정작 그들은 예수를 만나야 하는 자들이 예수께 나오는 것을 방해하는 자리에 서 있다(눅 5장19절 "무리 때문에 메고 들어갈 길을 얻지 못하는지라"). 이런 패턴은 누가복음 18장 35~43절에서도 동일하게 나타난다. 예수를 만나기를 원하는 맹인에게 잠잠하라고 꾸짖은 자들은 바로 무리들이었다. 마태복음 13장 10-11절("제자들이 예수께 나아와 가로되 어찌하여 저희(무리)에게 비유로 말씀하시나이까 대답하여 가라사대 천국의 비밀을 아는 것이 너희에게는 허락되었으나 저희에게는 아니 되었나니")과 34절("예수께서 이 모든 것을 무리에게 비유로 말씀하시고 비유가 아니면 아무것도 말씀하지 아니하셨으니")에도 주님은 무리들에게는 천국의 비밀을 가리시고 제자들에게만 풀어주신다. 이처럼 사복음서에 등장하는 제자의 모습은 계속해서 무리의 반대되는 개념으로 소개된다. 한국교회 개혁의 전반적인 전제는 우리가 전인격적으로 무리와 구분되는 제자로서의 삶을 살아야 한다는데 초점이 맞춰져야 한다. 이러한 차이를 계속적으로 공유함으로써 공동체의 백성으로서의 면모가 곧 제자 됨의 가치임을 발견하도록 해야 한다.

리더를 세운다는 것은 공동체의 비전을 공유한다는 말이다. 리더는 교회 공동체의 정체성과 비전을 확고히 하여 잠재적 리더들에게 그것을 흘려보내는 역할을 해야 한다. 하나님을 경외하고 백성들을 사랑하는 지도자들을 통해 이스라엘 공동체의 정체성과 비전이 흘러가게 했던 것처럼 말이다. 리더는 이를 위해 침체와 위기 상황을 경험할 때 효과적인 관리를 받을 수 있는 시스템 속에 있어야 한다. 느헤미야가 단행한 십일조와 순번을 통한 역할 부담 등은 이런 시스템에 해당할 것이다. 제자로 대변되는 리더를 훈련하고 세우는 것은 한국교회 개혁의 가장 시급하고 필연적인 요소라고 볼 수 있다.

6. 나가는 말

지금까지 느헤미야의 포로귀환 공동체의 개혁이 공동체성을 강화하는 사역이었음을 살펴보았다. 느헤미야의 사역은 공동체성의 하위 속성인 정서적 속성과 관계적 속성, 그리고 물리적 속성을 강화하는 개혁이었다. 그의 개혁은 이 세 가지 속성에 가장 많은 영향을 미치는 예배, 양육, 교제, 전도의 기능 회복과 활성화를 기반으로 했다. 따라서 느헤미야의 개혁은 본질적으로 공동체적일 수밖에 없는 교회의 공동체성을 회복하는 사역이었다.

작금의 한국교회는 인구절벽이라는 현실 앞에 마이너스 성장을 경험하면서 급기야는 급속한 쇠퇴를 가늠하는 지경에 이르렀다. 수적 성장은 말할 것도 없고 질적 성숙의 면에서도 세상이 요구하는 윤리적이고 기본적인 수준에도 미치지 못하는 경향이 대두되고 있다. 이제 한국교회는 회복을 넘어 개혁의 시대적 요청을 온몸으로 받고 있다. 우리는 이 요청의 모범을 느헤미야의 사역 속에서 발견한다.

한국교회는 예배와 양육, 교제와 전도의 기능을 강화해야 한다. 각자의 기능을 성경적으로 세워나가고, 상호 영향을 미칠 수 있도록 보완해갈 때 우리는 교회의 공동체성을 회복할 수 있다. 교회의 공동체성 회복은 교회 역사가 증명하는바 교회의 수적 성장과 직접적인 연관을 갖는다. 또한 질적 성숙의 차원에서도 다시 한 번 공적 제자도와 교회의 대사회적 책임을 감당하는 교회 공동체로 발돋움하게 할 것이다.

말씀에서 힘을 얻은 느헤미야

이미숙 교수(장로회신학대학교)

1. 포로귀환 세대의 갱생을 위해

　이스라엘은 여호수아 때 가나안 정복과 정착에는 성공했지만 그 이후 세대는 다시 우상숭배에 빠지며 하나님의 말씀을 무시하다 심판을 받아 북이스라엘과 유다왕국은 망했다. 그들은 각기 앗수르 땅으로, 바벨론 땅으로 포로로 끌려갔다. 이스라엘은 거룩한 백성, 제사장의 나라를 세우는 일에 실패했다. 그러나 하나님의 실패하지 않는 사랑은 다 죽어가는 이스라엘을 다시 소생시키셨다. 왜냐하면 하나님의 약속, 포로생활 70년 이후 귀환시킬 것이라는 예레미야의 예언이 이루어질 때가 되었기 때문이다. 하나님은 약속을 이루는데 열정과 열심을 다하시는 분이다.

　70년 동안 디아스포라로 흩어져 살던 유대인들은 바벨론과 페르시아 제국 아래서 적응하여 대체로 안정된 삶을 살아가고 있었다. 이방 땅에서 유대인들은 종교 생활에도 큰 변화를 겪게 되었다. 성전이 없으니 자연히 제사를 드릴 수 없어서 회당을 짓고 그곳에 모여 말씀을 듣고 배우며 나름대로 정체성을 유지할 수 있었다. 비록 이방 땅이지만 안정적인 선진국에서 제한적이나마 신앙생활하며 안락하게 살 수 있는 유대인들에게 페르시아 정부로부터 조서가 내려왔다. 원래의 고향으로 돌아가도 좋다는 것이다.

이 조서를 하나님의 약속이 이루어지기 시작한 조짐으로 보고 이에 응답할 유대인들은 얼마나 될까? 응답한 이들이 있었다. 이들의 명단이 에스라 2장과 느헤미야 7장에 두 번이나 반복해서 기록된 것은 그만큼 중요한 사람들이라는 뜻이다. 고국은 페르시아 제국에 비한다면 비교할 수 없을 정도로 형편없는 상황으로 모든 것이 불확실한 땅이었다. 그런데 고레스의 칙령에 따라 돌아온 1차 포로귀환자들은 42,360명에 달했다(스 2:64). 에스라는 1-6장에 걸쳐 이들이 도착해서 성전을 재건하기까지 갖은 고초를 겪으며 드디어 성전을 재건하는데 성공한 이야기를 전해 준다.

고레스 칙령(주전 538년)에 의해 포로귀환자들이 고향으로 돌아온 이래 거의 100년 어간이 된 시점에 에스라와 느헤미야가 귀환하였다. 그들이 활약한 시기는 주전 515년 성전이 재건된 후로는 약 50년이 지나간 때였다. 시간이 지남에 따라 귀환 1세대의 소멸과 페르시아 정부의 제재, 토착민들과의 대립 등 내외적인 어려움에 굴복해 거룩한 백성으로서의 정체성이 상당히 약화 되어가던 때에 하나님의 약속을 바라보며 용감하게 강을 건넌 세대들은 다시 갱생이 필요했다. 하나님은 이를 위해 다시 유프라테스 강을 넘을 사람들을 부르셨다. 그 부르심에 응답한 사람들이 에스라와 2차 포로귀환자들이며 그들과 거의 동시대에 활약한 느헤미야다.

2. 포로귀환 세대와 율법

1차 포로귀환의 목적이 성전 재건이었고 그 중심에는 스룹바벨이 있었다면, 2차 포로귀환의 목적은 율법 통치이며 그 중심에는 에스라가 있다. 아닥사스다 조서에 2차 포로귀환의 가장 중요한 목적이 에스라 7장 25절에 나타난다. "에스라여 너는 네 손에 있는 네 하나님의 지혜를 따라 네 하나님의 율법을 아는 자를 법관과 재판관을 삼아 강 건너편 모든 백성을 재판하게 하고 그 중 알지 못하는 자는 너희가 가르치라." 에스라는 전통적인 이스라엘의 신앙 영웅들과 좀 다르다. 그는 소명 이야기나 하나님의 계시를 직접 받지도 않았으며 예언자도 아니다. 다만 그는 율법에 정통한 학자요 페르시아 정부로부터 파견을 받은 관료였다. 에스라 7장 10절에 그는 "여호와의 율법을 연구하여 준행하며, 율례와 규례를 이스라엘에게 가르치기로 결심"했다. 이는 갑작스러운 결심이라기보다 그가 어려서부터 신앙의 가문에서 잘 양육 받고 자라서 율법학자로 율법 선생으로서 평소에 이 일에 헌신하던 사람이라는 뜻이다. 말하자면 준비가 된 사람이다. 하나님은 고국 땅에 있는 포로귀환 공동체의 새로운 세대를 갱생시키려고 에스라를 오래 전부터 준비해두신 것이다.

에스라서와 느헤미야서에서 에스라는 율법과 밀접한 관련이 있는 인물로 나오는 것에 비해 느헤미야는 율법과 관련된 직접적인 언급은 없다. 그도 그럴 것이 느헤미야는 페르시아의 총독으로서 성벽건설과 백성의 보호와 안위에 그의 직무가 집중되어있기 때문이다. 그러나 느헤미야 이야기에서 율법(말씀)의 역할은 도처에서 나타난다. 느헤미야 이야기의 절정은 율법서를 낭독하고 회개하는 백성들의 모습에 담겨있다(느 8-10). 그는 말씀으로 포로귀환 공동체를 재건하고 문제가 발생할 때도 말씀에 비추어 해결했다(느 5-6). 그가 12년의 직무를 마치고 페르시아로 돌아갔다 다시 돌아온 후 해이해진 백성들의 신앙과 정체성을 바로잡는 개혁의 중심에도 말씀이 있었다(느 13).

그렇다면 느헤미야는 어떻게 말씀을 접했을까? 느헤미야는 페르시아 왕 아닥사스다의 깊은 신임을 받았고 왕실이라는 철저하게 이방적인 환경에서 살았다. 성경은 느헤미야가 율법을 어떻게 접했는지 에스라와 어떤 관련이 있는지 말해주지 않는다. 그러나 에스라와 느헤미야가 임무는 다르지만 모두 아닥사스다의 관료로서 유다에 파견된 공통된 배경을 갖고 있으며 느헤미야 이야기에서 에스라가 등장한다는 점은 이미 페르시아에서 그들이 긴밀한 협력이나 유대관계가 있었다는 가능성을 배제할 수 없다. 아닥사스다는 아하수에로 왕의 아들이며 아하수에로 왕 때 에스더로 인해 모르드개가 하만의 직위를 대신 할 수 있었다. 따라서 이후에도 페르시아 왕실에 유대인의 정계 진출이 가능했을 것이고 에스라나 느헤미야 같은 고위직 관료도 나왔을 것이다. 에스라가 페르시아에서 율법을 연구하며 가르친 학사였으며 왕실 관료였다는 배경은 경건한 신앙인이었던 느헤미야가 율법을 접하거나 배울 수 있었던 환경을 암시한다.

에스라와 느헤미야, 포로귀환 세대들이 접한 율법은 무엇이었을까? 에스라서와 느헤미야서에는 권위 있는 율법에 대한 다양한 칭호들이 40여 개가 넘게 나타난다.[1] 히브리어로는 토라(율법)가 가장 많으며 그밖에 다트(칙령 혹은 법), 쎄페르(책), 다바르(말씀), 미츠보트(계명), 미쉬파트(규례), 후킴(율례) 등이 사용되었다. 두 책에 나타난 율법과 관련된 용어들중 대부분은 하나님과 관련되어 '하나님/여호와의 율법'(스 7:10, 14, 26; 느 8:8, 18; 9:13 등), 혹은 '주의 율법/규례/계명'으로 나타난다(스 9:10; 느 1:5, 9:16, 29, 34 등). 모세와 관련되어서는 '모세의 율법'(스 3:2; 7:6), '모세의 책'(스 6:18; 느 13:1)이라는 칭호가 있다. 그밖에 독립적인 '율법의 말씀'(느 8:9, 12-13), '율법책'(느 8:3), '책'(느 8:5)이라는 용어도 나타난다. 이러한 용어들은 에스라와 느헤미야, 포로귀환자들이 접한 율법은 하나님께 기원을 둔 신성한 것이며 모세를 율법의 매개자로 여겼으며 책의 형태로 존재했을 가능성을 제시한다.

에스라와 느헤미야가 말하는 '하나님의 율법', 혹은 '모세의 책'은 오경일 것이라는 전통적인 견해로부터 오경의 일부 법전집, 혹은 제사장 문서라는 주장과 심지어는 오경과는 별개의 다른 율법 모음집이라는 급진적인 의견까지 제시되었다. 오경의 정경화 작업에 대한 연대를 6세기 말에서 5세기 중엽까지 볼 수 있다면 에스라의 활동은 오경의 정경화 작업이 마무리되던 단계와 잘 맞으며 느헤미야의 활동은 이미 오경의 규범과 교훈들을 확실한 율법으로

---

1) 에스라서와 느헤미야서에 나타난 율법에 대한 다양한 용례는 J. Blenkinsopp, *Ezra-Nehemiah* (Philadelphia: The Westminster Press, 1988), 153 참고.

전제하고 있다.[2] 따라서 두 책에 언급되는 율법책은 오경을 가리킨다고 볼 수 있으며 포로기 공동체의 정체성 확보 문제와 성전제의와 관련된 율법들은 주로 신명기와 레위기와 관련되어 나타난다. 그러나 느헤미야서의 기도문(1:5-11; 9:4-38)은 이스라엘의 역사에 대한 깊은 인식을 보여주고 있어 느헤미야가 알았던 말씀을 오경으로 제한할 필요는 없다. 비록 외경이기는 하지만 마카베오기 하권 2장 13절은 "느헤미야가 도서관을 세우고 임금과 예언자들에 관한 책들과 다윗의 책들, 그리고 자원 예물에 관한 임금들의 편지를 모아들였다"고 전한다. 이는 느헤미야가 아직 정경화되기 이전의 열왕기 같은 역사서와 예언서, 시편을 접했을 가능성을 시사한다.

말씀을 연구하고 읽는 것은 포로 후기 공동체의 종교 생활의 중요한 요소 중의 하나였고 신앙의 기초였으며 말씀으로부터 배우는 일은 경건한 삶을 위한 기본적인 요구였다.[3] 느헤미야는 이러한 포로 후기 공동체의 전형적인 경건한 사람으로 말씀으로 준비되었던 자였기에 하나님의 부르심을 받을 수 있었다. 앞으로 느헤미야가 어떻게 말씀으로 포로 귀환 공동체의 재건과 개혁을 주도했는지 율법과 관련된 용어가 사용된 본문이나 율법을 주제로 한 본문을 중심으로 살펴볼 것이다.

3. 말씀으로 기도한 느헤미야(1:5-11a)

느헤미야는 기도의 사람이었다. 그는 예루살렘의 황폐함과 포로 귀환한 동포들이 곤경을 당한다는 참담한 소식을 듣고 하나님 앞에 나아가 기도하면서 그의 회고록을 시작했고(1:5-11a) 먼 훗날 개혁을 마무리하고 다시 하나님 앞에 기도하며 회고록을 마쳤다(13:29-31). 느헤미야의 첫 기도문은 느헤미

---

2) 라이너 알베르츠, [이스라엘 종교사 II], 강성열 역 (크리스찬다이제스트, 2004), 199-200.
3) S. Japhet, *From the Rivers of Babylon to the Highlands of Judah: Collected Studies on the Restoration Period* (Winona Lake: Eisenbrauns, 2006), 150-151.

야가 이야기를 시작하는 중요한 자리를 차지한다. 그는 아닥사스다 왕의 술 관원으로 페르시아 왕실에서 이방적 환경과 문화에 둘러싸여 살았지만 기도 와 말씀으로 경건한 삶을 유지했던 것으로 보인다.

느헤미야는 수산 궁에 있을 때 고국에 관한 소식을 듣고 큰 충격을 받고 수일 동안 애통해 하며 울고 금식하며 기도의 자리로 나갔다. 그가 단지 예루 살렘 성에 대한 소식을 들었을 뿐인데 격한 반응과 함께 금식하고 기도했다는 언급은 하나님께서 그를 새로운 섬김으로 급격하게 부르고 계심을 갑작스럽 게 깨닫게 되는 소명 기사나 다름없다. 에스더가 모르드개의 말을 듣고 자신 의 소명을 불현듯이 깨달았을 때 죽음을 각오하는 민족의 지도자로 우뚝 선 것처럼(에 4:13-16) 예루살렘 소식은 느헤미야로 하여금 금식하며 하나님 앞 에 포로귀환 공동체를 위한 중보자로 나서게 했다.

1) 말씀으로 과거와 현재를 성찰하다(5-7)

느헤미야의 첫 기도문은 충격적인 예루살렘 성의 훼파와 백성의 고난의 원인이 말씀을 지키지 않은 죄에서 비롯되었음을 올바르게 분별하고 있다. 그 의 기도문은 간구(5-6a, 8-9, 11a)와 죄 고백(6b-7), 신앙고백(10)으로 구성된 전형적인 공동체 탄원시이지만 불평은 전혀 없다. 왜냐하면 그는 예루살렘과 백성의 참화의 원인이 말씀에 대한 불순종이라고 보았기 때문이다. 그가 5절 에서 기도의 첫 시작을 "주의 계명을 지키는 자에게 언약을 지키시며 긍휼을 베푸시는 주"라는 언약의 하나님께 간구했다는 것은 문제의 원인과 해결이 말씀에 달려있음을 전제하고 있다.

느헤미야는 언약의 하나님에 대한 고백을 하고 6절에서 이스라엘 자손의 죄 뿐만 아니라 자신과 아버지의 집을 포함시킴으로써 민족과 자신의 죄를 동일시하여 현재의 상황을 초래한 근본적인 원인을 성찰한다. 여기서 민족과 자신과 집의 죄가 무엇인지 구체적으로 나타나지 않지만 7절에서 모세를 통 해 주신 말씀을 따르지 않고 악을 행하고 범죄한 죄들이라고 말한다. 모세가 백성을 위해 중재했던 것처럼(출 34:9) 느헤미야는 백성의 죄를 고백하도록 이끌고 자신도 그들의 죄에 스스로 참여했음을 고백한 것이다. 따라서 그는 과거 포로기의 상황과 포로기 후기 회복의 시대에 들어섰음에도 불구하고 발생한 예루살렘의 참화와 백성의 곤경이 자신들의 죄책임을 인정했다.

그가 예루살렘과 백성에게 직면한 어려움을 말씀에 비추어 성찰하며 기도했다는 점은 주제뿐만 아니라 실제로 5-7절에서 그가 사용한 기도의 언어들을 통해서도 나타난다. 5절에서 하나님을 '크고 두려운 하나님'이라고 말한 것은 모세(신 7:21; 10:17)와 다니엘(9:4)이 고유하게 사용하는 칭호이다.[4] 5절의 "주를 사랑하고 주의 계명을 지키는 자에게 언약을 지키시며 긍휼을 베푸시는 주"라는 말은 신명기 7장 9절과 가장 유사하며 신명기 5장 10절 혹은 열왕기상 8장 23절과 비교되기도 한다. 또한 느헤미야가 자신과 이스라엘 자손을 '종'이라고 부르는 칭호와 6절에서 "주는 귀를 기울이시며 눈을 여시사 종의 기도를 들으시옵소서"라는 구절은 솔로몬이 성전을 봉헌할 때 드린 기도문을 상기시킨다(왕상 8:29). 그가 신명기나 열왕기의 말씀을 연상시키는 기도의 용어를 사용했다는 점은 그의 삶 속에서 말씀이 얼마나 깊이 뿌리박혀있는지를 증언한다. 느헤미야는 말씀을 개인적인 삶의 표준으로 삼았을 뿐만 아니라 모세를 계명과 율례와 규례의 수령자(1:7-8)로 강조하고 계명 준수를 촉구함으로써 범죄한 공동체의 살 길을 제시하였다.

2) 말씀으로 미래를 바라보다(8-11a)

느헤미야는 두 번째 간구로 전환하는 시점에서 귀환을 약속한 신명기 30장 1-5절의 주요 말씀을 거의 인용하며 회복을 기대했다.

1 내가 네게 진술한 모든 복과 저주가 네게 임하므로 네가 네 하나님 여호와로부터 쫓겨간 모든 나라 가운데서 이 일이 마음에서 기억이 나거든 **2 너와 네**

---

4) G. F. Davies, *Ezra & Nehemiah* (Collgeville: The Liturgical Press, 1999), 90-91.

자손이 네 하나님 여호와께로 돌아와 내가 오늘 네게 명령한 것을 온전히 따라 마음을 다하고 뜻을 다하여 여호와의 말씀을 청종하면 3 네 하나님 여호와께서 마음을 돌이키시고 너를 긍휼히 여기사 포로에서 돌아오게 하시되 네 하나님 여호와께서 흩으신 그 모든 백성 중에서 너를 모으시리니 4 네 쫓겨간 자들이 하늘 가에 있을지라도 네 하나님 여호와께서 거기서 너를 모으실 것이며 거기서부터 너를 이끄실 것이라 5 네 하나님 여호와께서 너를 네 조상들이 차지한 땅으로 돌아오게 하사 네게 다시 그것을 차지하게 하실 것이며 여호와께서 또 네게 선을 행하사 너를 네 조상들보다 더 번성하게 하실 것이며

느헤미야는 신명기 말씀에 비추어 백성이 불신앙으로 인해 약속의 땅으로부터 추방당해 여러 나라로 흩어진 심판을 상기시킨다(1:8). 그러나 그는 백성이 끌려간 곳에서 다시 하나님께 돌아와 율법을 준수한다면 흩어진 백성을 '자기 이름을 두려고 택한 곳'으로 모아주신다는 신명기적 약속(1:9)도 동시에 상기함으로써 하나님의 언약에 호소했다.

느헤미야의 기도는 신명기 29-30장을 반영한 것으로 볼 수 있다. 신명기 29-30장은 일명 모압 언약으로 불리기도 하는데 포로 시대의 후손들에게 초점이 맞추어져 있으며 회복 약속과 땅으로의 귀환문제를 다루고 있다. 신명기 5-28장이 이스라엘로 하여금 율법을 준수하도록 이끄는 것이 목표라면 29-30장은 그들의 본성적인 악으로 인해 야훼의 말씀에 순종하는 일에 실패하여 멸망하고 결국 땅에서 추방될 것이 예언되고 있다. 그러나 야훼께서는 그 포로 된 자리로부터 이스라엘을 회복시키실 것이라고 선언하셨다.

그렇다면 느헤미야는 왜 1차 포로귀환으로 부터 거의 100여년이 다 되는 시점에서 신명기의 약속을 상기시키고 있는가? 신명기의 말씀은 백성의 불신앙으로 인해 추방이라는 심판과 고레스 칙령을 통해 포로귀환의 약속을 성취하신 하나님의 능력을 증언하고 있다. 또한 하나님은 그에게 돌아온 백성을 회복시켜주시는 분이라는 신명기 말씀에 느헤미야가 주목한 것이다. 따라서 그는 예루살렘의 참화와 백성의 고난을 해결하고 새로운 포로귀환 공동체를

재건하기 위해 하나님의 능력에 의지하는 한편 그들이 하나님의 언약 관계에 있는 백성이며 '주의 이름을 경외하기를 기뻐하는 종들'을 회개의 증거로 내세워 자신과 그들의 회복과 미래를 하나님께 의탁하고자 한 것이다.

4. 말씀으로 문제를 해결한 느헤미야(5:1-13; 6:1-14)

느헤미야는 예루살렘에 도착한 이후 성벽을 건축하는 일에 매진했으나 산발랏과 도비야 같은 외부의 방해 공작과 공격뿐만 아니라 유대 사회 내부의 균열로 심각한 도전에 직면하게 되었다. 느헤미야는 가난한 백성과 부유한 상류층의 계층 간 경제적인 갈등과 대립의 문제에 부딪혔고(5:1-13) 그의 대적들은 계략을 꾸며 그를 암살하거나 제거하려고 들었다(6:1-14). 느헤미야는 그의 첫 기도문에서 살펴본 바와 같이 하나님의 말씀을 지키는 길이 이 민족이 살길임을 분명하게 자각하고 있었기 때문에 계층 간의 갈등이 폭발하자 문제의 핵심이 말씀대로 살지 않는 백성에게 있다고 보고 사회 약자를 위한 율법으로 문제를 해결했다. 또한 그는 외부 대적들의 음모에 선지자들까지 동원되어 나온 거짓 예언 때문에 위험에 빠졌지만 하나님의 말씀을 분별해 내는 예민한 영성 덕분에 위기를 벗어날 수 있었다.

1) 사회문제를 말씀으로 해결하다(5:1-13)

에스라서 2장과 느헤미야 7장은 고레스 왕 때 1차 포로귀환자들의 규모와 재산에 대해 기록을 남겼다. 그들은 4만 명이 넘는 인원으로 약 8천 가구였고 이들이 가져온 가축도 8천 마리가 넘어서 한 가구에 한 마리 정도의 가축이 있었고 남녀종들 7,500명도 함께 돌아와서 가구당 한 명 정도의 종을 둔 비교적 부유한 편에 속했다.[5] 페르시아 제국 내에서 유대인들이 어떻게 살았는지에 대해서는 구체적인 자료는 없고 다만 아카드와 아람어 문헌으로 작성된 무라슈 문헌을 통해 짐작할 수 있을 뿐이다.

무라슈 문헌은 아하수에로 왕의 뒤를 이은 아닥사스다 1세(465-425)부터 다리오 2세(405-359)까지 니푸르에 거주하던 한 유다 가문이 보관한 토판들이다. 무라슈와 그 자손들은 돈을 빌려주고 무역을 하기도 했으며 농업과 관계된 도구나 씨앗, 가축들을 빌려주는 일로 돈을 벌었다. 이들이 거래한 2,500명의 사람들 가운데는 야훼라는 신명을 포함한 70명의 유다식 이름들이 포함되었다. 유다인들은 계약 당사자, 대리인, 증인, 세금 징수원, 왕의 관리들로 나타난다.[6] 무라슈 문헌은 유다인들이 페르시아에서 사회, 경제적인 활동을 하는데 별다른 제약이 없었음을 보여 주고 있어 포로귀환 1세대들이 부를 축적할 수 있었던 배경을 설명해 준다.

1차 포로귀환 공동체는 자신들의 재산을 기반으로 초기에는 안정적인 생활을 영위할 수 있었다. 그러나 세계 경제의 중심인 페르시아 사회와 달리 농업외 별다른 경제기반과 활동이 없던 고국의 상황과 잦은 기근으로 흉작이 이어지면서(학 1:6, 9-11) 점차 포로귀환 공동체의 삶이 피폐해지고 경제가 열악해진 상황이 느헤미야 시대까지 이어진 것으로 보인다. 백성은 부유한 사람들이 자신들을 채무로 인해 노예로 팔고 있다고 불평했다. 이스라엘에서 돈을 빌리려면 옷이나 땅, 집 같은 담보물이 있어야 했다. 성벽 공사로 인해 노역을 하느라 생계를 위한 다른 경제 활동을 못하는 처지에 놓인 사람들과 페르시아 정부에 내는 세금을 내기 위해 부자들에게 돈을 빌렸던 가난한 사람들이 돈을 갚지 못하고 노예로 팔려가는 일이 생겨 악순환이 발생하자 양자 간의 갈등이 극에 달하게 된 것이다. 가난한 백성의 불평은 느헤미야가 아닌 그들의 형제 유다 공동체를 향한 것이었다. 예루살렘 성벽 건설은 외부의 온갖 방해에도 점점 높이 쌓아갔지만 정작 그 안에 사는 사람들은 계층 간의 대립과 갈등으로 공동체가 붕괴될 위기에 몰리게 된 것이다.

---

5) 소형근, "포로 이후 '가난' 문제에 대한 느헤미야의 해결책: 느헤미야 5장 1-11절을 중심으로", 「신학과 선교」 제47집 (2015), 100-101.
6) 에드윈 M. 야마우찌, 『페르시아와 성경』, 박응규 외 역 (기독교문서선교회, 2010), 292.

가난한 사람들의 불평은 세 가지로 나타난다. 첫째는 자녀들이 많은데 양식을 구할 수 없는 사람들이다. 아마도 성벽 공사에 남편이 노역을 하게 되면서 생계수단이 없어진 사람들일 것이다(5:2). 둘째는 땅과 집은 있으나 흉년으로 인해 수확하지 못한 사람들이 재산을 담보로 양식을 구해야 하는 처지에 놓이게 되었다(5:3). 셋째는 페르시아 왕에게 내야 할 세금 때문에 밭과 포도원을 저당 잡힌 사람들의 불평이다(5:4). 그런데 이들이 빚을 갚지 못하자 무정하게도 채권자인 부자들이 채무자들의 자녀를 종으로 삼고 생계수단인 밭과 포도원을 가져가 버려 가족들은 뿔뿔이 헤어지고 계층 간 불신과 원망이 깊어 전통적인 유다 공동체의 연대가 와해 될 지경에 놓인 것이다(5:5). 느헤미야는 크게 분노했지만 총독으로서 행정적으로 처리하기보다는 귀족들과 민장들을 불러 그들의 양심에 호소하는 한편 그들이 하나님의 율법을 상기하도록 이끌었다(5:6-7).

느헤미야는 문제의 발단이 귀족들과 민장들이 백성에게 높은 이자를 받은 데서 비롯되었음을 일깨웠다. 페르시아 시대 때 이자율은 고레스와 캄비세스 때 20%에서 주전 5세기 말에는 40-50%까지 급격히 올랐다.[7] 고대 중동사회는 이러한 고리대금으로 인해 채무 노예가 되는 악순환이 발생해 백성이 궁핍한 처지에서 헤어 나오기 어려운 상황이었다. 유다도 채무 노예를 금지한 것은 아니었다(출 21:1-11; 레 25:47-54; 신 15:12-18; 24:10-13). 그러나 안식년과 희년에는 종들을 해방시켜야 했다. 특히 가난한 자에게는 이자를 받지 말라는 제한이 있었다(출 22:25; 레 25:36; 신 24:10-11).

네가 만일 너와 함께 한 내 백성 중에서 **가난한 자에게 돈을 꾸어 주면 너는 그에게 채권자 같이 하지 말며 이자를 받지 말 것이며**(출 22:25)

사실 이러한 율법들은 매우 이상적인 제도여서 실제로 시행되기 어려웠다는 점은 시드기야 왕 때 일화를 보면 알 수 있다(렘 34:8-21). 시드기야 왕 때

---

7) 위의 책, 332.

유다 귀족들은 안식년에 동족 채무 노비들을 해방시켜 주기로 계약을 맺고 시행했으나 얼마 후 마음이 변해 다시 노비로 삼았다. 예레미야 선지자는 이 일로 인해 백성이 하나님과의 언약을 배반했으므로 추방과 예루살렘 귀족들을 바벨론에게 넘기실 것이라는 하나님의 심판을 전했다(렘 34:17-21). 유다의 고관들은 동족을 노비로 삼은 일로 나라의 멸망을 초래하고 자신들도 바벨론의 종이 되는 신세가 된 것이다. 느헤미야는 형제애가 하나님의 심판을 초래하는 중요한 원인 중 하나라는 예레미야 선지자의 교훈을 기억했을지 모른다.

느헤미야가 이 문제를 해결하기 위해 제시한 대책은 첫째 돈과 양식을 꿔준 자는 이자를 받지 말자는 것이다(5:10). 그는 여기에 자신과 집안사람을 포함시켰다. 지도자가 솔선수범하겠다는 의지를 보여준 것이다. 둘째는 저당으로 잡은 땅과 집을 돌려주고 이자를 되돌려 주라는 더 적극적인 대책을 내놓았다(5:11). 느헤미야는 이러한 대책을 말할 때 명시적으로 어떤 율법에 근거한 것인지 말하지는 않았지만 대체로 레위기 25장의 희년법 정신을 반영한 것으로 본다.

레위기 희년법의 기본 정신은 하나님의 백성은 누구나 자유로운 땅에서 자유인이라는 사상을 담고 있다(레 25:8-11). 따라서 유다 공동체는 7번째 안식년에는 조건 없이 땅과 집을 돌려주어야 하고(레 25:23-28, 29-31) 채무 노예를 해방시켜야 했다(레 39-41). 희년법은 땅은 하나님의 소유라서 매매가 금지된 것으로 땅의 독과점을 막고 공평한 분배의 정신을 실현하기 위한 제도였다. 희년법은 모든 집단과 개인에게 똑같은 삶의 기본적인 조건을 보장해줌으로써 누구나 자유인으로 가치 있는 삶을 살도록 하는 평화적인 공동체의 실현을 목적으로 한 것이었다.

희년법은 사회적 약자의 생활을 보장하기 위한 제도이므로 부자들이나 권력자들에게는 손실이 워낙 커서 시드기야 왕 때의 일처럼 유다 사회에서 실제로 시행되지 않았을 것으로 보인다. 그러나 느헤미야는 희년이 아님에도 불구하고 성벽 재건의 걸림돌은 물론 유다 공동체의 와해를 초래할 수 있는 긴급한 위기에 맞서 희년법의 정신을 과감하게 실천하고자 한 것이다. 소형근은

이런 의미에서 느헤미야를 다음과 같이 평가했다.[8]

'가난한 자'를 위해, 그리고 '가난'의 문제를 해결하기 위해 토라를 개혁의 모
토로 삼고 실천에 옮겼던 지도자는 구약성서에서 느헤미야가 유일한 사람이
었다. 그런 면에서 느헤미야는 토라의 실천적 의지를 가진 지도자였다.

온 백성도 느헤미야의 희년법 정신에 입각한 대책에 아멘으로 화답하는
역사가 일어났다. 귀족들과 민장은 아무런 조건 없이 느헤미야의 명령에 순종
하겠다고 답했고 제사장들 앞에서 맹세했다(5:12). 가난한 사람들의 원망과
울부짖음은 느헤미야의 인도로 인해 희년처럼 자유가 선포되고 기쁨의 환호
성으로 바뀌어 하나님을 찬양하는 메아리로 채워졌다(5:13b). 느헤미야와 온
백성이 함께 말씀에 순종할 때 신앙의 회복과 공동체가 하나 된 경험은 포로
귀환 2세대들의 새로운 미래를 위한 중요한 시험대였다.

2) 하나님의 말씀과 거짓 예언을 분별하다(6:1-14)

느헤미야가 공동체 내부의 결속을 다지고 성벽 공사를 완성해 가는 막바
지 단계에 이르자 외부 대적들도 마지막 전략으로 그를 제거하는 데 총력을
기울였다. 첫 번째 계략은 그를 오노로 꾀어내어 암살하려고 시도했다
(6:2-4). 느헤미야가 네 차례에 걸친 그들의 회담 제의를 거절하자 더 치밀한
계략을 꾸며냈다. 그들은 느헤미야의 페르시아 왕에 대한 충성심을 흔들고 그
가 모반하고 왕이 될 것이라는 소문으로 유인하여 그를 암살하려 했다(6:6).
그들은 심지어 느헤미야가 선지자를 세워 왕이 될 것이라고 선동하였다는 정
보를 왕에게 보내려 한다고 위협했다(6:7). 그들의 전략은 일찍이 한 세기 이
전 다리오 왕 때부터 아닥사스다 왕까지 줄기차게 사용한 '모반 음모론'이었
고 실제로 성전 재건과 예루살렘 성 건축을 중단시키는데 성공했다(스

---

8) 소형근, "포로 이후 '가난' 문제에 대한 느헤미야의 해결책", 111.

4:8-16). 학개와 스가랴 선지자도 성전 재건을 주도한 스룹바벨과 여호수아를 메시아적 인물로 부상시킨 시도도 있었다(학 2:21-23; 슥 3:8, 4:6-10). 따라서 백성의 지지와 추앙을 한 몸에 받고 있던 느헤미야가 흔들릴 만한 소문과 편지였다. 그러나 그는 자신의 결백과 예민한 영성을 바탕으로 그들의 제안이 하나님의 뜻이 아님을 간파해 낼 수 있었다(6:8-9).

대적들의 두 번째 계략은 선지자들을 동원해 자신들의 제안이 하나님의 예언인 것처럼 꾸미는 매우 집요하고 정교한 음모였다(6:10-14). 스마야는 평소에 느헤미야와 친분이 두터웠던 것으로 보인다. 대적들은 스마야를 매수해 그의 집으로 오게 한 후 성소의 외소로 도피해야 한다고 예언인 것처럼 그를 속였다. 느헤미야는 적들의 암살 음모를 여러 번 겪은 뒤였기 때문에 성소로 피하라는 스마야의 예언을 진지하게 받아들일 수 있었다. 적들은 그 점을 노렸으나 그들은 느헤미야가 얼마나 하나님 말씀에 예민한 사람인지를 간과했다. 느헤미야는 자신의 목숨을 보전하고자 제사장만 성소에 들어갈 수 있는 율법(민 18:7)을 범하려 하지 않았다. 그는 어떠한 경우이든 주도적인 목적이 하나님의 율법에 순종하는 것이기 때문이다.[9] 스마야 뿐만 아니라 여선지자 노아댜와 다른 선지자들도 대적들의 뇌물을 받아 느헤미야를 두렵게 하는 예언으로 압박했다(6:14). 그러나 그는 깊은 영성과 율법 순종에 대한 열심과 열정으로 그들의 거짓 예언을 분별해 내고 개인적인 위기를 극복할 수 있었다.

5. 말씀으로 재건된 귀환 공동체(8-10)

느헤미야는 내외적인 환란과 역경을 딛고 마침내 52일 만에 성벽 공사를 마쳤다(6:15). 이제 느헤미야와 포로귀환 공동체의 새 세대는 무엇을 할 것인가? 느헤미야는 완성된 예루살렘 성벽의 성문을 닫아걸고 바벨론에서 돌아온

---

9) H. G. M. 윌리암슨, 『에스라-느헤미야』, 494.

1차 포로귀환자들의 족보를 꺼내 들었다(7:3-5). 에스라도 자신의 사명을 앞두고 1차 포로귀환자들의 명단을 상기했었다(2:1-70). 느헤미야가 그들을 기억하고자 한 것은 포로기 이전의 이스라엘 역사와 귀환한 1차 포로공동체와의 연속성을 강조하고 회복된 거룩한 도시, 예루살렘에서 하나님의 언약 백성이 가야 할 길을 숙고하기 위한 준비로 해석할 수 있다.

하나님의 거룩한 백성 공동체로 새 출발을 앞두고 성전과 성벽이라는 물리적인 환경은 완료되었고 이제 영적인 준비가 필요했다. 포로귀환 공동체가 무너진 성벽을 재건한 것처럼 하나님과의 무너진 관계를 회복하고 갱생하기 위해서 영적 성벽, 즉 토라 앞에 서야 했다. 느헤미야서가 성벽건설이 최종 목표가 아니라는 것은 이 책에서 율법 낭독과 관련된 장면이 8-10장까지 이어져 전자만큼이나 대등한 비중을 차지하고 있다는 점에서 알 수 있다. 에스케나지(T. C. Eskenazi)는 에스라-느헤미야서 전체 이야기는 느헤미야서 8장이후의 결론으로 향해 있다고 파악했다.[10]

I. 목표 설정: 공동체에게 하나님의 집을 건설하라는 칙령(스 1:1-4)
II. 목표의 실현과정: 칙령에 따라 공동체가 하나님의 집을 건설(스 1:5-느 7:72)
III. 목표 도달: 토라에 따라 하나님의 집 완성을 축하(느 8:1-13:31)

느헤미야서 8-10장은 백성이 세 차례에 걸쳐 율법을 듣기 위해 집결하고 율법을 들은 후에는 그것을 각각 실천하고 적용하고 마지막에 언약식으로 응답하는 통일성 있는 구조로 짜여 있다. 느헤미야서 8-10장에서 느헤미야의 이름은 에스라와 함께 백성을 위로하는 곳(8:9)과 율법에 대한 언약을 인봉하는 명단(10:1)에서 두 번외에는 언급되지 않으며 그가 율법 낭독의식을 위해 어떤 역할을 했는지는 확실하지 않다.[11] 그러나 이미 앞서 살펴본 바와 같이 느헤미야의 하나님의 말씀에 대한 깊은 식견, 열정이 있는 개인적인 성향과

---

10) T. C. Eskenazi, *In An Age of Prose* (Atlanta: Scholars Press, 1988), 38-42.
11) 느 8:10에 나오는 느헤미야는 원래 히브리어 성경에는 없다. 원문에 따르면 '그가 말했다'로 3인칭 대명사로만 나타난다. 가톨릭 새번역(2005년)에는 느헤미야 대신 에스라로 번역했다.

예루살렘 치안과 행정 책임자로서 이 대중의 모임과 무관하지 않았을 것이다. 토라 공동체로 거듭나는 이 역사적인 현장에서 느헤미야도 백성의 한사람으로 율법을 듣고 그것을 실천하고 응답하는 일에 앞장섰을 것이며 적극적으로 지원했을 것이다. 따라서 여기서는 율법을 대면한 포로귀환 공동체가 어떻게 갱신되었으며 율법의 중요성이 어떻게 나타나고 있는지에 초점을 맞추기로 한다.

1) 첫 번째 율법책 낭독(8:1-12)

예루살렘 성벽의 완공은 유대력으로 여섯 번째 달(엘룰 월)의 일이고 백성이 다시 모이었을 때는 일곱 번째 달이니 완공 후 얼마 지나지 않은 시점이었다. 유대력으로 일곱 번째 달은 초하루에 나팔절이 있으며 10일에는 속죄일, 15일에는 일주일간 계속되는 초막절 절기가 있는 중요한 때였다. 또한 율법 낭독의 관습은 매 안식년 초막절과 관련된 것으로 모세가 신명기 31장 10-13절에서 규정한 바 있다.

> 10 모세가 그들에게 명령하여 이르기를 **매 칠 년 끝 해 곧 면제년의 초막절에** 11 온 이스라엘이 네 하나님 여호와 앞 **그가 택하신 곳에 모일 때에 이 율법을 낭독하여 온 이스라엘에게 듣게 할지니** 12 곧 **백성의 남녀와 어린이와** 네 성읍 안에 거류하는 타국인을 모으고 그들에게 듣고 배우고 네 하나님 여호와를 경외하며 이 율법의 모든 말씀을 지켜 행하게 하고 13 또 너희가 요단을 건너가서 차지할 땅에 거주할 동안에 이 말씀을 알지 못하는 그들의 자녀에게 듣고 네 하나님 여호와 경외하기를 배우게 할지니라

그러나 이때는 안식년도 아니었고 초막절이 이르지 않은 때여서 율법 낭독의 의무를 위해 백성이 모였다고 보기는 어렵다. 절기의 중심은 성전에서 드리는 제의에 있었다. 그런데 백성은 절기를 지키러 성전으로 가지 않고 수

문 앞 광장에 자발적으로 모여 놀랍게도 에스라에게 율법책 낭독을 요청했다. 백성의 관심이 처음부터 율법책에 있다는 것은 그들의 율법을 향한 열정을 보여준다. 백성이 율법책 낭독에서 주도적인 역할을 하고 있다는 것은 18구절로 구성된 8장에서 '백성'이 15번 나타나며 매번 주어로 나타난다는 사실에서 알 수 있다.[12]

율법을 대면한 백성의 첫 반응은 '아멘, 아멘'하며 엎드려 경배하는 모습이었다(8:6). 그들의 진정한 응답은 레위인들에 의해 말씀의 의미를 듣고 난 뒤에 일어났다. 그들은 느헤미야와 에스라가 말릴 정도로 애통해 하며 울었다(8:9). 그들이 하나님의 말씀을 깨달으니 자신들이 얼마나 불순종했는지 그들의 삶을 성찰하고 난 뒤 밀려드는 회한으로 탄식했을 것이다. 백성의 회개하는 모습은 하나님의 말씀 앞에 진정으로 응답했다는 증거이다. 또한 백성은 레위인들에게 성일에는 야훼를 기뻐해야 한다는 가르침을 듣고 돌아가 즉시 잔치를 벌이며 말씀을 깨달은 즐거움을 이웃과 함께 나누었다(8:10-12). 백성이 말씀 순종에 동반되는 기쁨을 체험했다는 것은 율법이 오래된 문헌이 아닌 공동체에게 생명력을 불어넣을 수 있다는 강력한 증거였다.

2) 두 번째 율법책 낭독(8:13-18)

첫 번째 율법책 낭독이 백성에 의해 시작되었다면 두 번째 낭독은 백성의 족장들과 제사장들과 레위 사람들이 율법 연구를 위해 자발적으로 에스라에게 모여 들었다(8:13). 이들은 전날의 율법 낭독으로부터 신앙적 각성을 한 사람들로 백성의 지도자들로서 책무를 느끼고 율법을 더 알고 싶었던 것이다. 그들이 마침 초막절을 맞이했기 때문에 그것과 관련된 말씀을 살피다가 초막에 거할 것과 여러 나뭇가지로 초막을 지으라는 규정을 발견했다. 특별히 초막절에 대한 규정은 레위기 23장 33-44절이 자세하게 담고 있다. 느헤미야 8

---

12) G. F. Davies, *Ezra & Nehemiah*, 115.

장 14-15절의 초막절 규정은 레위기의 것과 유사하지만 동일하지는 않아서 레위기의 것을 자유롭게 적용한 것으로 보인다. 이는 에스라와 느헤미야가 성경의 율법을 다루는 데 있어서 이미 견고하게 확립된 본문을 통해 일을 했지만 문자적으로 보기보다는 율법을 실천하고 적용하는데 더 몰두했음을 시사한다.[13]

지도자들의 가르침을 따라 백성은 집과 성전, 광장과 거리에 초막을 지었다(8:16). 그리고 포로귀환 공동체를 일컫는 '사로잡혔다가 돌아온 회중'은 모두 초막에서 지냈다(8:17). 초막절이 지어진 지리적인 범위와 공동체 모두가 초막에서 지냈다는 언급은 그만큼 백성의 말씀 순종이 전면적이고 철저했다는 것을 강조한다. 첫 번째 율법 낭독에서 백성은 율법의 의미를 깨닫고 그 기쁨을 누렸던 것처럼 백성은 다시 한 번 전면적인 율법 순종의 기쁨을 더 크게 느꼈다(8:17). 그들은 초막에서 지내며 과거 조상들의 광야 생활을 체험하는 한편 방랑 생활 중에도 하나님의 애정 어린 보살핌을 받았던 역사를 묵상하며 율법을 실천하는 기쁨을 온 몸으로 누릴 수 있었다. 이렇게 율법은 이제 막 새출발을 하는 공동체를 올바르게 할 수 있는 힘과 능력이 있으며 과거 역사와의 지속성에 대한 확신과 안정감을 주는 버팀목이 되어 줄 수 있었다.[14]

3) 세 번째 율법책 낭독(9:1-38)

초막절을 성대하게 지킨 백성은 흩어지지 않고 일주일 동안 에스라가 율법책을 낭독한 것을 더 들었다(8:18). 그 결과로 백성은 자신들과 조상의 죄를 깨닫고 이방인들과 단절하고 참회하기 위해 다시 모였다. 그들은 금식하며 굵은 베옷을 입고 재를 뒤집어쓰고 세 번째로 율법책을 낭독했다(9:1-3). 공동체는 낮 동안 3시간은 율법책을 낭독하고 나머지 3시간은 예배드리며 죄를 고백했다. 여기서는 낭독의 장소가 나오지 않지만 레위 사람들이 등장하며 송

---

13) H. G. M. 윌리암슨, 『에스라-느헤미야』, 545.
14) 마크 A. 트론베이트, 『에스라-느헤미야』, (한국장로교출판사, 2001), 150.

축과 긴 기도가 드려진 것으로 보아 성전 안일 가능성이 제시된다.[15]

레위인들의 기도(9:4-38)는 크게는 이스라엘의 역사를 회상하며 조상들의 죄를 고백(6-31)하는 부분과 현재 자신들의 죄를 고백(33-35)하는 부분으로 구성된다. 과거는 창조 때부터 약속의 땅에 정착하기까지 역사를 회상하며 이 기간 하나님이 조상들에게 베푼 은총과 자비를 강조한다. 그 가운데 하나님이 시내산에서 율법을 주신 기사는 13-14절에 걸쳐 비중 있게 설명되고 있다. 그러나 백성은 광야 시대 이래로 하나님께 배역하고(16-18), 율법을 등졌으며 선지자들을 죽이고 그의 율법을 범하였다(26, 29). 현재의 공동체 역시 약속의 땅으로 귀환 했지만 그 땅의 주인이 아닌 종의 신세로 전락한 것은 자신들의 악행 때문이라고 고백한다(34-35). 기도문에서 하나님의 은총이 반복해서 강조되는 것은 결국 포로귀환 공동체의 갱생을 위해 필수불가결한 조건이기 때문이다.

레위인들의 기도문의 또 다른 특징은 이스라엘의 역사가 성경 이야기를 연상시키는 단어와 구절들로 인용됨으로써 구약을 요약한 듯한 인상을 준다는 점이다. 마이어스(J. M. Myers)는 레위인들의 기도문이 구약의 어느 부분을 인용하거나 간접적으로 관계되는지를 연구했다. 그에 따르면 기도문의 모든 구절이 오경은 물론 예언서와 시편, 역사서를 망라해 관계되어 있다.[16] 뉴만(J. H. Newman)도 제 2성전 시대에는 성경의 전승으로 기도문을 작성했는데 느헤미야 9장은 이를 가장 잘 나타내며 성경의 전승이 성경화(scripturalization)되는 과정을 반영한다고 분석했다.[17] 율법은 백성의 삶의 규범일 뿐만 아니라 이스라엘 역사 이야기와 같은 교훈을 통해서도 백성의 삶을 성찰하게 하고 그들이 가야 할 길을 분명히 제시해 준다.

---

15) 김태훈, 『느헤미야』, (학예사, 2016), 210-211.
16) J. M. 마이어스, 『에스라·느헤미야』 (한국신학연구소, 1983), 241-244의 목록 참고.
17) J. H. Newman, "Nehemiah 9 and the Scripturalization of Prayer in the Second Temple Period", *The Function of Scripture in Early Jewish and Christian Tradition*, C. A. Evans & J. A. Sanders eds., (Sheffield Academic Press, 1998), 112-123.

4) 언약식(10:1-39)

세 차례에 걸친 율법 낭독과 예배를 통해 대각성을 한 공동체는 그 결과로 하나님과 언약식을 맺는다. 언약식을 하는 서명자들 가운데 느헤미야는 첫 번째로 언급되어 이 의식에서 그가 차지하는 위치를 암시한다. 그 뒤에는 제사장들(10:1b-8), 레위인들(10:9-13), 방백들(10:14-27) 순으로 서약자들의 이름이 차례로 나타난다. 나머지 백성과 다른 제사장들이나 레위인들, 성전 종사자들과 달리 이름이 명시된 것은 이들이 언약식을 주도하고 백성의 지도자들로서 책임의식을 반영하는 것으로 보인다. 그밖에 서약자들로서 "아내와 자녀들, 곧 지식과 총명이 있는 자들"이 포함되어 있는데(26b) 이는 자신의 의지로 율법을 지킬 수 있는 지각이 있는 자들을 가리키는 말로 온 공동체가 빠짐없이 서약했다는 강조의 표현이다. 또한 그들이 형제 귀족들을 따라 저주로써 맹세했다는 말은 그만큼 이 언약식을 심각하게 받아들이며 율법 순종의 의지를 다졌다는 뜻이다(29).

공동체가 맹세한 규례들은 세 가지 영역으로 당시 사회문제로 대두되거나 성전제의와 관련된 당면한 과제들과 관련된 것들이다. 그것들은 잡혼에 대한 규정(30)과 안식일과 안식년 규정(31), 성전과 성직자들을 위한 의무와 관련된 것들이다(32-39). 첫째 이방인과의 혼인을 금지하는 규정이 가장 먼저 맹세의 대상으로 나오고 있어 포로귀환 세대들에게 가장 심각한 사회문제로 대두되고 있음을 보여준다. 가나안 족속과의 통혼을 금지하는 율법들(출 34:11-16; 신 7:1-4)에 근거해 당시 문제가 된 이방인들, 즉 아스돗, 암몬, 모압 족속을 그 대상에 포함시키는 것이라 당시의 상황에 율법이 개정된 사례라고 볼 수 있다.

둘째 안식일과 안식년 법도 오경의 율법에 근거하지만 안식일에 이방인들과 상거래를 금지하거나 안식년에 휴경과 빚 탕감만이 언급된 것도 새로운 율법의 해석 경향이라고 할 수 있다. 셋째 성전제의와 관련된 의무들은 성전세(32-33), 땔감 헌물(34), 첫 수확의 농산물을 드리는 규정과 십일조(35-39a)로써 이전의 율법들을 구체적으로 적용시킨 예에 해당한다. 공동체가 맹세한 율법들은 말씀 순종이라는 큰 틀 안에서 그들이 직면한 최우선적인 과제에 집중한 경향을 보여준다. 처음에 공동체는 에스라에게 율법 낭독을 요청한 이래 그저 율법을 경청하는 경건한 자세에서 시작했다. 그러던 그들이 율법을 깨닫는 기쁨을 알고 초막절을 준수하고 공동체의 죄에 대해 애통하더니 마침내 엄중하게 율법 순종의 각오를 다지는 자리까지 오도록 성장한 것이다.

6. 말씀으로 개혁한 느헤미야(13)

포로귀환 공동체의 새 세대는 하나님 앞에서 언약의 책임 아래 살기로 다짐하고 예루살렘과 약속의 땅 전국으로 흩어졌다(11:1). 성전은 이미 재건되었고 그곳에서 섬길 제사장들과 레위인들이 충원되었다(12:1-26). 이때서야 느헤미야는 예루살렘 성벽을 하나님 앞에 봉헌하기 위한 성대한 의식을 거행했다(12:31-43). 느헤미야 12장 43절은 봉헌식의 절정을 묘사하는데 백성뿐만 아니라 "하나님도 크게 즐거워하셨다"고 말하며 예루살렘의 기쁜 함성이 멀리까지 들릴 정도였다고 한다. 그들은 하나님의 선물로서의 성벽, 신앙생활의 중심이자 핵심인 성전, 율법, 언약 갱신으로 무장한 영적 공동체로 거듭났기에 이러한 진실하고 순수한 기쁨을 누릴 수 있었다. 느헤미야는 봉헌식 후 다윗과 솔로몬의 명령에 따라 성전 종사자들을 배치하고 성전 제의를 돌보도록 하는 이상적인 예배공동체를 확립하였다(12:44-47). 그러나 느헤미야가 페르시아로 귀환한 이래 12년이 지나자 공동체는 거센 외세와 현실에 굴복해 통혼하고 성전제의를 소홀히 하는 등 위기에 빠지게 되었다. 느헤미야는 돌아와 다시 한 번 말씀을 들고 공동체의 개혁을 위해 나서야 했다.

1) 성소와 성전 종사들 문제(13:4-14)

느헤미야가 예루살렘에 없는 동안 성전 제의를 위한 제구와 예물을 모아 놓는 창고는 그의 대적 도비야가 차지하고 있었다. 성전 곳간의 책임자 엘리아십이 도비야와 타협한 결과였다. 성전 제의를 운영하기 위한 중요한 재정 곳간이 이방인에게 넘어갔다는 것은 제의 운영의 중지 내지는 악영향을 미치는 일이었다. 백성이 성전 종사자들을 위해 매일 주었던 몫은 드려지지 않거나 십일조나 예물이 부정하게 운영되었을 가능성을 암시한다.

느헤미야는 도비야를 몰아내고 성전 곳간을 정결하게 했다. 생계유지를 위해 성전을 떠났던 레위인들을 다시 불러들이고 백성은 십일조 의무를 준수하도록 이끌어 성전 제의가 정상화되도록 개혁했다. 느헤미야는 민장들을 불러 성전을 버렸다고 질책하여 그들이 백성과 함께 언약식에서 맹세한 규례들(10:33-39)을 상기시켰다(13:11). 백성은 다시 성전에 십일조를 드렸고 느헤미야는 신임 받는 제사장과 레위인, 서기관들을 내세워 성전 재정을 감독하도록 했다.

2) 안식일 문제(13:15-22)

안식일을 성일로 지키고 노동을 금지해 하나님께 집중함으로써 그의 백성이라는 정체성을 지키도록 한 것은 출애굽 시대 이래 율법이 강조해 온 바였다.[18] 느헤미야는 안식일에 한 유다인이 안식일을 범하는 모습을 주의 깊게 관찰하고 두로 사람과 유다 자손의 상거래가 안식일에 횡행하는 일을 목도하고 백성의 지도자들인 귀족들을 불러 질책했다. 느헤미야는 조상들이 안식일을 범해 재앙을 당하고 나라가 망한 역사를 상기시켰다(13:17-18). 그가 안식일에 성문을 지키며 그날 장사하려고 성 밑에서 자는 사람들을 불타는 눈으로 제재하는 모습은 마치 예레미야 선지자가 성문에서 안식일 문제로 외치는 장

18) 출 16:23-29; 20:8-11; 31:14-16; 35:2-3; 민 15:32-36; 신 5:12-15.

면을 떠오르게 한다(렘 17:19-27).

> 19 여호와께서 내게 이와 같이 말씀하시되 너는 가서 유다 왕들이 출입하는 **평민의 문과 예루살렘 모든 문에 서서** 20 무리에게 이르기를 이 문으로 들어오는 유다 왕들과 유다 모든 백성과 예루살렘 모든 주민인 너희는 여호와의 말씀을 들을지어다 21 여호와께서 이와 같이 말씀하시되 **너희는 스스로 삼가서 안식일에 짐을 지고 예루살렘 문으로 들어오지 말며** 22 안식일에 **너희 집에서 짐을 내지 말며 어떤 일이라도 하지 말고** 내가 너희 조상들에게 명령함 같이 **안식일을 거룩히 할지어다**
>
> 27 그러나 만일 너희가 나를 순종하지 아니하고 안식일을 거룩되게 아니하여 안식일에 짐을 지고 예루살렘 문으로 들어오면 내가 성문에 불을 놓아 예루살렘 궁전을 삼키게 하리니 그 불이 꺼지지 아니하리라 하셨다 할지니라 하시니라

그는 안식일을 위반하는 사람들을 잡아들여 엄히 경고하고 레위인들로 성문을 지키게 해 출입을 관리하도록 했다(13:22).

3) 통혼 문제(13:23-27)

유다인이 이방 여인들과 혼인하는 문제는 에스라 때에도 심각한 사회문제로 대두되어 개혁의 대상이 되었다(스 10). 느헤미야가 통혼으로 인해 새롭게 부각시킨 것은 자녀들의 언어문제였다. 유다 공동체는 율법이 중심적인 역할을 하는데 만일 히브리어를 모르게 되면 율법에 접근할 수 없고 그것은 곧 하나님과의 관계가 무너지는 중대한 문제를 발생시킬 수 있기 때문이다. 종교와 민족의 동질성을 유지하기 위해서도 언어는 필수불가결한 요소라는 것을 느헤미야는 잘 인식하고 있었다.

느헤미야는 이전의 언약식에서 제일 첫 번째로 맹세한 통혼 금지에 대한

맹세(10:30)를 상기시키는 한편 솔로몬 때의 예를 들어 경고했다(13:26). 솔로몬은 수많은 이방 여인들과의 정략결혼으로 우상숭배를 초래해 나라가 둘로 쪼개지고 열 지파를 여로보암에게 넘겨야 했다(왕상 11). 유다 공동체가 비록 고국에서 종교자치권을 갖고 있으나 페르시아의 피지배민이라는 정치적인 환경과 적대적인 이웃 국가들, 어려운 경제적 상황은 언제든 연약한 종교공동체를 흔들고 와해시킬 수 있었다. 느헤미야는 이러한 위험을 직시하고 있었기 때문에 엄격하게 통혼 문제를 대처하는 한편 백성에게는 솔로몬 때의 성경 말씀으로 이 문제의 심각성을 깨우쳤다.

느헤미야의 단호한 개혁에도 불구하고 마지막까지 대제사장을 비롯한 종교지도자들의 배역은 지속되었다(13:28-29). 느헤미야와 동시대인이었던 말라기 선지자도 냉소적이고 악의에 찬 제사장들을 고발하였다(말 1:6-7; 2:8). 말라기는 제사장들이 진리의 법과 율법을 구하며 백성에게 바른 길을 제시해야 하지만(말 2:6-7) 오히려 옳은 길에서 떠나 백성을 오도하고 율법으로부터 떠나게 했다고 비판했다(말 2:8-9). 이러한 가운데에 제사장들이 평신도 지도자인 느헤미야의 개혁의 대상이 되었다는 것은 현대 목회자들에게도 시사하는 바가 크다.

말라기 4장 4-6절은 예언서의 끝이자 개신교 성경 배열로는 구약성경의 마지막이다. "내종 모세에게 명령한 법 곧 율례와 법도를 기억하라"는 말씀은 구약성경의 결론이라 해도 과언이 아니다. 하나님의 말씀 그 자체가 사람의 경건한 행동을 만들고 깊은 종교적 체험을 가능하게 하며 예배를 드리는 중요한 방식이기 때문이다. 그래서 사람은 떡으로만 사는 것이 아니라 하나님의 말씀으로 산다. 마틴 루터는 또 다른 느헤미야였다. 그는 오직 말씀을 들고 종교개혁을 일으켜 교회역사뿐만 아니라 세계역사의 패러다임을 바꾸었다. 한국교회는 거센 세속주의와 다원주의의 물결로 인해 기독교인이 급감하고 있는 위기상황에 놓여있다. 오늘날 현대 목회자들은 말씀의 수호자였던 느헤미야처럼 또 다른 느헤미야가 되어 말씀에 의지하여 갱생의 길을 올곧게 가야 할 것이다.

제2부

느헤미야의 교회개혁

제 1 장

아래로부터의 개혁을 이끈 느헤미야

배희숙 교수(장로회신학대학교)

1. 들어가는 말

　느헤미야는 바벨론 포로로 끌려간 포로민 중 팔레스틴으로 귀환하지 않은 유다인으로 페르시아 궁정에서 경력을 쌓아 "왕의 술 관원"이라는 고위직까지 오른 인물이다(1:11). 그는 유다를 다녀온 형제로부터 유다와 예루살렘 사람들이 "큰 환난을 당하고 능욕을 받으며 예루살렘 성은 허물어지고 성문들은 불탔다"(1:3; 2:3)는 소식을 듣고 페르시아 왕 아닥사스다(기원전 465-424년)[1] 에게 "예루살렘 성 건축"을 위해 자신을 보내줄 것을 청원한다(2:6). 그리

---

* 이 글의 초안은 2018년 12월 대한예수교장로회 총회주제연구위원회의 요청으로 준비하였으며 글의 일부(Ⅱ-Ⅲ)는 박동현/배희숙, "구약을 통해 본 교회갱신", 김종렬 엮음, 『설교를 위한 신학 신학 있는 설교』(서울: 대한기독교서회 2012), 67-121쪽 가운데 69-92쪽이 담겨 있다. "느헤미야와 '하나님의 집' 재건 -느헤미야서 통째로 읽기"의 제목으로「선교와 신학」제47집 (2019.2), 217-245에 실려 있다.
1) 역사적으로 아닥사스다라 이름하는 왕은 세 명이다(기원전 465-424; 405-358; 358-337년). 느헤미야에 나오는 아닥사스다 제20년은 445년으로 보는 근거는 느헤미야 12:10-11,22의 제사장 명단에 나오는 엘리아십은 408년의 엘레판틴 파피루스에서 증거되는 여호하난/요하난보다 더 일찍 관직에 있었음이 분명하기 때문이다.

하여 느헤미야는 아닥사스다 왕 제20년(445년)에 왕의 추천장에다 군사적 호위까지 갖추고 페르시아의 총독으로 예루살렘에 파견된다. 느헤미야의 주요 임무는 성벽중수였다. 그는 내적인 어려움과 외부의 방해를 무릅쓰고 52일 만에 성공적으로 성벽 중수를 완성한다(6:15). 집회서는 조상들에 대한 찬양 장에서 느헤미야의 성벽중수 사역을 기억할 만한 위대한 일로 높이 칭송한다(집회 49:13). 그러나 느헤미야서는 그의 사역이 성벽 재건 이상의 것이었음을 말해준다. 느헤미야는 성벽을 재건하는 동안 기근과 세금문제로 심화된 고리대금 문제를 해결하고(5:1-13) 또 제사장의 성전 방 남용(13:4-14)이나 안식일(13:15-22), 연혼(13:23-29)과 같은 종교 및 사회적 문제들을 해결한다. 느헤미야의 성공적인 사역은 "느헤미야 회상록"이라 불리는 1-7장, 그리고 11-13장에 잘 기술되어 있다.

다방면에 걸친 느헤미야의 사역을 대할 때 본래 성벽중건을 위해 파견된 그가 어떻게 본연의 임무를 넘어 유다 공동체 내부의 포괄적인 개혁까지 추진할 수 있었는지 궁금증을 자아낸다. 여기에다 느헤미야서의 구조는 또 다른 질문을 불러일으킨다. 느헤미야 사역을 보도하는 느헤미야 회상록(1-7장; 11-13장) 사이에 백성들의 이야기(8-10장)가 끼어 있는데 여기서는 갑자기 아닥사스다 왕 제7년(458년)에 왔다는 "학사" 에스라가 등장하며 이로써 초점은 느헤미야에서 에스라로 이동된다(8장). 이곳의 주제는 성벽중수가 아니라 율법 낭독이다. 성벽이 6월에 완성되었으니 문맥상 자연스러운 것은 7월에 백성들이 모여 율법을 낭독하고 이어서 재건한 성벽을 종교적 행사로 성대하게 봉헌하는 것이다.[2] 그러나 성벽 봉헌식은 치르지 않고 백성들은 죄를 자복하고 "견고한 언약"을 세우고 이를 기록하여 인봉한다(9-10장). 이 언약은 성전을 버려두지 아니하겠다는 서원으로 종결된다(10:28-39). 그리하여 느헤미야서의 중간 부분에서는 더 이상 느헤미야가 아니라 "이스라엘 자손들"이 행동의 주체가 되며 백성들의 율법 낭독에 이어진 언약체결 사건은 완공된 성벽

---

2) Lester L. Grabbe, *Ezra-Nehemiah* (Old Testament Readings, London: Routledge, 1998), 52.

봉헌을 지연시키기까지 한다(6:15; 12:27). 양식적으로 느헤미야 8-10장은 느헤미야의 회고 형태가 아니라 삼인칭 보도라는 면에서, 또 이미 페르시아 왕의 전권으로 율법을 가지고 온 에스라가 13년 동안이나 율법에 대하여 아무일도 하지 않았다가 그제야 백성을 가르친다는 점에서(스 7:10,25-26) 문맥상 매우 이질적이다. 이 때문에 학자들은 느헤미야 8-10장을 후대의 삽입으로까지 간주한다.[3] 그러나 필자는 바로 이 석 장에 기술된 일을 느헤미야 사역의 절정이라 평가하고 그 자세한 내용과 의의에 비추어 느헤미야 사역을 바라보고자 한다. 특히 이 사건 이후에 느헤미야의 다른 제의개혁 조치들(특히 13장)이 나왔다는 것은 이 사건의 의미를 결코 과소평가할 수 없게 한다. 느헤미야 8-10장을 주의 깊게 살펴봄으로써 조그마하나마 한국교회개혁운동의 방향을 위한 빛을 얻을 수 있으리라 기대해본다.

2. 느헤미야의 도착과 성벽 중수(1-7장)

느헤미야가 예루살렘에 도착했을 때 유다는 매우 황폐한 상황이었다. 성벽은 무너지고 성문은 불탔으며(1:3; 2:3,13,17) 백성들은 이방인들에게 조롱과 수치를 당하였다(1:3; 2:17; 4:1-3). 느헤미야는 예루살렘 사역을 자신의 지위를 기초로 일방적으로 밀어붙이는 것이 아니라 매우 조심스럽게 시작한다. 소수의 사람과 함께 밤에 성의 황폐한 곳을 돌아본 다음 고위 관리들에게 자신의 건축 프로젝트를 유다 공동체의 과업으로 추진할 것을 제안한다(2:11-18). 느헤미야는 페르시아의 총독으로 왔지만 자신의 권위를 주장하지 않고 페르시아 왕의 약속과 그 배후에 계신 하나님의 도우심에 대한 확신에 힘입어(2:18) 백성들의 마음을 하나로 이끌어낸다(2:16).

---

3) 예를 들면, Juha Pakkala, *Ezra the Scribe*. The Development of Ezra 7-10 and Nehemia 8 (BZAW 347; Berlin - New York: W. de Gruyter, 2004). 느헤미야 8장이 에스라 10장 뒤에 있었을 것으로 가정하는 것은 느헤미야 8장이 없으면 에스라의 율법 사역이 빠지기 때문이다.

3장의 건축자 명단은 양문에서 시작하여 양문에서 끝난 성벽 재건 작업이 차근차근 진행되어 성벽의 모든 구간이 완성되었음을 증거 한다(3:1,32). 그러나 이후 건축 프로젝트의 성공대신 방해 작업에 대한 보도가 성벽 완성 보도(6:15)가 나올 때까지 이어진다. 방해 작업은 성전재건 때와 마찬가지로 주변 민족에 의해 지속적으로 이루어진다(스 4-6장). 느헤미야가 예루살렘에 도착한다는 소식에 벌써 산발랏과 도비야는 불편한 기색을 드러내고(느 2:10), 성을 건축하기 시작했다는 말을 듣자 게셈까지 가세하여 유다인을 업신여기고 비웃으며(페르시아) 반역 행위로 몰기까지 한다(2:19). 특히 산발랏은 성 건축 소식을 듣고 크게 분노하여 자기 형제들과 사마리아 군대 앞에서 건축사업을 비웃고(4:1-2) 그 곁에 있던 암몬 사람 도비야도 조롱한다(4:3). 성이 절반쯤 완성되었을 때는 산발랏을 위시한 모든 대적들이 "심히 분노하며" 연합동맹을 결성하여 공격할 계획을 세운다(4:7-8). 성벽이 건축된 다음에도 산발랏과 도비야는 느헤미야를 해칠 계책을 꾀한다(6:1-14).

그렇다면 산발랏과 도비야와 게셈이 예루살렘 성벽건축을 막기 위해 연합한 동기는 무엇일까? 이들은 느헤미야를 두고 "이스라엘 자손을 흥왕하게 하려는 사람"(2:10)이라고 칭한다. 대적들을 향해 느헤미야는 "너희는 예루살렘에서 몫도 권리도 기념도 없다"(2:20)는 말로 응대하는데 이는 유다의 정치적 종교적 독립선언이라 할 수 있다. 성벽이 중수된 다음에 모든 대적과 주위에 있는 이방 족속들이 "다 두려워하여 크게 낙담하였다"(6:16)는 말로 미루어볼 때 성벽 재건은 유다의 정치적 종교적 독립을 위한 전략적 조치이면서 유다인들에게는 신뢰감 회복의 상징이었음이 분명하다.[4] 느헤미야가 호론 사람이라고 낮춰 부르는 산발랏은 사마리아 지방이 속한 "강 저편" 속주(총독령)의 총독이었고(3:34 참고), 암몬 사람이라는 도비야는 "유다의 행정사안을 담당한" 산발랏의 하급관리였던 것으로 보인다.[5] 느헤미야는 페르시아의 총독(1:3;

4) K.-D. Schunck, *Nehemia* (BK XXIII/2; Neukirchener: Neukirchen Verlag, 1998), 74; H. G. M. Williamson, *Ezra and Nehemiah* (T & T Clark International, 1987), 193.
5) Schunck, *Nehemia* (1987), 46, 49-50; Ch. Karrer, *Ringen um die Verfassung Judas: eine Studie zu den theologisch-politischen Vorstellungen im Esra-Nehemia-Buch*

2:3,8,13,17; 6:1; 7:3; 12:30)이었기에 그의 유다 독립 및 이방세력과의 분리 정책 선언은 산발랏과 도비야를 위시한 대적들에게 "예루살렘에 대한 그들의 세력과 영향력이 침해되는 것"을 의미했다.[6] 그들은 예루살렘의 권세 가문 (6:17-18 참고)이나 제사장들(13:4)과 가까운 관계를 유지하면서 예루살렘에 영향력을 끼치고 있었기 때문이다.[7] 암몬, 에돔, 블레셋 지역을 다스리는 게셈도 기원전 587년에 멸망했으나 유다 백성의 일부가 남아 있는 남쪽 지역에 대한 통치권을 쥐고 있었기 때문에 연합한 것이다.[8] 이들 연합세력은 성벽재건을 통해 예루살렘에서 새로운 자의식이 움트고 이 자의식이 자신들이 통치하는 유다인에게 전이되는 것을 막고자 했다.[9] 이러한 공동의 관심에서 산발랏과 도비야와 게셈과 같은 주변의 지배층의 사람들은 유다가 한 지방으로 독립하는 것을 방해했던 것이다. 이들의 지속적인 방해와 위협 때문에 유다의 건축자들은 성벽 건축에 대한 불만을 드러내기도 하였지만(4:10-11) 느헤미야의 대처 아래 대적의 방해 활동은 오히려 유다인을 서로 연대하게 하고 나아가 긴급하고 신속한 성벽재건에 착수하게 한 것이다. 느헤미야는 위협 상황 속에서 한 손에 무기를 들고 건축에 임하게 하며 성벽 재건을 진행한다.

느헤미야 5장은 성벽재건 공사 도중에 유다 공동체가 봉착한 내적 위기에 대하여 보도한다. 성벽 건축 이전 유다의 심각한 상황(1:1-4; 2:17)은 '신속한 완공'을 목표로 한 성벽재건사업으로 훨씬 더 악화되었다. 성벽 공사에 투입된 노동자들은 생계를 책임질 수 없게 되고, 그로 인해 초래된 생활고(生活苦)는 자연적인 악조건에 의해 가중되었기 때문이다(5:3). 아내들까지 생계의 어려움을 호소하고 항의하고 있다는 점(5:1)은 그 위기의 심각성을 대변한다.[10] 이러한 상황에서 극빈자들은 경제적 필요에 의해 부자들에게 자기들의 재산

(BZAW 308; Berlin; New York: de Gruyter, 2001), 107 참고.
6) Schunck, *Nehemia* (1987), 45.
7) Schunck, *Nehemia* (1987), 179-180.
8) Schunck, *Nehemia* (1987), 72.
9) Schunck, *Nehemia* (1987), 72.
10) E. M. Yamauchi, "Two Reforms Compared," (ed.) G. Rendsburg, R. Adler, The Bible World. Essays in Honour of Cyrus H. Gordon (New York: KTAV Publ., 1980), 285.

을 저당 잡힐 수밖에 없게 되고(5:5), 심지어 그들의 자녀들은 이방인에게 종으로 팔리며(5:5), 이방인에게 노예로 팔렸다가 되찾은 유다인들이 다시금 유다 사람들에게 팔리는 일이 빈번하게 발생하였다(5:8). 백성들의 불평이 이방 통치자에 대한 것이 아니라 가난한 "형제"로부터 부당한 이득을 취하는 부유한 동족을 향해 퍼부어지고 있다는 점에서 공동체가 분열될 위기에까지 이르렀음을 감지할 수 있다(5:5,8). 특히 2, 3, 5절의 분사형태는 그들의 불평과 원망이 한두 번에 그친 것이 아니라 지속적이었음에도 그때마다 무시당했음을 시사해준다.[11] 느헤미야가 비로소 이들의 소리를 귀담아 듣고 이에 근본적으로 대처한다. 느헤미야의 첫 반응은 큰 분노였다. 유다인들에게 형제(동포)의식이 아예 없었기 때문이다(5:5). 성벽 재건 와중에 형제애를 강조하는 것은 재건해야 할 대상이 단순히 예루살렘 성벽을 쌓는 것 이상의 것이라는 점을 말해준다.[12] 느헤미야는 백성들의 곤경에 깊이 공감하고 집회를 소집하고 "귀족들과 민장들"을 꾸짖으며 그들의 행위를 하나님을 경외하지 않은 죄로 간주한다(5:7,9). 구체적인 해결책으로 느헤미야는 그들에게 이자를 취하지 말 것을 촉구하고(5:10), 또한 그들이 취한 밭과 집과 돈을 당장 돌려보낼 것을 요구한다(5:11). 그러자 귀족들과 민장들은 느헤미야가 말한 대로 행하겠다고 맹세한다(5:12). 느헤미야는 제사장을 불러 맹세하게 하고(5:12) 회중 앞에서 저주를 선포함으로써 그들의 개인적인 맹세를 공적인 것으로 만든다(5:13). 지도층이 느헤미야의 제안을 그대로 따른 것은 느헤미야의 모범적 태도에서 비롯된 것이었음은 두말할 나위 없다. 곧 느헤미야는 자신이 이자 받기를 그침은 물론(5:10), 총독의 녹을 그의 사역 기간 내내(12년) 받지 않으며, 성벽 공사에 자신의 시종은 물론 자신도 적극 참여하고 총독의 양식을 사적으로 사용하지 않았던 것이다(5:14-18). 그는 이전의 총독들과는 달리(5:15) 백성들에게 부담을 주지 않았다.

---

11) J. L. Wright, *Rebuilding Identity. The Nehemiah-Memoir and its Earliest Readers* (BZAW 348; Berlin/New York: Walter de Gruyter, 2004), 182.
12) Wright, *Rebuilding Identity* (2004), 181.

여기서 한 가지 짚어볼 점이 있다. 율법에는 형제로부터 이자를 받지 말라는 규정(출 22:25; 레 25:36-37; 신 23:19-20)이 있다. 그럼에도 느헤미야가 자신도 돈을 꾸어주었다고 하는 고백이나 이자를 취하지 않겠다는 결심(느 5:10)으로 미루어 볼 때 당시 이자를 받는 것은 일반적인 관행이었거나 아니면 그때에는 아직 이자 금지 규정이 없었다는 가정을 할 수 있다. 이 모든 조치를 실행하기 위해 느헤미야가 귀족과 민장들에게 하나님을 경외하라고 호소하고(5:9) 또한 자신이 행한 일을 기억해달라고 하나님께 기도한다는 사실(5:19)은 오히려 후자를 지지해준다. 따라서 느헤미야의 이자 포기 조치는 율법 규정의 준수라기보다는 성벽재건과 맞물린 당시의 심각한 경제적 위기에서 자발적으로 도입한 사회 제도 개선 및 개혁이었던 것으로 보인다. 대내외적 어려움에도 불구하고 52일 만에 기적같이 성벽을 중수할 수 있었던 결정적 요인은 바로 이러한 개혁의 힘이었을 것이다. 느헤미야의 솔선수범으로 실현된 이 조치는 사회 갈등을 해소하고 연대감을 형성해 주는 것이었기 때문이다. 여기서 우리는 성벽중수라는 과제 지향적 태도가 아니라 이 과정에서 노출된 당면문제를 해결하고자 하는 문제 해결 지향적 태도에 나타난 느헤미야의 지도력에 주목해볼 만하다. 갑자기 등장하는 에스라의 사역 또한 바로 이러한 맥락에서 이해할 수 있다. 완공된 성벽을 봉헌하기 위해 모인 백성들은 그에 앞서 율법 듣기를 원하며 율법을 지키고 죄를 자복하며 언약을 세워 기록하고 봉인하고 수많은 규정을 준수할 것을 서원하기에 이른다. 흔히 사회적 갈등 해소와 연대감 형성은 개혁의 시발점이자 촉매제이자 도화선이 된다. 실로 지도자가 자신의 불이익을 감수하며 솔선수범하는 자세야말로 지도력의 핵심임을 느헤미야에게서 배울 수 있겠다.

3. 백성들의 이야기(8-10장)

일곱째 달 초하루에 백성들의 요청에 따라 에스라는 이른 아침부터 정오까지 율법을 읽고 그 옆에 있는 여러 사람들은 말씀을 설명해준다(느 8:1-3). 다음날 지도자들은 율법의 말씀을 밝히 알고자 다시 에스라를 찾고 율법에서 발견한 말씀대로(레 23:33-36; 신 16:13-15) 백성들은 초막절을 지킨다(느 8:13-17). 이 성회는 계속되어 24일에 이르러서는 백성들이 금식하고 죄를 자복하며 율법을 낭독하고, 한편으로는 과거를 회고하고 다른 한편으로는 현재의 상황을 인식하며 견고한 언약을 세우고 이를 기록한다(9:1-38). 기록된 언약은 느헤미야와 57인의 지도자에 의해 인봉된다(10:1-27). 이 언약서에 인봉한 자의 목록에 총독 느헤미야가 첫 번째로 언급된다는 사실(10:1)은 느헤미야의 주도적 역할을 시사해준다. 이 외에 "남은 백성"과 제사장, 레위사람들, 문지기들, 노래하는 자들, 느디님 사람들, "이방 사람과 절교하고 하나님의 율법을 준행하는 모든 자"들은 자신의 가족(아내와 자녀들)과 더불어 율법에 대한 완전한 복종을 저주로 맹세한다(10:28-29). 그들은 "하나님의 전을 버려두지 아니하리라"는 목적을 위해 구체적인 조치들을 수행하고자 한다(10:39a). 구체적인 언약의 내용은 크게 사회적 조치(30-31a)와 성전과 제의를 위한 조치(32-39절)로 나누어진다. 다음과 같다.

    1) 사회적 조치(30-31a)
       ⑴ 통혼 금지(30절)
       ⑵ 안식일이나 성일의 상행위 금지(31a)
       ⑶ 안식년 준수(31b)

    2) 성전과 제의를 위한 조치(32-38절)
       ⑴ ⅓세겔의 성전세 납부(32-33절)
       ⑵ 제단에 사를 나무 봉헌(34절)
       ⑶ 맏물 봉헌(35-36절)
       ⑷ 제사장을 위한 최선의 봉헌(37aα절)
       ⑸ 레위인을 위한 십일조(37aβb절)

⑹ 제사장의 십일조 감독(38a절)

⑺ 레위인의 십일조의 십일조(38b절)

1) 사회 개혁의 내용(30-31b절)

⑴ 통혼 금지(30절)

첫 번째 서원은 "우리의 딸들을 그 땅의 백성들에게 주지 않을 것이며 그
들의 딸들을 우리 아들들을 위하여 취하지 않을 것"이라는 소위 '통혼'과 관련
된다.

이방인과의 절교는 율법 낭독 이후 초막절을 지내고 이스라엘 백성이 취
한 첫 번째 실천 내용이다(9:2). 또 언약을 세운 서원자의 명단에도 이들이 특
별히 언급된다(10:28). 그만큼 통혼은 포로기 이후 유대 공동체 사회에서 지속
적이고도 심각한 문제였음을 알 수 있다(스 9-10장; 느 9-10; 13장). 페르시아
에서 돌아온 에스라와 느헤미야는 결혼을 통한 이방인과의 결연에 대하여 강
경한 입장을 취한다.

에스라서에 따르면 에스라는 이스라엘 백성과 제사장들과 레위 사람들이
통혼에 연루된 사실을 접하고(스 9:1-2) 자신이 페르시아 왕으로부터 부여 받
은 권한을 사용하여 그들을 강제 소집하고(10:8) 이방여인과의 이혼을 명령한
다(10:12). 느헤미야도 유다 공동체에서 이방인과의 모든 관계를 분리시킨다
(느 13장). 그러나 느헤미야 10장의 서원에서 이방인과 절교하는 데 앞장 선
자는 에스라도 느헤미야도 아닌 이스라엘 백성이다(9:1-3). 특이하게도 수문
앞 광장 집회의 죄 고백에서 이방인과의 통혼은 언급되지 않는다. 그러니까
백성들이 스스로 이방인과 절교하고(9:2) 자발적으로 통혼하지 않겠다고 서원
한다는 것이다(10:28-30). 여기서 통혼 규정이 아직 명문화되지 않았다는 추
측을 가능케 한다. 실제로 이스라엘 역사에서 이방인과의 결혼은 아무런 문제
가 되지 않았다. 대표적인 예로 모세의 구스 여인과 또 유다의 족보에 등장하
는 라합과 다말, 그리고 룻과 밧세바를 들 수 있다. 그렇다면 이 시기에 통혼

은 왜 금지해야 할 정도로 심각한 문제가 되었을까? 신명기 7장 3절과 출애굽기 34장 16절은 이방민족들이 이스라엘을 유혹하여 여호와를 떠나 다른 신을 섬기게 한다는 종교적인 이유로 통혼을 엄격히 금지한다. 반면 말라기는 이혼을 여호와의 미워하는 것으로 규정하는데(말 3:14-16) 이방여인과 결혼하기 위해 이혼하는 것을 지적하고 있다. 느헤미야는 유다 사람들 중에 "아스돗과 암몬과 모압 여인"을 아내로 삼은 이들을 언급하면서 종교적 문제가 아니라 이들의 자녀가 유다 방언을 하지 못한다는 사실을 들어 이방인과의 통혼을 금지한다(느 13:23-27). 에스라와 느헤미야에서 통혼이 금지된 "이 땅 이방여자"(스 10:2), "우리 모든 성읍에 이방여자"(스 10:14), "이 땅의 백성들"(느 10:30)은 유다와 예루살렘에 거주하고 있는 이방민족들임을 알 수 있다. 그들은 587년 유다 왕국이 바벨론 대제국에 의해 멸망한 이후로 이웃한 지역에서 이주해온 사람들로서 그들 고유의 언어와 종교를 보유하였던 것 같다.[13] 자신들을 구별함으로써 민족적 종교적 정체성을 유지하고자 노력했던[14] 바벨론 포로공동체와는 달리 유다와 예루살렘에서 이방인과의 접촉은 어렵지 않게 이루어졌을 것이다. 느헤미야 6장은 이러한 모습을 잘 보여준다. 도비야는 유다인의 사위였고, 도비야의 며느리도 유다 명문가 출신이었다(느 6:17-18). 제사장도 예언자도 이방인과 가까운 관계를 유지하였다(6:10,14; 13:4). 포로기 이후 이방인과의 접촉과 연합은 특히 결혼에 의한 가족관계를 통해 이들이 예루살렘에서 일어나는 일에 영향력을 끼쳤다.[15] 특히 유다의 귀족들에게는 결혼이 그 땅에 사는 비유다인과의 상업적 경제적 관계를 보장하는 중요한 수단이었기에 통혼은 더욱 일반적인 것이 되었다.[16] 성벽중수 과정에서 이방인들의 방해 작업이 유다인과 관계를 통해 이루어졌다는 사실은 이를 잘 말해준다. 결국 이방인과의 결혼은 자기의 이익을 챙기는 수단이었으며 이것은 공동체를 해롭게 하는 통로가 되었던 것이다. 느헤미야 10장의 백성들은 통혼 금

---

13) Schunck, *Nehemia* (1987), 300.
14) 구체적으로 안식일 준수, 할례, 정결법 등을 들 수 있다.
15) Schunck, *Nehemia* (1987), 179-180.
16) 필자의 졸고, "에스라·느헤미야에 나타난 유다 재건 정책", 「장신논단」 30 (2007), 45-77 참고.

지 서원에서 에스라처럼 통혼한 사람에게 징계나 이혼을 요구하지 않는다. 그들은 개인적 이익보다 공동체의 유익과 미래를 앞세우겠다는 자세를 다짐하는 것이다.[17] 이로 미루어 볼 때 백성들의 통혼 금지 서원은 통혼이 가져다 준 당대의 심각한 문제를 인식하고 이에 대한 해결책을 스스로 찾은 것으로 보인다. 이것은 통혼금지(이방인 분리)가 법제화되는 시발점이 되었을 수 있다(13:1-3). 느헤미야는 이를 토대로 통혼 문제에 대하여 강력하고도 구체적인 조치를 실행할 수 있었던 것으로 보인다(13:23-27; 13:28).

(2) 안식일과 성일의 상행위 금지(31a절)

이방인과의 결혼 금지에 이어 31a절에서는 이방인과의 상행위를 금지한다. 서원의 구체적인 내용은 안식일이나 안식일과 같은 성일에 "그 땅 백성들"로부터 물품이나 곡물을 사지 않겠다는 것이다. "그 땅 백성들"은 30절에서와 마찬가지로 유다와 예루살렘에 거주하고 있는 이방민족들을 의미한다.

안식일은 포로기 이전부터 존재한 성전 절기에 속한다(왕하 4:29; 사 1:13; 호 2:13; 애 2:6). 이 날에는 상행위가 금지되었다(암 8:5). 그러나 느헤미야 13장은 포로기 이후 예루살렘에서 많은 유다인들과 이방인들 사이에 안식일에 노동하고 장사하는 일이 자연스럽게 이루어졌다는 사실을 증명해준다. 느헤미야의 보도에 따르면 유다 사람들은 "안식일에 술틀을 밟고 곡식단을 나귀에 실어 운반하며 포도주와 포도와 무화과와 여러 가지 짐을 지고 안식일에 예루살렘에 들어와 음식물을 팔았다"(13:15). 또 예루살렘에 사는 두로 사람들은 유다 사람들에게 "물고기와 각양 물건을 가져다가 안식일에" 팔았다(13:16). 안식일에 특히 이방인들과의 상거래가 적지 않게 이루어진 것은 이방인들에게는 이러한 규정이 없었기 때문일 것이다.[18] 따라서 안식일 준수 문제는 이방인과의 접촉과 직접 연관되었다.

---

17) Schunck, *Nehemia* (1987), 298.
18) J. M. Myers, *Ezra Nehemiah. A New Translation with Introduction and Commentary* (AB 14; New York: Doubleday, 1965), 178.

느헤미야 10장의 서원에서 이방인과의 상행위 금지는 안식일에는 물론 모든 절기를 총칭하는[19] "성일"까지 확대되어 있다. 즉 모든 절기에는 이방인과의 상행위가 일절 금지된다. 많은 율법 규정은 안식일에 노동 금지를 규정한다.[20] 그에 반해 느헤미야 10장의 서원에서는 안식일과 성일에 이방인과의 상행위를 금지한다. 다시 말해 이 서원에서는 노동금지보다 이방인과의 교제에 더 초점이 맞춰져 있다. 이방인에 대한 이스라엘 백성의 자세를 다루는 조치라는 점에서 30절과 31a절은 같은 선상에 있다. 그러므로 이 서원과 조치는 이스라엘 백성을 이방민족과 구별하기 위한 성격을 띤다. 이것은 포로기 이후 유다가 처한 사회적 상황을 암시해준다. 마치 바벨론의 상업사회에서 하루를 쉼으로써 하루치의 소득을 포기하는 것이 바벨론 포로민에게 신앙고백이자 그들의 정체성을 확인하고 드러내는 수단이 되었듯이,[21] 이웃하는 여러 이방 민족들의 영향에 노출된 포로기 이후 안식일과 성일에 상행위를 금하는 것은 유다 땅에서 자신들을 구별하는 강력한 조치가 될 수 있었다. 이 점에서 이 서원 조치는 율법이 요구하는 것을 넘어선다.

(3) 안식년 준수(31b절)

안식일에 관한 서원은 안식년으로 이어진다. 여기서 두 가지가 언급되는데 하나는 일곱째 해의 산물을 포기하는 것, 다시 말해 일곱째 해에 땅을 묵히겠다는 것이다. 율법 규정에 따르면 휴경지에서 인간의 수고 없이 자란 산물들은 가난한 자에게 주어진다(출 23:10-11; 레 25:2-7). 따라서 이 서원은 율법을 그대로 실천하겠다는 내용이다. 다른 하나는 안식년에 모든 빚을 탕감하는 것이다. 앞에서 보았듯이 느헤미야는 성벽중수 과정에서 불거진 빚 문제를 해결하였다(느 5장). 빚을 탕감하겠다는 10장에서의 백성들의 서원은 필시 이러

---

19) 안식일, 유월절과 무교절, 칠칠절, 나팔절, 속죄일, 초막절/장막절이 여기에 속한다.
20) 안식일(출 20:8-11//신 5:12-10; 출 23:12; 34:21; 레 23:3); 유월절/무교절(레 23:7,8; 민 28:18,25); 칠칠절(레 23:21; 민 28:26); 나팔절(레 23:25; 민 29:1); 속죄일(레 23:28,31; 민 29:7); 초막절/장막절(레 23:35,36; 민 29:12,35).
21) 라이너 알베르츠, 배희숙 역, 『포로시대의 이스라엘』(일산: 크리스챤다이제스트, 2006), 152 참고.

한 선례에 바탕을 두고 있을 것이다.[22] 그러나 10장의 서원은 5장에서와 같이 빚 탕감을 일회적으로 실행하겠다는 것이 아니라는 데 그 특징이 있다. 백성들은 매 칠 년마다 정기적으로 빚을 탕감하는 일을 의무화하여 지속적이고도 일반적인 안식년 법을 확립하겠다는 의지를 표명한 것이다.[23] 만약 느헤미야 5장의 선례를 바탕으로 그 사이 오경의 면제년 규정이 법제화되었다면 10장의 서원은 이제 막 제정된 율법 규정을 준수하겠다는 공동체의 강력한 의지 표명으로 풀이된다. 그것이 아니라면 10장의 서원은 느헤미야 5장의 선례를 하나의 영구적인 제도로 법제화하는 사건이 된다. 이렇게 볼 때 "형제에게 꾸어준 채주는 제 칠 년 끝에 면제해야 한다"는 신명기 15장 1-11절의 안식년 규정은 바로 이 서원에 기초하여 법제화된 결과라고 가정해도 될 것 같다.

2) 성전과 제의적 차원(32-38절)

(1) ⅓세겔의 성전세금(32-33절)

성전과 제의를 위한 조치로 백성들은 제일 먼저 ⅓세겔의 성전세금을 서원한다. 이것은 성전제의와 성전의 일반적인 일에 사용하기 위함이다.

율법에서, 나아가 구약성경 전체에서 ⅓세겔의 성전세는 이곳을 제외하고는 한 번도 나오지 않는다. 유사한 것으로서 출애굽기 30장 11-16절(출 38:25-26)은 반 세겔의 성전세가 언급된다. 20세 이상의 모든 이스라엘 남자는 생명의 속전으로 반 세겔을 내야 한다는 것이다. 이것은 "회막 봉사"를 위한 것이다(30:16). 여기서 "회막 봉사"란 성막 건축과 관련된 것이지 제의와는 무관한 것으로 보인다.[24] 이에 반하여 느헤미야에서 ⅓세겔은 "우리 하나님의 집의 일"(33절), 구체적으로 말하면 성전제의와 관련된다. 따라서 이를 출애굽기에서 말하는 반 세겔 성전세 규정의 이행으로 보기 어렵다.

---

22) Schunck, *Nehemia* (1987), 301.
23) A. Jepsen, "Nehemia 10," *ZAW* 66 (1954), 100.
24) J. Liver, "The Half-Shekel Offering in Biblical and Post-Biblical Literature", *HThR* 56 (1963), 177.

역대하 24장은 포로시대 이전에 이미 성전세가 도입된 예를 보여준다. 요아스 왕은 성전을 보수하기 위하여 매년 성전세를 거두도록 제사장과 레위인에게 명령한다. 그러나 이 명령은 즉각 실행되지 않는다(대하 24:5). 그러자 요아스 왕은 대제사장 여호야다를 불러 다음과 같이 책망한다. "네가 어찌하여 레위 사람들을 시켜서 여호와의 종 모세와 이스라엘의 회중이 성막을 위하여 정한 세를 유다와 예루살렘에서 거두게 하지 아니하였느냐"(대하 24:6). 그런 다음 왕은 한 궤를 만들어 여호와의 전 문 밖에 두게 하고 "하나님의 종 모세가 광야에서 이스라엘에게 정한 세를 여호와께 드리라"(24:9)고 공포하게 한다. 여기서 언급되는 "하나님의 종 모세가 정한 세"가 출애굽기 30장 12절의 반 세겔이라는 해석은 널리 인정받고 있다. 그러나 인구조사에서 모세가 부과한 세금은 생명의 속전을 위한 것인 반면, 요아스 시대에 부과한 매년의 세금은 성전의 수리(대하 24:5)와 숟가락, 금은 그릇 등 성물에 사용되었다(24:14)는 점에서 큰 차이를 보여준다. 요아스 시대의 세금이 납부한 사람들의 생명의 속전을 위한 것이라고 어디에서도 언급되지 않기 때문이다.[25]

느헤미야 시대 백성들이 서원하는 성전세의 용도는 10장 33절에서 자세히 밝혀진다. 진설병, 소제, 상번제, 성일의 물질, 속죄제 등 성전에서의 '일'(32b-33a절)과 성전의 모든 '일'(33후)에 사용된다. 32b절에서 쓰인 '일'에 해당하는 히브리 단어 〈아보다〉는 성전제사와 관련된 일을 말하는 데 반해 33b절에서 사용된 '일' 〈플레케트〉는 제의와 상관되지 않은 성전에서의 노동을 가리킨다(왕하 12:5이하; 22:3이하 참고). 따라서 ⅓세겔의 성전세는 간단히 말해 성전제의와 성전관리의 유지를 위한 것이다. 이상으로 볼 때 느헤미야 시대에 도입된 성전세의 용도는 모세 시대, 요아스 시대의 것보다 훨씬 더 확장되어 있음을 알 수 있다.

특히 느헤미야 시대의 서원의 특수한 점은 제의의 책임이 백성 공동체에게 있다는 것이다. 위에서 살펴본 성전세의 역사를 돌아보면 이것은 매우 혁

---

25) Liver, "The Half-Shekel Offering" (1963), 179.

신적인 것이다. 왜냐하면 포로기 이전에 희생제사의 의무는 왕에게 있었기 때문이다. 왕은 자신이 소유한 양떼에서 제물을 조달해야 했다(왕상 8:63-64; 대하 31:3 등). 일반적으로 군주의 제의적 기능을 제한하는 에스겔의 개혁 프로그램에서조차도(겔 46:1-10) 성전의 일상 제사는 다윗 가문의 통치자를 가리키는 '군주'의 본분에 속한다(겔 45:17).[26] 다리우스 1세의 조서(스 6:9-10)와 아닥사스다 1세의 조서(스 7:21-24)에서도 볼 수 있듯이 페르시아의 왕들은 예루살렘 성전에서의 제사를 후원한다. 제사의 책임이 왕에게서 제의공동체로 옮겨진 이유는 더는 왕조가 존속하지 않는 포로기 이후라는 시대적 요청에 의해 도입된 조치였을 것이다.[27] 완전히 새로운 혁신적인 조치에 과거에 존재했던 반 세겔 성전세 규정은 이론적 토대를 제공해 주었을 것이다. 반 세겔에서 ⅓세겔로의 변화는 페르시아 통화체제에 따른 것으로 보인다.[28]

이상에서 본 바와 같이 오경과 이스라엘 제의 역사에 ⅓세겔의 성전세 규정은 없다. 느헤미야 시대의 성전세 개혁은 분명히 새로운 제도의 도입이었다. 이것은 "우리가 우리에게 계명을 세워"(32a절)라는 말을 통해 확인할 수 있다.

(2) 제단 불을 위한 땔나무 조달(34절)

백성들은 제단에서 사를 나무를 조달할 자들을 제비를 뽑아 결정하기로 한다. 이 일에는 백성만이 아니라 성전관리(제사장과 레위인)도 참여한다.

여호수아 9장에 따르면 포로기 이전에 온 이스라엘 회중을 위하여 여호와의 제단을 위하여 나무를 패며 물을 긷는 일은 기브온 주민의 임무였다(수 9:21, 23, 27). 느헤미야 10장 34절은 바로 이러한 일은 스스로 노예가 된 이방인이 아니라 성전관리와 백성이 직접 수행해야 한다는 것을 규정하고 있다. 따라서 이 서원에 언급된 "율법에 기록된 대로"(사역)라는 구문은 제단 불을

---

26) Liver, "The Half-Shekel Offering" (1963), 183.
27) Liver, "The Half-Shekel Offering" (1963), 184.
28) Myers, *Ezra Nehemiah* (1965), 179.

위한 나무 조달에 관한 규정을 가리키는 것이 아니다. 제단을 위한 나무조달과 관련된 법은 오경 어디에서도 찾아볼 수 없다. 그러므로 율법지시구는 제단에서 나무를 사르는 방법을 말하는 레위기 6장 12-13절에 해당한다. 이에 따르면 제단 위의 불은 항상 피워 꺼지지 않게 해야 하며, 이를 위해 제사장은 아침마다 나무를 제단 위에 태워야 한다. 결론적으로 제단에서 사를 나무를 조달하는 책임자 규정도 완전히 새로운 개혁에 속한다. 이 개혁은 기존의 율법 규정(레 6:12-13)을 잘 지키도록 하기 위한 목적에서 나온 것으로 보인다.[29)]

(3) 제사장을 위한 만물 봉헌(36-37절)

정한 시기에 나무를 조달하는 조항과 함께 첫 열매의 봉헌도 서원에서 언급된다(느 13:31 참고). 첫 열매는 토지소산의 만물, 각종 과목의 첫 열매(34절), 또 맏아들과 가축의 처음 난 것(35전), 소와 양의 처음 난 것(35후)을 포함한다.

토지소산의 만물 봉헌은 출애굽기 23:19과 34:26, 그리고 신명기 26:1-11에서 규정하고 있다. 그러나 과목 열매의 만물을 해마다 성전에 바치겠다는 것은 완전히 새로운 것이다. 사람이나 짐승의 첫 태생을 여호와께 돌리라는 서원은 율법에 기초한 것이다(출 13:2; 22:29; 민 18:15). 느헤미야 10장 36절의 "율법에 기록된 대로"는 이를 가리킬 것이다. 소와 양의 처음 난 것을 봉헌하라는 규정도 율법에 나타난다(출 22:30; 34:19; 신 15:19). 그럼에도 불구하고 특이하게도 소와 양의 처음 난 것은 구문상으로 36절의 율법지시구에 포함되지 않는다. 이 서원의 중점은 만물 봉헌 자체보다 처음 난 모든 것은 성전에서 봉사하는 제사장의 양식이 된다는 데 있다. 이것은 민수기 18장 17-18에서 지시하는 것과 상응한다. 그러나 신명기 15장 19-20절에 따르면 소와 양의 처음 난 것은 매년 제사 드리는 자와 그 가족이 성전에서 먹어야 한

---

29) D. J. A. Clines, "Nehemiah 10 as an Example of Early Jewish Biblical Exegesis", *JSOT* 21 (1981), 112.

다. 따라서 이 서원의 의미는 기존하는 서로 상반된 율법 규정을 취사선택한다는 점이다.

다음으로 37-38절에서는 성전관리의 몫과 성물의 저장에 대하여 말한다. 그 첫 내용으로 37전상반절에서는 성전 골방에 저장하는 제사장의 몫을 다룬다. 먼저 제사장을 위한 최선의 봉헌에 관한 서원을 살펴보기로 한다.

(4) 제사장을 위한 최선의 봉헌(37a절)

서원에 따르면 백성들은 첫 '밀가루'와 거제물과 각종 과목의 열매와 새 포도주와 기름을 성전의 골방에 들여 저장하기로 한다(37aα절). 이것은 제사장을 위한 몫을 말한다.

신명기 18장 4절에 따르면 백성들이 바치는 곡식과 포도주와 기름의 처음 것(레쉬트)과 깎은 양털의 처음 것(레쉬트)은 제물이 아니라 제사장에게 귀속된다. '처음 것'이란 만물 봉헌과는 구별되는 것으로 "가장 좋은 것"을 뜻한다(암 6:6 참고).[30] 신명기 18장 4절과 비교해 볼 때 느헤미야 시대의 서원에는 "처음 깎은 양털"이 빠진 반면 "각종 과목의 열매"가 추가되어 있어서 농산물에 제한된 경향을 보인다.[31] 그러나 곡식이 밀가루로 대체되어 있고 거제물도 포함된다. 민수기 18장 19절에 따르면 모든 거제물은 영원한 소금언약으로서 제사장에게 귀속된다. 여기에서 느헤미야 시대의 서원에는 신명기와 민수기의 규정이 혼합되어 있음을 알 수 있다. 느헤미야 시대에 새로운 점은 제사장을 위한 모든 봉헌물이 성전의 여러 방에 저장된다는 점이다.

(5) 레위인을 위한 십일조와 그 분배 책임(38ab절-39a절)

서원에 따르면 레위인에게는 농산물의 십 분의 일을 주기로 한다(37전하반절). 레위인들은 백성들의 모든 성읍에 거하는 자들이다(37b절).

신명기에 따르면 십일조는 중앙 성소로 가져와야 하며, 거기서 봉헌한 자

---

30) Schunck, *Nehemia* (1987), 307.
31) Schunck, *Nehemia* (1987), 308.

와 그 가족이 먹어야 한다(신 12:6,11,17; 14:22이하). 삼 년에 한 번은 성전으로 가져오지 않고 자신이 사는 곳에서 가난한 자에게 주어야 한다(신 14:28-29; 26:12 이하). 민수기 18장 21-24절은 레위인의 몫을 자세히 규정하고 있는데 그것은 "이스라엘의 십일조"(21절) 또는 "이스라엘 자손이 여호와께 거제로 드리는 십일조"(24절)이다. 그들은 회막에서 봉사하므로 그들에게는 따로 기업이 주어지지 않는다.

이러한 규정에도 불구하고 에스라 8장은 포로기 이후 시대에 레위인의 생계보장이 매우 만족스럽지 못했음을 보여준다(스 8:15). 이러한 상황은 느헤미야 시대에도 개선되지 않았다. 느헤미야의 보도에 따르면 레위 사람들은 그들의 몫을 받지 못하여 자기들의 직무를 버리고 자기 밭으로 도망하였다(느 13:10). 이러한 상황들은 십일조를 거두는 방법을 새로이 갱신하고 제도화하는 것이 불가피했음을 시사해준다.[32]

10장에서 백성들은 모든 농산물의 좋은 것을 성전에 들이고 '산물의 십일조'는 모든 성읍에 사는 레위인에게 드리겠다고 서원함으로써(참고 12:44,47; 13:5) 시대적 문제에 적극적으로 대응한다. 13장에서 느헤미야는 몫을 받지 못하여 도망간 레위인들을 다시 성전으로 불러들이고 유다로 하여금 곡식과 새 포도주와 기름의 십일조를 곳간에 들여 분배하도록 조치하는데(느 13:10-14) 이 조치는 율법이 아니라 백성들의 서원에 기초하고 있음을 알 수 있다.

(6) 레위인의 십일조의 감독(38a절)

역대기는 제사장과 레위인의 몫에 대한 개혁이 이미 히스기야 왕에 의해 실행되었음을 보도한다. 히스기야 왕은 제사장과 레위인 몫의 음식을 위하여 백성들에게 봉헌할 것을 명령한다(대하 31:4). 그러자 백성들은 제3월에서 7월까지 "모든 소산의 첫 열매들"과 "모든 것의 십일조"(31:5), "소와 야의 십일

---

32) Myers, *Ezra Nehemiah* (1965), 180.

조"와 "성물의 십일조"(31:6)를 기꺼이 가져와 더미를 이루게 되었다. 이에 히스기야 왕은 성전에 골방을 준비하게 한다(31:11). 그리고 레위인으로 하여금 성전 방에 저장된 예물과 십일조와 성물의 감독과 분배를 담당하게 조치한다 (31:12-19). 느헤미야 시대에 레위인의 십일조를 제사장으로 하여금 감독하게 한 서원(느 10:38전)은 이 조치와 차이를 보여준다.

(7) 레위인의 십일조의 십일조(38b절)

레위인들은 "십일조의 십분의 일"을 성전에 바칠 것을 서원한다(38후). 레위인이 낼 십일조의 십일조 규정은 민수기 18장 26절과 일치한다. 느헤미야 10장 37절에서는 백성들이 가져온 가장 좋은 것은 "우리 하나님의 집의 여러 방"으로 들이게 하는 것과는 달리, 레위인의 십일조는 성전 "곳간의 여러 방"에 두게 한다. 이리하여 이스라엘 자손들이 드리는 제사장과 레위인의 몫 (37-38전)과 레위인들이 드리는 십일조(38후), 즉 곡식과 포도주와 기름의 거제물은 "여러 방"에 저장된다. 제사장과 문지기와 노래하는 자들이 거하는 곳이기도 하다(39절).

이상에서 본 바와 같이 백성들이 저주와 맹세로 서원한 구체적 실천 방안들(10:30-39)은 8장에서 시작되는 온 이스라엘 자손들의 대 집회의 말미를 장식한다. 이제 이 서원의 의의를 살펴보자.

느헤미야 10장의 서원에는 대원칙과 구체적인 실천 방안이 제시되어 있다. 백성들은 "하나님의 종 모세를 통하여 주신 하나님의 율법을 따라" 행하겠다는 대원칙에 맞추어 맹세한다(10:29). 이것은 율법대로 하겠다는 백성들의 의지를 말해준다.[33] 여기에는 율법 정신에 따라 율법을 확대 적용하고[34] 율법정신에 기초하여 새로운 규정을 도입[35]하는 것까지 포함한다. 서원의 혁

---

33) 통혼 금지(신 7:3; 출 34:16), 면제년(신 15:1-11), 맏물 봉헌(출 13:2; 22:29; 민 18:15), 최선의 것 봉헌(신 18:4; 민 18:19), 레위인을 위한 십일조(민 18:21-24), 레위인의 십일조(민 18:26).

34) 안식일과 성일의 노동금지(출 20:8-11 외 다수)에서 이방인과의 상행위 금지, 삼 분의 일 성전세(출 30:11-16)에서 성전세, 제3년의 십일조(신 14:28-29; 26:12 이하)에서 성전관리를 위한 봉헌물 저장.

신적 측면도 율법에서 출발한다는 것이다. 이 모든 것의 목적은 "우리가 우리 하나님의 집을 버리지 않을 것"(39b절)이라는 백성들의 마지막 서원에서 분명히 드러난다. 성전('하나님의 집')을 돌보겠다는 공동체의 서원은 한편으로는 제사예배가 정상적으로 이루어지게 하고, 다른 한편으로는 제의관리들의 생계를 보장하는 것을 주요 내용으로 한다. 이 서원은 당시 상황을 고려할 때 그 의미를 알 수 있다. 느헤미야의 사역 초기 산발랏의 조롱은 유다 사람들이 제사를 드리지 않았음을 시사해준다(4:1-2). 말라기는 이 시대의 성전 상태를 잘 묘사하고 있다. 이스라엘 백성은 "더러운 떡을" 제단에 드리고(말 1:7), 눈 먼 희생제물을 바치고, 저는 것, 병든 것을 드리며(8절), "훔친 물건과 저는 것, 병든 것"을 봉헌물로 가져오고(13절), 서원하는 일에 흠 있는 짐승으로 하고(14절), 자기 형제에게 거짓을 행하며(2:10), 이혼과 학대를 일삼고(2:16), 십일조와 봉헌물을 도둑질(3:8) 하였다. 이 맥락에서 백성들의 서원이 특히 9장 38절에서 말하는 "견고한 언약"(〈아마나〉)에 입각하고 있다는 점은 특히나 주목해야 할 점이다.

〈견고한 언약〉이라는 히브리어 〈아마나〉는 '언약'을 뜻하는 대표적인 낱말인 〈베리트〉의 동의어로서 '(언약을) 맺다', '(언약을) 세우다'라고 할 때 자주 쓰이는 동사 〈카라트〉와 함께 9장 38절에서 사용되고 있다. 명령형이나 삼인칭 명령형의 형태로 된 계약과는 달리 〈아마나〉가 일인칭 복수형태의 서원으로 되었다는 것은 특히 개인의 책임과 공동체에의 충성에 대한 강조를 잘 말해준다.[36] 이것은 〈아마나〉의 내용이 문서상으로 확정되고 기록되어 그 진정성과 위조를 방지하기 위하여 봉인되었다는 데서도 잘 표현되어 있다.[37] 여기서 〈아마나〉가 성전제의 조합이나 어떤 단체의 창립 정관을 말한다는 것은 오랫동안 인정된 해석이다. 그러니까 느헤미야 10장의 '서원'은 단순한 언어행위가 아니라 예루살렘 성전의 원활한 가동을 위해 창립된 제의조합의 정관으

---

35) 제단 불을 위한 나무 조달(제단불 규정 레 6:11-12), 레위인의 십일조에 대한 제사장의 감독 (대하 31:12-19).
36) Schunck, *Nehemia* (1987), 291-292.
37) Schunck, *Nehemia* (1987), 291-292.

로서[38] 백성 전체가 성전의 현실적 문제를 심각하게 받아들이고 새롭게 하고 자 기꺼이 반응한 방식인 것이다.[39] 이것은 페르시아에 의해 주어진 권한이나 강제력에 의한 것이 아니라 공동체에 대한 백성들의 자발적인 헌신에서 나온 것이라는 것이다. 이런 점에서 〈아마나〉는 에스라와 느헤미야가 수행한 모든 개혁 과정에서 최고의 절정이라 말할 수 있다.[40] 백성들의 자발적인 서원에서 사회종교의 전반적인 개혁이 이루어졌다는 점은 분명 느헤미야의 지도력의 결실일 것이다.

3. 계속되는 개혁(느 12-13장)

느헤미야 10장의 서원의 특징은 개혁이 일회적으로 종결된 사건이 아니 라 계속되는 개혁을 가능하게 했다는 데 더욱 의의가 있다. 이 점은 아래 표가 보여주듯이 서원을 통해 이루어진 개혁의 많은 부분이 이후에 이루어지는 느 헤미야의 개혁(13장)에서 실행되고 있다는 점에서 확인된다. 백성들의 서원은 느헤미야 개혁의 기초가 된다. 느헤미야는 모세 율법에 대한 순종을 강조함으 로써(13:1) 백성들은 물론 고위층과 성전관리들의 종교적 자세를 바로 잡고 성전의 질서를 확립한다(13장).

---

38) L. S. Fried, "A Religious Association in Second Temple Judah? A Comment on Nehemiah 10," *Transeuphratène* 30 (2005), 80 참고.
39) D. A. Glatt-Gilad, "Reflections on the Structure and Significance of the 'amanah (Neh 10,29-40)", *ZAW* 112 (2000), 394.
40) Glatt-Gilad, "Reflections" (2000), 394.

10장: (백성의) 서원 및 개혁 내용	13장: (느헤미야의) 실행 내용
31절: 통혼 금지	1-3; 23-27; 28-29절
32a절: 안식일과 성일의 상행위 금지	15-22절
32b절: 안식년 준수	-
33-34절: 삼분의 일 세겔 성전세	-
35절: 제단 불을 위한 나무 조달	31절
36-37절: 제사장을 위한 만물 봉헌(땅, 과목)	31절
37절: 제사장을 위한 첫 태생 봉헌	-
38a절: 제사장을 위한 최선의 봉헌	-
38aαb절: 레위인을 위한 십일조	10-12절
39a절: 제사장의 레위인 십일조 감독	13절: 제사장, 서기관, 레위사람
39b절: 레위인이 낼 십일조의 십일조	-
40절: 봉헌물의 저장	4,9절: 성전곳간 용도 회복

이것의 구체적인 사례로 다음 두 가지를 살펴보자.

1) 통혼 금지 조치

에스라 9-10장에서 에스라는 이스라엘 백성과 제사장들과 레위 사람들이 통혼한 사실을 접하고(스 9:1-2), 자신이 페르시아 왕으로부터 부여받은 권한을 사용하여 그들을 강제 소집하고(10:8) 이방여인과의 이혼을 명령한다(10:12). 이에 반하여 느헤미야는 통혼과 연루된 백성들을 책망하고 저주하며 때리고 그들에게 자신이나 자녀를 위하여 통혼하지 않겠다는 맹세를 하게 하고(느 13:23-27), 또 산발랏의 사위가 된 대제사장의 손자에게서는 제사장의 직분을 박탈해버린다(13:28-29). 에스라와 느헤미야의 통혼 문제 해결방법을 비교해보면 느헤미야는 백성을 이방인과의 통혼으로부터 구별할 때 페르시아에 의해 주어진 권력을 사용하고 있지 않으며, 그럼에도 불구하고 에스라보다 훨씬 더 강력한 조치를 추진하고 있다는 점이 눈에 띈다. 이처럼 통혼에 대한 에스라와 느헤미야의 대처 차이는 강제력의 사용 유무에 있다. 위에서 우리는 통혼 금지의 규정이 율법에 있다는 것을 보았다. 그러나 강력한 조치를 취한 느헤미야가 "우리가 어찌 용납하겠느냐"(13:27)라고 호소하거나 "나를 기억하사 복을 주옵소서"(13:31)라고 기도했다는 사실은 기존한 율법 규정이 구속력을 지니지 못하였거나 아니면 아직 규정되지 않았다는 사실을 암시해준다. 강제력을 사용하지 않고 구속력을 지니지 못한 율법을 실행할 수 있는 힘은 어디에서 나온 것일까? 이것은 분명 백성들의 서원에서 기인되었다고 볼 수 있다(느 9:1-3). 이러한 서원을 토대로 느헤미야는 13장에서 통혼 문제에 직면하여 법적 권한이 없음에도 불구하고 구체적이면서도 강력한 조치를 실행할 수 있었던 것으로 이해할 수 있다.

2) 레위인의 몫

느헤미야 13장에서 느헤미야는 몫을 받지 못하여 도망간 레위인들을 다시 성전으로 불러들이고 유다로 하여금 곡식과 새 포도주와 기름의 십일조를 곳간에 들여 분배하게 하는 조치를 취한다(느 13:10-14). 이 조치는 율법이 아니라 바로 백성들의 서원에 기초하고 있음을 알 수 있다.

이처럼 느헤미야가 10장의 서원에 기초하여 구체적 개혁조치를 도입하고 있다는 것은 10장의 서원이 공동체에게 구속력을 지니고 있다는 것을 시사해준다. 그것은 서원의 내용이 문서 형태로 기록되었다는 것을 확인해준다.

4. 나가는 말

1) 느헤미야와 유다공동체의 '하나님의 집' 재건

(1) 느헤미야는 성벽중수를 위해 파견된 페르시아 관리이다. 그러나 성벽중수 중에 사회개혁을 추진하여 연대감을 형성한다. 느헤미야는 단순히 성벽중수에 머물지 않고 사회적 갈등 해소를 통해 백성들의 연대감을 증대시키고

있는데, 이는 느헤미야의 자발적 희생에서 나온 지도력에서 비롯하고 있다.

(2) 여섯째 달에 완공된 성벽 재건을 기념하기 위해 일곱째 달에 백성들은 수문 앞 광장에 모인다. 성벽 재건 완공을 기념하기 위한 것이었을 것이다. 그러나 계층 간의 갈등이 해소되고 연대감이 형성된 공동체는 자발적으로 율법을 듣고자 한다. 그들은 스스로 "모든 이방 사람들과 절교"하고(9:2상) 언약을 세워 인봉하고(9:38) 하나님의 계명을 지키겠다고 저주 맹세한다. 특히 당시에는 성전이 버려진 상황이었으므로 백성들은 "하나님의 집"을 위해 성전조합을 결성하고 자발적으로 자신들의 의무를 정관에 명시한다. 성벽 중수 완공과 봉헌 사이에 보도된 이스라엘 백성의 대집회의 말미를 장식하는 백성들의 서원은 성벽 재건이 공동체의 회복을 위한 궁극적 목적이 아니라는 점을 반영한다.

(3) 느헤미야는 성벽을 재건한 후 예루살렘 주민을 확보하는 조치를 마친 다음 성벽봉헌식을 거행한다. 그러나 느헤미야의 사역은 여기서 멈추지 않는다. 그는 백성들의 자발적인 서원에 기초하여 남은 종교적 문제들을 과감히 해결한다.

2) 에스라 – 느헤미야의 '하나님의 집' 재건

에스라 – 느헤미야서는 포로기 이후 유다의 재건 과정을 보여주는 중요한 성서의 책이다. 이 책은 "하나님의 집"을 재건하라는 페르시아 고레스의 칙령으로 시작한다(스 1:1-4). 이 과정은 시기적으로 페르시아 세 왕에 걸쳐 단계적으로 이루어진다.

(1) 세스바살은 느부갓네살이 취한 성전기구들을 본래의 자리인 예루살렘으로 갖다 두고(스 1:7-11),

(2) 스룹바벨과 예수아의 통솔 아래 귀환한 사람들은 예루살렘에 도착하여 제단을 세운 후(스 3:1-3) 성전의 기초를 놓는다(스 3:8-10; 슥 4:9; 참고 스 5:14-16). 성전건축은 방해로 인하여 다리우스 제2년(520년)까지 중단되었다가

(스 5:5,24) 고레스 칙령이 다리우스 왕에 의해 효력을 발생하여 건축 작업이 재개된다. 다리우스 6년에 백성들은 완공된 성전을 봉헌한다(스 6:16-18).

(3) 에스라는 "율법에 따라 유다와 예루살렘의 형편을 살피라"는 임무를 띠고 페르시아 왕에 의해 파견된다(스 7:12-26). 그의 사역은 하나님의 율법으로 유다 공동체에 새로운 질서를 부여하는 것이었다.

(4) 느헤미야 시대에 느헤미야의 성벽 중수와 성전 및 사회개혁을 포함하는 백성들의 서원으로 '하나님의 집' 재건이 완성된다.[41] 에스라-느헤미야에서 '하나님의 집'이란 결코 유형의 건물만을 말하지 않는다. '하나님의 집'이란 성전과 성벽을 포함하는 유형은 물론 율법, 하나님의 백성의 삶, 그리고 성전 제의와 관리들의 생계보장 등 사회적 정치적 경제적 종교적 제도를 모두 아우르는 무형의 제도까지 포함하는 폭넓은 개념이다.

"우리가 우리 하나님의 집을 버려두지 아니하리라"(느 10:39)

---

41) T. C. Eskenazi, *In An Age of Prose* (SBLMS 36; Atlanta: Scholars Press, 1988), 37-126.

느헤미야와 전략기획

노영상 원장(총회한국교회연구원)

1. 전략기획(strategic planning)[1]과 목적이 이끄는 교회

1) 릭 워렌(Rick Warren)의 '목적이 이끄는 교회'(the purpose driven church)

교회의 양적 성장과 질적 성장, 양면에 대한 논란이 있었다. 질적 성장보다는 양적 성장이 우선이라는 이론이 있는 반면, 질적 성장이 양적 성장에 우선하여야 한다는 반대의 주장도 있다. 20세기 후반만 하더라도 "성장하는 교회"(Growing Church)라는 양적인 면을 강조하는 교회의 표어들이 유행하였으나, 21세기 들어 그러한 표어들을 후퇴하고, 요즈음엔 "건강한 교회"(Healthy Church)라는 질적인 성장을 강조하는 표어가 더 지배적인 추세이다. 요사이엔 양적인 성장을 강조하기보다는, 교회가 질적으로 성장하면 양적인 성장을 자연 동반된다는 입장이 지배적인 것 같다.

---

1) 'strategy planning'은 '전략적 계획'이라고 번역되기도 한다.

최근 이 같은 질적인 성장을 우선적으로 강조하는 교회들이 미국에서 많이 나타난 바 있다. 교회의 목적을 분명히 하는 것이 교회 성장의 첩경이라고 주장하며, 스스로 성장의 모범을 보인 교회들이 미국에서 생겨났다. 새들백교회(Saddleback Valley Community Church)와 윌로우크릭교회(Willow Creek Community Church)가 그들 중 대표적인 교회일 것이다. 그들 교회는 교회의 양적인 성장이 교회가 그 본질과 목적에 충실할 때 가능함을 강조한다.

소위 말하는 목적이 이끌어 가는 교회(the purpose driven church)라는 모토를 앞세우며, 새로운 세기의 교회적 대안으로 떠오른 이 교회들이 시사하는 점은 많다. 설계 없이 작은 집은 지을 수 있다. 그러나 빌딩과 같은 큰 건물을 지으려면, 먼저 철저한 설계가 있어야 한다. 교회도 마찬가지이다. 교회의 건강한 성숙을 위해서는 사전 교회의 목적과 방향을 확실히 정하고 나가야 할 것이다. 교회는 먼저 복음전파라는 목적으로서의 사명(mission)과 비전(vision)을 분명히 하여야 한다. 이러한 사명과 비전에 따라 목회의 모든 사역을 정돈하고, 그에 따른 충실한 기획에 의거하여 교회를 이끌어 나갈 때, 그 교회가 성숙하게 되고 성장하게 됨을 이런 교회들은 강조한다.

필자가 본 글을 통해 다루려는 것은, 목적을 확실히 하는 것을 바탕으로 하는 전략기획(strategic planning)의 중요성과 방법을 먼저 설명하고, 구약성경 속의 느헤미야가 벌써 그러한 전략기획의 방안을 사용하였음을 보이는 것이다. 느헤미야의 미션과 상황분석 능력과 비전과 과제로서의 목표설정과 그것을 이루기 위한 전략과 이행의 과정 및 평가의 치밀성을 나타내 보임으로써, 우리 교회의 목회가 보다 계획적이어야 함을 말하고 싶은 것이다. 느헤미야 5장 7절은 느헤미야가 "중심에 계획하고" 일을 실행에 옮기고 있는 모습을 우리에게 말해준다. 그는 치밀한 전략가였으며, "목적이 이끄는 삶"을 살아간 신앙인이었다.

2) 전략기획 정의와 실효성

인터넷상의 위키피디아(Wikipedia) 사전은 '전략기획'을 다음과 같이 정의한다. "전략기획은 한 조직체가 그것의 전략과 방향성을 정의하고, 이러한 전략을 추구하기 위해 자본이나 인력으로서의 자원을 어떻게 할당할 것인가를 결단하는 과정이다."[2] 이 정의에서와 같이 전략기획은 경영학의 한 영역으로서, 전략경영을 위해 조직체의 미래적 일들을 계획하고 그것을 이행하며, 나아가 그 결과에 대해 평가를 하는 일련의 과정을 말한다. 이 같은 전략기획에는 10년 이상의 장기계획뿐 아니라, 5년 정도의 중기계획, 2-3년 정도의 단기계획 등이 포함된다.

전략기획의 문제를 오늘의 목회에 직접적으로 적용한 미국의 학자 중, 가장 알려진 사람은 댈러스신학교에서 가르치는 맬퍼스(Aubrey Malphurs)일 것이라 생각한다.[3] 전략기획을 다룬 그의 책 중, 유명한 두 권을 소개하면, 『고급의 전략기획』(1999),[4] 『전략 2000』(2000)을 들 수 있다.[5] 그는 이 두 권의 책에서 경영학에서 많이 언급되는 전략기획의 문제를 목회의 현장에 적용하고 있다. 맬퍼스는 『고급의 전략기획』에서, 전략기획을 다음과 같이 정의한다.: "그것은 생각하고(thinking) 행동하는(acting) 과정을 말한다."[6] 그는 목회에 있어서의 생각하고 실천하는 과정을 다음과 같은 단계로 설명하고 있다.:[7] 목회분석(ministry analysis) ⇒ 가치발견(value discovery) ⇒ 사명개발(mission development) ⇒ 환경진단(environmental scan) ⇒ 비전개발(vision development) ⇒ 전략개발(strategy development) ⇒ 전략이행(strategy implement) ⇒ 목회에서의 우발적 사건(ministry contingencies)[8] ⇒ 목회평가(ministry evaluation)의 9 단계이다.

---

2) "Strategic Planning," From Wikipedia, the free encyclopedia
   (http://en.wikipedia.org/wiki/Strategic_planning).
3) 맬퍼스의 책 중 여러 책이 이미 한글로 번역된 바 있다.: 『꿈꾸는 자는 성장할 권리가 있다』(2003), 『역동적 교회 리더십』(2001), 『비전을 넘어 핵심가치로』(2000), 『21세기 교회개척과 성장과정 (1996).
4) Aubrey Malphurs, *Advanced Strategic Planning: A New Model for Church and Ministry Leaders* (Grand Rapids: Baker Books, 1999).
5) Aubrey Malphurs, *Strategy 2000: Churches Making for the Next Millennium* (Grand Rapids: Kregel, 2000).
6) Aubrey Malphurs, *Advanced Strategic Planning*, 11.
7) Aubrey Malphurs, *Advanced Strategic Planning*, 14.

〈표6〉 목회에서의 전략기획의 단계

단계	정의와 과제
ministry analysis (목회분석)	오늘의 목회를 분석하고 무엇이 문제(약점)인가를 발견한다.: NCD 목회리서치 방법의 적용이 가능함
value discovery (가치 발견)	핵심 가치의 발견: 조직체의 일차적 신념들을 말함
mission development (사명개발)	조직체의 영원한 사명. 미션과 비전을 만들기 위해, 공동체의 의 견을 회의 등을 통해 수렴한다.
environmental scan (환경 검토)	현재 그 조직체가 처해 있는 주변상황에 대한 분석: 교회의 상황, 사회문화적 상황, 국가 상황, 세계 상황 등의 분석
vision development (비전 개발)	일정기간 동안의 비전(장기비전은 보통 10년). 무엇을 할 것인가 를 분명히 한다.
goal development (목표 개발)	비전을 몇 가지의 목표로 나눈다.
strategy development (전략 개발)	단계적 사고(시간의 문제), 인적, 물적 자원의 투여 계획을 포함
strategy Implementation (전략이행)	행동과 실천으로 옮기는 문제.
ministry contingencies (목회에 우발적 일들)	우발적인 일들에 대해 대처한다. 이에 의거 일부 전략을 수정하 여 가며, 행동에 옮기는 것이 중요하다.
ministry evaluation (목회 평가)	내부적 평가, 외부적 평가로 나눈다. 설문조사 등이 필요하다.

오늘의 기업과 회사의 경영에 있어, 전략기획의 기법들이 많이 사용되고 있으나, 교회의 일엔 이러한 기획적 일들이 생략되곤 한다. 우리는 사회와 세상의 일에선, 나름의 치밀한 계획과 함께 그것을 실천해나가지만, 교회의 목회에선 그렇지 못하였다. 중요도로 볼 때에는 하나님의 일이 이 세상의 일보다 더 소중한 것임에도, 우리는 교회의 일은 주먹구구식으로 할 때가 많았다. 이에 필자는 이 글을 통해 목회에서의 전략기획의 중요성을 강조하고 싶으며, 그것의 구체적인 방법들을 소개해보고자 하는 것이다.

---

8) 목회에서의 우발적 사건이란 전략을 시행에 옮기는 데에 있어서의 예상치 않았던 장애들을 말한다.

3) 전략기획의 구체적인 과정

전략기획의 구체적인 방법을 검토하는 것은 쉬운 일이 아니다. 일단 우리나라에 나온 책들 중, 전략기획의 문제를 명확하게 설명하는 책들이 별로 없다. 필자는 아래와 같은 전략기획의 과정을 설명하는 표를 만들기 위해 여러 책들을 참고하였다. 굿스타인(Leonard D. Goodstein) 등이 펴낸 『응용 전략기획』(Applied Strategic Planning),[9] 스태튼-라인스타인(Rebecca Staton-Reinstein)의 책 『성공기획』(Success Planning),[10] 브래드포드(Robert W. Bradford) 등이 쓴, 『단순화한 기획전략』(Simplified Strategic Planning),[11] 레이크(Neville Lake)의 『전략기획워크북』(The Strategic Planning Workbook)[12] 등이다.

〈표7〉 전략기획의 수립과정

전략기획의 과정	주요개념	비고
1. 수립과정 설명	새로운 발전계획을 하게 된 이유에 대해 밝힌다.	이전의 발전계획 등에 대해 분석한다.
2. 기획과정 계획 (planning plan process)	기획팀(planning team, task force team)의 구성. 먼저 전반적인 경영분석이 수행되는 것이 바람직하다.	발전계획의 틀을 정한다. 발전계획 수립을 위한 작업계획표 (worksheet)를 마련한다. 전산화를 통한 솔루션을 만든다.
3. 의견수렴 과정 (consensus process)	발전계획의 결과물 속엔 의견수렴 과정을 언급하여야 한다.	전략기획 수립과정을 보인다. 자료수집 과정에 대해서도 설명한다.
4. 핵심가치 (core value) 설정	사명과 비전은 교회가 '무엇'(what)을 해야 하는지를 설명하는 것이라면, 가치는 그것을 '왜'(why) 해야 하는지를 설명하며, 전략을 그것을 어떻게 하여야 하는지를 말한다.	핵심가치는 다음의 질문을 수반한다. - 우리는 누구인가? - 우리에게 무엇이 중요한가?

9) Leonard D. Goodstein, Timothy M. Nolan and J. William Pfeiffer, Applied Strategic Planning (New York: McGraw-Hill, Inc., 1993).
10) Rebecca Staton-Reinstein, Success Planning (North Miami Beach: Tobsus, 2003).
11) Robert W. Bradford and J. Peter Duncan, Simplified Strategic Planning (Worcester: Chandler House Press, 2000).
12) Neville Lake, The Strategic Planning Workbook (London: Kogan Page, 2002).

전략기획의 과정	주요개념	비고
5. 사명(mission)에 대한 진술	사명 선언문(mission statement)의 작성 필요	미션으로서의 사명은 한시적인 비전과는 달리, 시간에 따라 변치 않는 영원한 목적을 의미한다.
6. 목적(purpose)	사명을 이루기 위한 세부 목적을 세울 수 있다.	
7. 환경분석(상황분석, environmental analysis)	외부환경 분석과 내부환경 분석으로 구분된다. SWOT 분석이 포함된다. - 지금 우리는 어디에 있는가?	환경에 대한 분석은 다층적으로 다양한 영역에서 수행되는 것이 좋다. 교회에 대한 사람들의 요구(need)들을 수렴한다.
8. 비전(vision) 수립	비전은 일정기간 동안의 발전계획의 전반적인 방향을 말한다. 비전선언문(vision statement)의 작성. 비전 선언문은 일면 감정에 호소하는 내용이어야 한다. - 우리는 어디에 있기를 원하는가? (상황에 대한 이해를 포함한다.)	비전 선언문 작성법: 상황-기간-미래 할 일(분명한 목표를 제시)-그것을 성취하는 방법 도전적이며 감성에 호소, 하나 됨을 고취함
9. 발전목표 (objective) 설정	발전목표는 비전에 의거 각 부서의 제안들을 수렴하여 정한다. 각 부서에서 제안된 발전목표들을 수합하여 조정한다. - 우리는 무엇을 할 수 있는가?	현실과 비전 사이의 간격을 확인한다. 비전의 내용에서 발전목표를 간추린다. 우선순위(priority)의 문제를 정한다.
10. 발전전략 (strategy)	발전전략은 발전목표를 단계적으로 접근하는 것이다. - 어떻게 그것을 해야 하는가? (단계적 전략) - 언제 그것을 할 것인가? (시간의 문제) - 누가 할 것인가? (인적 자원과 물적 자원)	예를 들어 6년의 중기발전계획일 경우, 발전목표를 2년 단위로 나누어, 세분하여 발전전략을 정할 수도 있을 것이다.
11. 세부 발전전략	세부적 '사업과제'라고도 한다.	발전전략을 세부적인 내용으로 구분한 것이다.
12. 상세한 사업계획 (action plan): 실행계획 (executive plan, tactical plan) 이라고도 한다.	자원(resource) 투여에 대한 사항이 포함되어야 한다. 재정적 자원(financial resource)과 인적 자원(human resource) 투여 계획 사업과제 별로 아래의 사항들에 대해 해당 부서 별로 구체 계획을 세우도록 한다. 오늘의 상황/ 목표 설정/ 시행 기간과 단계 별 접근/ 예상되는 결과/ 예산과 담당 부서/ 유의점	자원 할당(resource allocation) 계획의 필요 인력의 문제에 있어 미래 필요한 인력 고용계획을 세우고, 현재의 인력에 대한 교육계획을 포함할 필요가 있다. MBO(목표관리)[13]를 사용하여 사업계획을 세울 수도 있을 것이다. 모의 실행계획의 수립/ 최종 실행계획의 수립

전략기획의 과정	주요개념	비고
13. 재정소요 분석과 재정확보 계획	재정이 뒷받침되지 않는 계획은 공허한 계획이 된다.	
14. 발전계획 달성 후의 미래상	발전지표에 대한 설명	평가를 정량화 하는 주요 발전지표들을 제시한다.
15. 돌발 사태들에 대한 대비 (contingency plan)	위험요인분석(risk analysis)	새로운 위기가 예상될 경우, 전략 및 실행계획 등을 유연하게 수정 보완한다.
16. 이행 (implementation)	계획에 대한 실천	
17. 평가(evaluation)	평가는 실천이 다른 사람에 미친 결과와, 그것의 실천에 참여한 사람들이 배운 점을 포괄한다. - 우리는 잘 하였는가? - 하나님을 기쁘게 해드렸는가?	평가에 대한 기획: 평가방향, 평가기간, 평가내용 등에 대한 설명이 필요. 가능한대로 정량적 평가를 할 수 있도록 계획한다(측정지표 (metric)에 대한 고찰 필요)
18. 차기 기획에 사용(improve planning process)	다음번의 계획을 위해 자료들을 정리하여 사용한다.	

이상과 같이 전략기획의 과정에 대해 설명하였다. 전략기획은 크게 계획의 단계, 이행의 단계 그리고 그에 대한 평가의 단계로 구분된다. 계획과 평가도 중요하지만, 기획한 일을 실행에 옮기는 것이 가장 중요한 일이라 할 수 있다. 아무리 좋은 계획이라고 하여도, 그것을 실제 이행되지 못한다면 무용지물이 되고 말 것이다. 쓸모없는 계획이 되지 않으려면, 먼저 실효성 있는 계획을 세우는 것이 중요하다. 아무리 좋은 계획이라고 하여도 현실에서의 실천가능성이 없는 것이라면 의미가 없다. 이에 그 계획에 대한 구성원들의 실천의욕을 고취함과 함께, 재정과 인력으로서의 자원들에 대한 충분한 투여계획이 요청되는 것이다.

---

13) Management by Objectives의 약어이다.

2. 성경 상에 나타난 전략기획의 한 예: 느헤미야의 비전과 전략

1) 느헤미야의 비전(vision)

당시 페르시아의 술 관원으로 있었던 느헤미야는 조국의 성읍이 훼파되었다는 말을 듣고, 슬퍼하며 수일 동안 금식하였다고 전한다(1:3-4). 그는 페르시아의 고위공직자로서 현실에 안주하여 살 수 있었다. 그러나 그는 멀리 떨어져 있는 조국을 염려하며 조국의 사정에 대해 관심을 늦추지 않았다. 그는 민족의 괴로움을 지고 하나님 앞에 엎드려 기도하였다고 한다. 평소 민족을 위해 기도로 준비하지 않는 자는 민족을 위해 일할 수 없다. 준비가 없는 자는 기회가 와도 그 기회를 민족을 위한 일로 사용하지 못한다. 생각하고 준비하는 자에게 기회가 온다. 느헤미야의 비전을 간추려 적으면 다음과 같은 것이 될 것이다.

* **느헤미야의 비전 선언문(vision statement)**: 70여 년 전 조국의 왕조는 문을 닫고 바벨론에 예속되게 되었습니다. 조국의 많은 사람들은 바벨론에 포로로 끌려갔습니다. 거의 70년의 세월이 지난 오늘 조국의 수도 예루살렘성은 무너져 내리고, 국가의 모든 분야가 황폐화 되었습니다. 우리는 우리의 조국이 이와 같이 몰락하여 사라지는 것에 무관심해서는 안 됩니다. 바벨론에서 나름대로의 행복한 삶을 영위하는 것도 중요하지만, 우리에게 더 중요한 일은 조국을 재건하는 것입니다. 먼저 우리에게 요구되는 일은 조국을 위해 기도하는 것입니다. 그리고 바벨론에서 어느 정도 쌓은 역량을 조국의 재건을 위해 효과적으로 사용하는 길을 찾는 것이 중요합니다. 하나님은 우리에게 새로운 조국에 대한 비전을 보여주십니다. 하나님께서 도와주신다면 우리는 자랑스러운 이스라엘을 다시 세울 수 있을 것입니다.

2) 느헤미야의 당시 상황에 대한 SWOT 분석

〈표9〉느헤미야의 당시 상황에 대한 SWOT 분석

강점(Strengths)	약점(Weaknesses)
1:11 왕의 술 맡은 관원이 됨 1:10 주님의 강한 손에 의지함 9:17 긍휼하신 하나님 * 바벨론에 이주한 유대인들이 어느 정도의 재력과 힘을 갖게 됨	1:3 예루살렘성의 훼파 2:15 성벽을 다 무너졌고, 성문은 소화되었다. 9:16 백성들의 죄와 패역 및 불신앙 13:23-31 이방인과의 혼혈 * 국가의 모든 부분이 쇄락하고, 백성들의 사기가 땅에 떨어짐
위협(Threats)	기회(Opportunities)
외부적인 장애: 2:10 호른 사람 산발랏과 암몬 사람 도비야의 위협(2:19, 4:1-7, 6:1-19) 내부적인 장애: 5:1-5 백성들의 민생과 정치에 대한 불만 * 처음에는 백성들이 느헤미야의 재건노력에 대해 회의적 반응을 하였다.	2:4 왕이 무엇을 원하느냐고 느헤미야에게 물어봄 2:8 왕이 여러 가지로 도움을 줄 것을 느헤미야에게 약속함 7:6 바벨론 포로 되었던 자들이 놓임을 받아 예루살렘으로 귀환함

3) 느헤미야의 전략(strategy)

일의 이룸은 비전과 열정만으로 되지 않는다. 그 비전과 열정을 뒷받침하는 전략과 구체계획이 없다면, 그러한 비전은 무용지물이 된다.

(1) 느헤미야의 숙고적 행동

2장에 보면, 페르시아 왕이 느헤미야의 근심의 이유를 묻는 장면이 나온다. 느헤미야는 자신의 수심의 이유를 말하니, 왕이 그에게 무엇을 도와줄까 질문하였다. 그 말을 듣고 느헤미야는 하늘의 하나님께 묵도하였다고 되어있다(4절). 결정적인 순간 느헤미야는 서두르지 않았다. 자신에게 주어진 기회를 어떻게 사용하는 것이 최선인지를 기도하는 마음으로 생각하였던 것이다. 그리고 나서 느헤미야는 왕에게 자신을 도와 줄 일에 대해서 조목조목 제시하였다(7-8절). 느헤미야는 민족을 살리는 일에 무엇이 필요한지를 평소 따져보고 있었던 자였다. 일을 생각 없이 무턱대고 할 수 있다. 그러나 깊이 생각해보고 필요 되는 것이 무엇인지 따져보면서, 그 일을 추진할 수 있다. 기획이 잘못되고 부실하면 일에 성공하기 어렵다.

　(2) 느헤미야의 민족재건을 위한 구체전략을 세 가지였다.

　① 성벽을 쌓아 민족의 구심점을 모음(3:1)
　느헤미야 7:1-2은 성벽이 완성되었음을 말한다. 이 성벽은 두 가지의 의미를 갖는다. 먼저는 외부로부터 보호하는 것이며, 다음으로는 내부적 공동체를 결속시키는 것이다. 외부적 위협과 장애의 극복 및 내부적 결속의 표상이 성벽이다. 서로의 막힌 담을 헐어 민족 전체를 아우르는 성벽을 건축하였던 것이다.
　느헤미야는 민족재건을 위해 백성을 전체적으로 아우르는 단합의 성벽을 쌓을 것을 제안하였다. 이제 성벽을 쌓는 작업을 하며, 내적으로 이스라엘의 백성들은 단합되었으나, 외부의 적들이 그 성벽을 쌓는 것을 방해하였다(4:7). 민족의 문제는 내부의 문제를 해결하는 것으로만 끝나지 않는다. 그것은 시작에 불과하다. 민족이 내부적으로 단합되면, 외부의 적이 무엇인가가 드러나게 된다. 내부적인 문제는 문제의 작은 부분이다. 4장에 이르러 외부 세력의 성벽 쌓는 것에 대한 방해공작이 나타난다.

　② 신앙을 통해 민족을 단결시킴
　8-10장은 에스라가 주도한 종교교육을 설명한다. 이스라엘의 민족재건은 두 가지의 방향에서 추진되었다. 먼저는 느헤미야의 기획이며, 다른 하나는 에스라의 기획이다. 느헤미야는 정치가이며, 에스라는 종교지도자이다. 민족의 개혁은 정치의 힘만으로 되지 않는다. 정신이 바뀌지 않는 한, 외형적인 제도의 개선은 무의미하다. 느헤미야는 민족의 재건이 자기의 힘만으로 되지 않음을 잘 이해하고 있었다. 그는 그 일을 위해 정신적인 지도자 에스라의 도움이 필요함을 잘 알고 있었다.

③ 공동체를 파괴하는 이방적 요소를 제거함(13:23-31)

느헤미야는 유대 사람들이 이민족 여인을 취하여 결혼하는 것을 용납지 않았다. 국가가 망한 후, 이스라엘 백성들은 민족적인 정체성을 잃고 이방풍속에 쉽게 매몰되었는바, 느헤미야는 그 원인 중의 하나가 이방의 여인들과의 혼합에 있음을 지적하고 있다.

(3) 느헤미야는 민족재건을 위한 자원(resource)을 지속적으로 확보하였다.

먼저 민족재건을 위해 필요한 재정적 자원들을 확보하였다(2:8). 집을 지을 나무 곧 목재의 조달문제가 그것에 포함된다. 다음으로 민족을 재건하는 데에 필요한 최소 인력의 확보가 중요하였다(2:9). 군대 장관과 마병을 지원받았으며, 기타 느헤미야는 이후 다양한 인력을 동원하여 민족의 재건을 도모한 바 있다.

(4) 순례적 삶

이런 일은 본토에 남아있던 사람보다는 귀환공동체가 주도한 것이다(7:6-7). 언제나 자기가 이곳의 본토민이라 생각하는 사람에 의해 새로움의 역사가 나타나지 않는다. 모두 잠시 지나가는 것이다. 항상 끝날 때가 있음을 생각하는 나그네 의식이 필요하다. 이 교회의 주체가 자신이라는 사람에 의해서 교회가 변혁되지도 않는다. 이 회사는 내 것이라는 마음을 갖고서는 회사의 문제를 보기 어렵다. 우리에게 필요한 것은 나그네 정신이다. 다 잠시 있다가 사라지는 존재라는 것을 인식하여야 한다. 그 일을 이루기 위해 우리에게 주어진 시간은 긴 것이 아니다.

4) 시간 사용의 문제

당시 사정은 긴박하게 돌아갔으나, 느헤미야는 졸속으로 일을 처리하지 않고, 순서를 밟아 일을 진행시켰다. 전략기획에 있어 요긴한 것은 서두르지 않는 것이다. 예루살렘에 도착하여 느헤미야는 한 동안 두문불출하며, 자신의 일을 본격적으로 시작하지 않았다. 생각하는 시간을 번 것이다. 훌륭한 전략가는 자신의 일을 서두르지 않는다. 의욕을 앞세우다가는 반대세력을 만들기나 쉽다. 자신이 하고픈 일이 있을지라도 충분한 주변정리가 될 때까지 기다릴 줄 알아야 한다. 느헤미야는 먼저 그의 일을 은밀히 조신하게 시작하고 있다(2:12). 그리고 때를 기다려 충분한 분위기가 무르익었다고 생각하였을 때, 자신의 민족 재건을 위한 청사진을 백성들에게 제시하였다(16-17절). 모든 일은 의욕만 가지고 되는 것은 아니다. 신중한 접근이 필요하다(2:19-3:1).

기획 없이 서둘러 하는 일은 성공하지 못한다. 시간이 걸리지만 순서를 밟아 진행하여야 한다. 의욕을 앞세운 체, 일을 성급하게 처리한다고 하여 그 일이 되는 것이 아니다. 급한 길일수록 돌아가야 한다. 먼 미래를 바라보며 한 걸음 한 걸음 내딛다 보면, 우리가 오르려는 고지에 이르게 된다.

5) 구체적의 실행계획(executive plan, tactical plan)

느헤미야의 민족 재건을 위한 일은 성벽을 쌓는 눈에 보이는 것만으로 끝나지 않는다. 여러 가지 구체적인 사업과제(task)들에 대한 기획들이 이어졌다. 5장에서 그는 경제정의를 회복하는 노력을 시도한다. 부정 축재하는 공무원들을 제압하기 위해, 그는 그 스스로 모범을 보이고 있다. 그는 그가 당연히 백성으로부터 받을 총독의 녹도 요구하지 않으면서, 개혁의 고삐를 늦추지 않았다(5:17-18). 느헤미야의 개혁은 이어진다. 에스라가 주도한 종교적인 교육과 개혁(8-10장), 제도의 정비(11-13장), 민족의 순수성과 정체성을 확고히 함 등을 통해(13:28), 그의 개혁을 마무리되고 있다.

중요한 것은 그가 이 일을 추진하는 동안, 돌발사태(contingencies)들이 많았다는 것이다. 일을 하다보면 자신이 예상하지 못한 걸림돌들이 튀어나오기 마련이다. 그러한 장애는 외부적인 것이 될 수도 있고, 내부적인 것이 될 수도 있다. 언제나 더 극복하기 어려운 것은 외적인 것이라기보다 내적인 무력감, 경쟁심, 안일주의 이런 것들이다. 느헤미야에게도 당연히 많은 장애들이 있었다. 그러나 그는 많은 장애에도 불구하고, 그의 비전을 밀고 나가고 있다. 장애가 왔을 때 포기해버리고 만다면, 그 일은 이루어지지 않는다. 좌절이 있을 수 있다. 방해를 받을 수 있다. 이럴 때마다 요청되는 것은 그의 뚜렷한 삶이 목표와 신앙으로 표현되는 신념이다.

6) 피드백(feedback): 일의 성패는 하나님의 장중에 있다.

느헤미야서는 상당부분을 그들이 이룬 일을 회상하고 그 일을 이루기 위해 노력한 내용을 평가하는 일에 할애하고 있다. 일을 했다고 해서 마무리되는 것은 아니다. 그 일을 마친 후 그 일에 대해 반성하고, 새로운 비전을 세우는 것에 그러한 평가를 이용하여야 한다. 논공행상이 분명하지 않은 집단은 오래 가지 못한다. 일을 잘 추진한 사람들이 이름에 오르고, 일을 망친 사람들은 반성하는 사회가 되지 않는다면, 이 사회는 그러한 우를 계속 반복하게 될 것이다.

에스라, 느헤미야서의 클라이맥스는 느헤미야 2:20, 6:16, 8:1-9 등의 말씀에서 나타난다. 민족을 개혁하고 재건하는 일은 하나님께서 일하심으로써만 가능하다고 그들은 생각하였다. 사람이 하는 국가건설이 아니라, 하나님께서 하시는 국가건설을 그들은 강조하였다. 그들은 그들 혼자만이 이런 일을 감당할 수 있다고 생각하지 않았으며, 백성들의 힘을 모아서만 이런 일을 완수할 수 있음을 깨닫고, 성벽을 모두의 힘으로 함께 쌓아나갈 것을 제안하였다. 이에 백성들은 힘을 합쳐 예루살렘의 성벽을 재건하였던 것이다(3장). 그러나 최종적으로 느헤미야의 장대한 기획을 이루신 것은 이스라엘 백성들의 힘이 아니었으며, 하나님의 섭리였음을 느헤미야서는 강조한다. 이에 느헤미야서는 그러한 일의 추진 중에 나타나는 돌발적 장애들이 있을 때마다, 그들이 하나님을 의지하여 기도하였음을 언급하고 있다(느 4:1-5, 4:7-9, 6:1-9).[14]

아무 비전과 계획 없이 무심코 세월을 보낼 수도 있다. 그러나 뚜렷한 비전을 세우고 모두가 자신의 삶을 던져, 그 일을 위한 헌신의 삶을 살아나갈 수도 있다. 느헤미야를 세우셨던 하나님이 오늘 우리를 부르신다. 예하고 나설 수도 있고, 주저앉아 있을 수도 있다. 그러나 힘을 합쳐 무언가 기획하여 추진함으로, 주님의 일을 이룰 수 있을 것이다.

3. 마치는 글: 전략기획의 중요성에 대한 재강조

시간이 걸리더라도 철저한 계획을 하는 것이 중요하다. 시간을 아낀다고 계획하는 일을 엉성하게 하면, 그 일은 잘 진행되기 어렵다. 우리는 성급한 나머지, 계획하는 일을 접어두고 일의 실천에 먼저 돌입하는 때가 많은데, 그러한 계획의 빈곤은 우리의 일을 망치게 하는 주요 원인이다. 계획의 철저함은 우리의 개인적인 삶을 풍요롭게 할 뿐 아니라, 공동의 삶도 생산성 있게 할 것임에 분명하다.

계획을 잘 하려면 계획하는 방법을 터득할 필요가 있다. 좋은 계획의 틀은 좋은 계획의 내용을 산출한다. 사명을 정립하고, 상황을 파악하며, 그에 의거 비전을 수립하고, 다음으로 전략과 실행계획을 세우고, 그러한 계획을 이행에 옮기며, 최종적으로 평가하는, 전략기획의 과정을 우리는 숙지할 필요가 있다. 이러한 과정 중에서 특히 상황을 진단하고 파악하는 일은 중요하다.[15] 의사가 환자를 치료하기 위해서, 그 환자의 병이 무엇인지 진단하여야 하는 것처럼, 교회의 발전을 위해서는 그 교회의 발전에 장애가 되는 일이 무엇인지를 파악하는 것은 요긴한 일이다. 이 같은 교회와 사회현실 전반에 대한 파악에는 상당히 많은 지혜를 요청하는 것으로, 다방면에서의 사회과학적 도움이

---

14) Joseph Blenkinsopp, *Ezra-Nehemiah: A Commentary* (Philadelphia: The Westminster Press, 1988), 225.
15) 치밀한 진단과 상황에 대한 분석이 되기 위해서는, 진단을 위한 지표들의 개발이 필요하다.

요청된다. 아울러 우리의 실천에 대한 계획들은 교회 내적인 일들에 대한 기획으로 마무리되어서는 안 되며, 온 세계를 향한 보다 열려진 기획을 포함하여야 할 것이다. 교회 내적인 목회사역과 함께, 사회를 변혁하는 교회 외적인 사역이 동반되는 것이 바람직하다.

사도행전 3장 20절은 "또 주께서 너희를 위하여 예정하신 그리스도 곧 예수를 보내시리니."라고 말한다. 성경은 모든 것이 그리스도 안에서 미리 예정되었음을 강조한다. 하나님께서는 이 세상을 계획성 없이 다스리시는 것이 아니며, 모든 것을 다 마음에 예정하시고 다스리신다는 것이다. 하나님께서는 우리 인간의 전 구원 계획을 이미 태초에 예정하셨음을 성경은 말한다. 이와 같이 하나님은 철저히 모든 것을 계획하신 후, 실천하시는 분이시다. 우리는 이 같은 하나님을 믿고 의지하는 자들로서, 이런 하나님의 모범에 따라야 한다. 하나님의 구원의 계획은 철저한 것이었기 때문에, 우리 인류는 구원될 수 있었으며, 그 하나님의 모든 기획들을 우리는 신뢰하게 된다. 그러므로 우리도 하나님의 치밀한 기획성을 본받아, 미래를 예견하며 실천해나가는 자들이 되어야겠다. 좋은 기획을 통한 일의 시작은, 그 일의 거대반의 성취와 같은 것이다. 잘된 계획은 일을 반 이상 이룬 것이 된다.

제
3
장

느헤미야와 오늘의 목회

강성열 교수(호남신학대학교)

1. 들어가는 말 – 오늘의 목회 현실

사람은 누구나 남으로부터 간섭받는 것을 싫어한다. 특히 어떤 일에 대한 전문가일수록 남의 참견이나 간섭을 달갑지 않게 생각한다. 예로써 정치인이나 변호사, 의사 등의 전문직 종사자들에게 비전문가들이 그들의 고유한 업무와 관련하여 불필요하게 간섭하는 듯한 발언을 한다면 누가 좋아하겠는가? 정치를 전문으로 하는 이들에게 "정치는 이러한 것이다"라고 싫은 소리를 하거나, 법을 다루는 이들에게 "법은 이렇게 다루어야 한다"고 참견하는 것을 좋아할 사람은 하나도 없을 것이다. 환자의 건강을 위해 노력하는 의사들이라고 예외일 수는 없다. 다른 모든 전문직 종사자들도 마찬가지이다. 자신의 고유한 업무에 비전문가인 제3자가 관여하는 것을 좋아할 사람은 어디에도 없다.

그런데 불행하게도 우리의 현실은 그렇지 못하다. 비전문가 집단이 전문가 집단의 고유 업무에 간섭하는 경우가 매우 많다. 잔소리를 좋아해서가 아니다. 순전히 뒤틀린 현실 때문에 가슴이 답답해서이다. 정치인이 공평하고 정의로운 다스림에는 관심이 없고 도리어 부정과 불의에 집착하여 사회를 어지럽히면, 어김없이 언론이나 사회 여론의 질책이 이어진다. 사회적인 차별에 의해 법이 공정하게 집행되지 않거나, 환자 치료라는 본질적인 업무가 부수적인 이득에 밀려나는 경우에도 비전문가들의 비판과 책망이 뒤를 잇는다. 특히 요즘에는 인터넷이 일반화되어서인지 이러한 유형의 비전문가적인 간섭이 예전 같지 않다.

교회라고 예외일까? 일부 목회자들이 말씀을 먹이는 일보다는 여러 종류의 개인적인 욕망과 이익 추구에 더 많은 관심을 기울이고 있다면 어떨까? 세상이 조용하게 있을까? 아니다. 일반인들의 가혹한 비판과 간섭이 이어질 것이다. 일반 기독교인들의 경우도 마찬가지이다. 신앙생활의 전문가라고 할 수 있는 기독교인들이 하나님 나라의 시민으로서 의롭고 정직한 삶에 무관심한 채로 세상 사람들 이상으로 불법과 불의에 가담하고 있다면, 그리고 십자가의 사랑을 실천하는 일보다는 자신의 개인적인 욕심을 채우는 데 급급한다면, 세상이 그것을 그냥 내버려둘까? 아니다. 틀림없이 큰 소리로 간섭하며 책망할 것이다.

여기서 우리는 한 가지 중요한 사실을 발견하게 된다. 사람들은 왜 전문가가 아니면서도 때때로 전문가들의 행동을 눈여겨보면서 그들을 비판하고 그들의 고유 업무에 간섭하고자 하는 것일까? 한 마디로 말해서 그것은 마땅히 되어야 할 것이 그렇게 되지 못한 것에 대한 안타까움과 답답함 때문이다. 상식적으로 납득이 가지 않는 행동에 대한 정의로운 분노 때문이다. 어떻게 보면 그것은 자신의 고유 업무를 제대로 수행하지 못하는 자들에 대한 관심과 애정의 표시일 수도 있다.

오늘의 교회와 기독교인들은 어떠한가? 우리 사회가 앓고 있는 각종 질병들은 도대체 어디서 온 것인가? 교회도 많이 있고 기독교인도 많은데 왜 사회는 갈수록 악해지고 음란해지고 있는가? 세상의 소금이 되고 빛이 되어야 할 우리가 제 구실을 못하고 있기 때문은 아닌가? 이제 조용히 멈추어 서서 자신의 모습을 되돌아보도록 하자. 우리 사회의 불행은 다른 데 있지 않다. 교회와 기독교인들이 세상 사람들로부터 간섭을 받고 있다는 데 있다. 세상 사람들의 간섭은 곧 하나님의 간섭이기도 하다. 오늘의 목회 현실은 이처럼 우리 삶의 구석구석에서 우리를 간섭하시는 하나님을 두려워해야만 하는 상황에 처해 있다. 어떻게 해야 할까? 성경에 많은 해답이 있지만, 범위를 좁혀 포로기 이후 시대의 어지러운 시대를 살았던 느헤미야에게서 그 해답을 찾고자 한다.

2. 예루살렘 성벽 건축을 통한 공동체의 재건과 결속

1) 예루살렘 성벽 건축을 위한 노력

하가랴의 아들 느헤미야는 페르시아 제국의 아닥사스다 왕(Artaxerxes I, 주전 465-424년) 때에 술 관원(the cupbearer to the king, 느 1:11)의 직위를 가지고 있었다. 이것은 느헤미야가 왕의 식탁을 섬기는 많은 사람들 중의 한 명이었음을 뜻한다. 이것은 또한 그가 정기적으로 왕을 대면했고 그 때문에 그에게 주목 받을 기회를 많이 가지고 있었음을 뜻한다. 느헤미야가 페르시아의 행정체제 안에서 어떻게 술 관원이라는 고위직을 갖게 되었는지는 전혀 알 길이 없지만, 아마도 그것은 팔레스타인 지역이 이집트와의 통상로에 있으면서 전쟁 시에는 군사기지나 후방 보급기지로 사용될 수 있었기에, 페르시아로서는 이스라엘과의 관계를 고려해서 느헤미야에게 그러한 직위를 허용했을 것이다. 아닥사스다 왕이 느헤미야를 12년 동안이나 유다 땅의 총독으로 임명하여 파견(5:14)한 것도 같은 맥락에서 이해할 수 있다.

물론 포로민들 중의 한 사람인 느헤미야가 예루살렘 성벽 건축에 관심을 갖게 된 데에는 그 나름의 특별한 이유가 있었다. 느헤미야서 1-2장에 그것이 잘 설명되어 있다. 예루살렘 성벽 건축을 향한 길이 열리게 된 것은 느헤미야가 아닥사스다 왕의 제20년(주전 445년) 기슬르 월에 수산 궁에 있을 때 그 계기가 마련되었다. 왜냐하면 바로 그 무렵에 느헤미야의 형제들 중 한 명인 하나니와 그의 일행 두어 명이 유다 지역을 떠나 느헤미야를 만났고, 그들을 만난 느헤미야가 바벨론 포로를 피해 살아남은 유다와 예루살렘 사람들의 형편을 물었기 때문이다(1:1-2).

느헤미야의 물음에 그들은 유다 지역에 큰 환난과 능욕이 있으며 예루살렘 성은 허물어지고 성문들은 불탔다고 그에게 말한다. 이에 느헤미야는 수일 동안 슬픔에 잠겨 하나님 앞에서 금식하며 기도한다. 이 기도에서 그는 백성을 대표하여 주께서 모세에게 명하신 율례와 규례를 지키지 않은 이스라엘 민족의 죄악을 고백함과 아울러, 만일에 범죄한 이스라엘 백성이 그들 자신의 죄를 뉘우치고서 잘못된 길에서 돌아와 주의 계명을 지키면, 그들이 어디에 있다 할지라도 반드시 고국으로 돌아오게 하겠다고 약속하신 말씀을 지켜달라고 간구한다(1:3-11).

그러다가 아닥사스다 왕 제20년(주전 445년) 니산 월에, 자신의 얼굴에 수심이 가득함을 알아챈 왕 앞에서, 느헤미야는 예루살렘 성이 오랫동안 폐허가 되어 버려진 상태에 있다는 소식을 듣고서 자신이 근심에 사로잡혀 있음을 사실대로 말한다. 아울러 그는 먼저 그 일과 관련된 내용을 간단히 하나님께 아뢴 후에 왕에게 예루살렘 성읍 재건의 직무를 부여해 달라고 청한다(2:1-5). 아닥사스다 왕이 이를 긍정적으로 받아들이자, 느헤미야는 왕에게 두 가지 내용의 조서를 내려달라고 요청한다. 그가 요청한 첫 번째 조서는 자신의 안전한 예루살렘 도착을 보증하는 것으로, 강 서쪽 총독들에게 자신이 안전하게 그들의 지역을 통과하여 예루살렘에 도착할 수 있게 해달라는 내용의 조서이고, 두 번째 조서는 왕의 삼림 감독 아삽에게 예루살렘 성의 재건에 필요한 재목을 확보할 수 있게 해달라는 내용의 조서이다(2:6-8).

하나님의 도우심에 힘입어 아닥사스다 왕의 동의와 협력을 얻은 느헤미야는 군대 장관과 마병의 호위 하에 두 개의 조서를 가지고서 예루살렘으로 나아갔고, 왕의 조서를 강 서쪽 총독들에게 전달하였다. 아닥사스다 왕이 느헤미야의 요청을 이렇게 쉽게 받아들인 이유는 대체 무엇일까? 그것은 아마도 페르시아 정부에 대한 이스라엘의 불만을 해소시키기 위한 목적을 포함하고 있었을 것이다. 그 까닭에 그는 별다른 부담감 없이 느헤미야를 12년 동안 유다 땅 총독으로 임명했고(5:14), 예루살렘 성벽 재건의 과제를 주어 그를 유다 땅으로 파견한 것이다. 그러나 느헤미야가 아닥사스다 왕의 허락을 받아 일정 기간 유다 총독으로 파견되었다는 사실은 호론 사람 산발랏과 암몬 사람 도비야에게 그리 달갑지 않은 소식으로 전해졌다(2:9-10).

2) 유다 공동체의 재건과 결속

이렇듯이 페르시아 정부에 의해 유다 땅 총독으로 임명된 느헤미야가 맨 먼저 한 일은 예루살렘 성의 실태를 파악하는 일이었다. 이러한 목적을 이루기 위해 그는 예루살렘에 도착하여 체류한 지 사흘 만에 몇몇 사람들을 데리고서 밤중에 은밀하게 예루살렘을 정찰하면서 조사하고자 했다(2:11-12). 여기서 한 가지 궁금증이 생긴다. 왜 느헤미야는 자신의 총독 권한을 사용하여 얼마든지 제사장들을 비롯한 예루살렘의 지도자들을 대동할 수도 있었을 텐데 그렇게 하지 않았을까? 그것은 그가 아마도 예루살렘에 있는 유대인 지도자들을 근본적으로 신뢰하지 않았기 때문이었을 것이다. 사실 느헤미야와 예루살렘의 지도자들 사이에 있던 이러한 근본적인 신뢰 결핍은 느헤미야서 전체에서 일관되게 나타나는 주제이기도 하다.

예루살렘 성벽이 다 무너졌고 성문은 불탄 채로 있음을 확인(2:13)한 느헤미야는 예루살렘의 유대인 지도자들, 곧 방백들과 제사장들 및 귀족들(2:16)에게 폐허가 된 예루살렘의 곤경에 대해서 말하면서, 예루살렘 성을 건축하여 다시는 수치를 당하는 일이 없게 하자는 말로 예루살렘 성벽 건축의 과제에 불을 붙인다(2:17). 비록 산발랏과 도비아 및 게셈 등의 반대 세력(2:10, 19; 4:7; 6:1, 12, 14)이 있기는 했지만, 예루살렘의 유대인 지도자들이 느헤미야의 성벽 건축 과제에 동의했음은 물론이다(2:18-20). 느헤미야가 이처럼 성벽 건축에 깊은 관심을 가진 이유는, 성벽 건축이야말로 재건된 예루살렘 성을 중심으로 한 유대인 공동체의 정체성 회복과 공동체 결속을 강화시켜줄 최선의 방법이었기 때문일 것이다.

　여기에서 드러나는 한 가지 흥미로운 사실은, 느헤미야보다 약간 먼저(주전 458년) 예루살렘에 돌아온 에스라가 율례 학자요 학자 겸 제사장(스 7:11)으로서 주로 예루살렘 성전 재건과 그에 기초한 야훼 신앙의 회복을 다루는 반면에, 느헤미야는 예루살렘 성벽의 재건과 유대인 공동체의 회복을 위해 많은 노력을 기울이고 있다는 점이다. 두 사람 사이의 이러한 역할 차이는 에스라가 종교 지도자로서 율례 학자요 제사장의 직위를 가지고 있기에 종교적인 문제에 깊은 관심을 가지고 있는데 반하여, 유다 땅 총독인 느헤미야는 평신도 정치 지도자요 페르시아의 관리인 탓에 종교 개혁보다는 정치 개혁에 더 깊은 관심을 가지고 있었기 때문에 생겨난 것이다. 그러나 다른 한편으로 성벽 개축이 페르시아 왕에게 오해를 사기 쉬운 일임을 고려한다면, 느헤미야는 에스라보다 더 어려운 일에 성공했다고 할 수도 있다. 왜냐하면 유다 공동체 회복의 중심지인 예루살렘 성읍의 재건은 느헤미야의 반대파들이 말한 것처럼 페르시아를 향한 반역의 오해를 살 수도 있는 일이었기 때문이다(느 2:19).

3. 청백리 느헤미야의 약자 보호를 위한 노력

1) 약자 보호와 배려를 위한 정책

　유다 공동체의 재건과 결속은 무너진 예루살렘 성읍의 재건(느 3-4장)과 봉헌(느 12:27-43)이라는 외적인 활동을 통해서만 이루어지는 것이 아니다. 내부 개혁을 통한 공동체 결속의 과제 역시 매우 중요한 의미를 갖는 바, 우리는 그것을 희년 정신의 실천에 관해 언급하는 5장에서 찾아볼 수 있다. 성벽 재건 공사 도중에 발생한 일을 다루고 있는 5:1-13의 설명에 의하면, 경제적인 궁핍으로 인한 가난한 백성들의 고통과 탄식이 상당한 수위에 이르러 있었다. 가난한 백성들이 그들의 아내와 함께 크게 부르짖고 원망했다는 1절의 설명이 이를 잘 보여 준다. 경제적 궁핍으로 인한 가난한 백성들의 고통이 여인들까지 나설 정도로 심각한 상황이었음이 "아내들"의 부르짖음에서 분명하게 드러난다.

본문은 당시의 경제적 궁핍에 네 가지 원인이 있다고 설명한다. 그 첫 번째 이유는 인구 증가에 있었다: "우리와 우리 자녀가 많으니 양식을 얻어먹고 살아야 하겠다"(2절). 경제적 궁핍의 두 번째 이유는 그 지역 일대에서 광범위하게 발생한 흉년에 있었다: "우리가 밭과 포도원과 집이라도 저당 잡히고 이 흉년에 곡식을 얻자"(3절). 그리고 경제적 궁핍의 세 번째 이유는 페르시아 제국의 과중한 세금에 있었다: "우리는 밭과 포도원으로 돈을 빚내서 왕에게 세금을 바쳤도다"(4절). 경제적 궁핍의 마지막 이유는 부자들의 착취에 있었다: "우리 육체도 우리 형제의 육체와 같고 우리 자녀도 그들의 자녀와 같거늘 이제 우리 자녀를 종으로 파는도다. 우리 딸 중에 벌써 종 된 자가 있고 우리의 밭과 포도원이 이미 남의 것이 되었으나 우리에게는 아무런 힘이 없도다"(5절); "깊이 생각하고 귀족들과 민장들을 꾸짖어 그들에게 이르기를, '너희가 각기 형제에게 높은 이자를 취하는도다'"(7절).

느헤미야는 자신의 힘으로 해결할 수 없는 앞의 세 가지 이유들에 대해서는 별다른 조치를 취할 수 없었지만, 마지막 네 번째 이유에 대해서는 할 말이 많았다. 그는 가난한 백성을 괴롭히는 귀족들(the nobles)과 민장들(the rulers/officials)의 고리대금 행위를 비난하며, 대회(大會, a great assembly)를 열어 고리대금 행위로 인해 발생한 인신매매 현상을 지적하면서, 누구나 예외 없이 가난한 백성들에게서 이자 받기를 중단할 것을 강력하게 요청한다(6-11절). 느헤미야의 비난과 요청을 받아들인 귀족들과 민장들이 밭이나 포도원이나 감람원이나 집이나 돈이나 양식이나 새 포도주나 기름 등 어떤 것에 대해서도 이자를 받지 않겠다고 다짐하자, 느헤미야는 그들에게 그러한 다짐과 결심을 제사장들 앞에서 맹세하게 함과 아울러, 옷자락을 터는 일종의 저주 의식을 통하여 그들의 맹세가 취소되지 못하게 만든다(12-13절).

2) 느헤미야의 청백리 정신

느헤미야에게 있는 이러한 약자 보호와 배려의 정신은 페르시아 정부에 의해 유다 총독으로 임명되었으면서도 자신의 권력이나 지위를 이용하여 동족을 착취함으로써 치부할 수도 있는 유혹을 철저하게 물리치는 그의 청백리 정신에서 확인된다. 느헤미야의 총독 생활에 대해서 요약하고 있는 5:14-18이 이 점을 잘 보여 준다. 그의 신앙과 삶에 대한 요약이기도 한 이 본문에 의하면, 그는 무엇보다도 총독의 녹을 먹지 않았다: "내가 유다 땅 총독으로 세움을 받은 때, 곧 아닥사스다 왕 20년부터 32년까지 12년 동안은 나와 내 형제가 총독의 녹을 먹지 아니하였느니라"(14절). 18절에서는 총독의 녹을 요구하지 않았다고 밝힌다. 그 이유는 백성의 부역(성벽 건축)이 중했기 때문이다. 흉년도 겹쳐 있었다(5:1-5). 자녀를 종으로 팔아야 하는 사람도 많았다.

이전 총독들은 어떠했는가? 15절에 의하면, 이전 총독들은 백성에게서 양식과 포도주와 또 은 사십 세겔을 그들에게서 빼앗았고, 또한 그들의 종자들도 백성을 압제하였으나, 느헤미야는 하나님을 경외하므로 그같이 행치 아니하였다. 이 말씀은 이전 총독들이 부정과 부패와 부조리에 익숙해 있었음을 고발하는 것에 다름 아니다. 그러나 느헤미야는 달랐다. 그의 종자들은커녕 그와 그의 형제들까지도 총독의 녹을 먹지 않았던 것이다. 친인척 동원에 앞장서지 않았다는 얘기다. 이것은 느헤미야가 자신이 땀 흘려 얻은 것이 아니면 가지려고 하지 않았음을 뜻한다. 자신의 수고로 벌어들인 것이 아니면 소유하려고 하지 않았다는 얘기다. 그에게는 참으로 자질구레한 것들에 대한 탐욕이 없었다.

느헤미야의 이러한 모습은 고린도후서 7:2에 있는 바울의 고백을 생각나게 한다: "우리가 아무에게도 불의를 행하지 않고 아무에게도 해롭게 하지 않고 아무에게서도 속여 빼앗은 일이 없노라." 사무엘상 12:3에 있는 사무엘의 고백도 마찬가지이다: "내가 여기 있나니 여호와 앞과 그의 기름 부음을 받은 자 앞에서 내게 대하여 증언하라. 내가 누구의 소를 빼앗았느냐? 누구의 나귀를 빼앗았느냐? 누구를 속였느냐? 누구를 압제하였느냐? 내 눈을 흐리게 하는 뇌물을 누구의 손에서 받았느냐? 그리하였으면 내가 그것을 너희에게 갚으리라."

물론 느헤미야에게도 유혹이 있었다. 17-18절이 그 점을 잘 보여 준다: "또 내 상에는 유다 사람들과 민장들 백오십 명이 있고 그 외에도 우리 주위에 있는 이방 족속들 중에서 우리에게 나아온 자들이 있었는데, 매일 나를 위하여 소 한 마리와 살진 양 여섯 마리를 준비하며 닭도 많이 준비하고 열흘에 한 번씩은 각종 포도주를 갖추었나니, 비록 이같이 하였을지라도 내가 총독의 녹을 요구하지 아니하였음은 이 백성의 부역이 중함이었더라." 이 말씀에 의하면, 평소에 항상 수많은 사람들이 느헤미야 총독 주변에 들끓었다. 총독인 그에게 환심을 사기 위해서였다. 뇌물을 바쳐서 한 자리 하려고 하는 사람들도 있었을 것이다. 무엇인가 부탁하기 위해서 느헤미야를 가까이 하는 사람들도 많았을 것이다. 그들은 매일 같이 느헤미야를 위하여 잔치를 벌이고 열흘에 한 번씩은 술잔치(주연)를 베풀 정도였다. 그럼에도 느헤미야는 그들의 뇌물 공세에 넘어가지 않았다. 그는 참으로 청렴결백한 관리였다. 자신을 잘 관리하는 깨끗한 양심의 소유자였다. 정말 양심적인 평신도 직장인이요, 정직한 하나님의 일꾼이었던 것이다.

이상의 내용은 느헤미야의 삶이 정직, 진실, 검소한 삶이었음을 증거한다. 어떻게 그러한 일이 가능한가? 하나님을 경외하는 믿음이 그에게 있었기 때문이다: "나는 하나님을 경외하므로 이같이 행하지 아니하고"(15절). 아브라함이 이삭을 제물로 바칠 수 있었던 것도 동일하다: "네가 네 아들 독자까지도 내게 아끼지 아니하였으니, 내가 이제야 네가 하나님을 경외하는 줄을 아노라"(창 22:12). 요나가 하나님의 명령을 거역하고 니느웨로 가기는커녕 다시스로 가는 배를 타고 도망한 것은 그에게 하나님 경외가 없었기 때문이다. 나중에 제비에 뽑히고서야 비로소 요나는 자기가 바다와 육지를 지으신 하늘의 하나님 여호와를 두려워하는 자라고 실토한다. 하나님을 두려워하는 자는 정직하고 진실한 삶을 살 수밖에 없다. 바른 예배, 바른 생활이 가능하다. 신령과 진정으로(in truth) 예배드릴 수 있으며, 삶을 통한 예배를 드릴 수 있다.

그런가 하면 느헤미야는 부지런하고 성실한 사람이기도 했다: "도리어 이 성벽 공사에 힘을 다하며, 땅을 사지 아니하였고, 내 모든 종자들도 모여서 일을 하였으며"(16절). 4장의 설명에 의하면, 느헤미야와 유다 백성은 예루살렘 성벽을 건축할 때 한 손에는 벽돌을 들고 다른 한 손에는 칼, 활, 창을 든 채로 (임전태세) 공사에 참여하였다. 성벽 재건을 훼방하는 무리들이 있었기 때문이다. 또한 느헤미야는 열심히 일해서 번 돈으로 땅을 사지는 아니하였다. 이른바 부동산 투기를 하지 않은 것이다.

열왕기상 21장에 의하면, 아합과 이세벨은 나봇의 포도원이 탐나서 그를 죽이고서 포도원을 강탈하지만, 느헤미야는 그렇지 않았다. 불법한 방법으로 권력을 이용하여 재산을 긁어모으는 이른바 부정 축재에 관심이 없었다. 그는 워낙 성실한 사람이었기 때문에, 타국인으로서 술 관원이라는 고위직(절대 신임을 얻지 않으면 오를 수 없는 자리)에 오르게 되었고, 나중에는 유다 땅 총독의 자리에 오른 것이다. 요셉의 경우도 마찬가지이다. 늘 하나님과 함께 하는 삶을 살았다. 어떠한 환경에서도 불평하거나 원망하지 않았다. 도리어 감사하는 마음으로 하나님을 의지하고 오직 그만을 신뢰했다. 그래서 하나님이 형통하게 해주셨고 대제국 이집트의 국무총리가 되게 해주셨다.

4. 율법 중심의 신앙 공동체 회복

1) 율법 책의 낭독과 해석에서 생겨난 깨달음

여러 가지 어려움과 장애 및 방해를 무릅쓰고서 52일 만에 예루살렘 성벽 재건에 성공(6:15)한 느헤미야는 예루살렘 성벽을 완공한 해의 7월 1일, 곧 나팔을 불어 기념하는 절기인 나팔절(참조. 레 23:24-26; 민 29:1-6)에 유다 백성을 수문 앞 광장에 모이게 했다(8:1). 느헤미야가 이렇듯이 유다 공동체를 한

군데에 모이게 한 것은, 아마도 예루살렘 성벽 건축을 마친 사람들의 흐트러진 삶의 자세를 바로 잡는 한편으로, 그 동안 성벽을 건축하느라 지쳐 있던 사람들의 몸과 마음을 새롭게 하기 위한 목적을 가지고 있었을 것이다.

물론 이러한 공동체 쇄신의 노력은 유다 공동체 스스로의 자발적인 노력에 의해서 이루어진 것이기도 했다. 느헤미야와 유다 공동체의 협력과 공동 노력에 의해 수문 앞 광장의 대집회가 열린 셈이다. 그들은 학사(또는 서기관)요 제사장인 에스라에게 모세의 율법 책을 낭독해줄 것을 요청했다. 이것은 그들 스스로가 공동체 전체의 영적인 쇄신을 필요로 했다는 것을 의미한다.

느헤미야와 유다 공동체가 이렇게 대집회를 위해 함께 모인 곳은 일상적인 절기 장소인 예루살렘 성전이 아니었다. 스룹바벨과 여호수아에 의해 제2성전이 완공되기는 했어도, 그들이 모인 곳은 그 성전이 아니라 수문 앞 광장이었다. 그 까닭은 아마도 이 날의 모임이 하나님께 제물을 바치기 위한 것이 아닌데다가, 남자들과 여자들 및 알아들을 만한 모든 사람을 포함하는 대규모 군중 집회였기 때문일 것이다. 남자들만 들어갈 수 있는 성전 구내에서는 그처럼 큰 집회를 열 수가 없었던 것이다. 그 때문에 이스라엘 회중은 예배 공동체 전체를 수용할 수 있는 수문 앞 광장을 집회 장소로 선택한 것으로 보인다.

에스라는 수문 앞 광장에 모인 이스라엘 회중 앞에서 제사장의 자격으로(8:2) 율법 책을 읽었다(8:3). 그가 날이 밝기 시작하는 새벽부터 정오 무렵까지 무려 여섯 시간 동안이나 율법 책을 읽었다는 것은, 역설적이게도 그 동안 이스라엘 공동체가 예루살렘 성벽을 건축하는 데 몰두하는 바람에 하나님의 말씀에 상당히 굶주려 있었다는 사실을 암시한다. 절기를 지킨 첫날부터 마지막 날까지 토라를 계속해서 낭독하였으므로(8:18), 그가 레위 사람들과 함께 읽은 율법 책의 분량은 적지가 않았을 것이다.

에스라가 율법 책을 읽자, 이스라엘 회중은 그 율법 책에 귀를 기울였다. 더 정확하게는 에스라가 토라의 말씀을 읽으면서 낭독하면, 레위 사람들이 그것을 중간 중간에 통역하거나 해설하여 누구나 알아들을 수 있게 했는데, 이스라엘 백성은 이러한 낭독과 통역/해설에 귀를 기울였다고 보아야 옳을 것이다. 유다 백성은 에스라가 쉽게 율법 책을 읽을 수 있게 하려고 나무 강단(a wooden platform/pulpit)을 특별히 주문하여 제작하였다(8:4). 에스라가 그 위에 서 있어야 모든 백성이 한눈에 그를 바라볼 수 있고 또 그의 목소리를 효과적으로 들을 수 있기 때문이었을 것이다.

율법 책을 낭독하기 위해 나무 강단 위에 오른 에스라의 오른쪽과 왼쪽에는 제각기 여섯 명과 일곱 명의 사람들이 자리를 잡고 서 있었다. 유다 공동체를 대표하는 평신도 지도자들이었을 것으로 보이는 그들은 에스라의 곁에 도열함으로써 에스라의 권위를 강화시켜주는 한편으로, 그가 두루마리 형태로 된 율법의 말씀을 읽어나갈 때 두루마리 성서를 받쳐주는 역할을 수행했을 것이다. 율법 책을 펼친 에스라는 모든 백성이 일어서자(8:5), 위대하신 하나님을 송축했으며, 모든 백성은 손을 들고서 아멘으로 화답함과 동시에 몸을 굽혀 얼굴을 땅에 대고 야훼 하나님께 경배했다(8:6).

13명의 레위 사람들은 그곳에 서 있는 유다 백성에게 율법 책을 낭독하고 그 뜻을 해석하여 백성에게 그 낭독하는 것을 다 깨닫게 하였다(8:7-8). 그들이 어떠한 방식으로 율법을 설명했는지는 알 길이 없지만, 아마도 13명 또는 그 이상의 레위 사람들이 제각기 일정한 수의 사람들을 배정 받아 그들에게 율법을 설명하는 방식을 취했을 것이다. 이들의 역할은 역대하 17:7-9에 있는 레위 사람들의 역할과 거의 같다고 할 수 있다. 이 본문에 의하면, 남왕국의 여호사밧 왕은 유다 방백들로 하여금 레위 사람들과 제사장들을 인솔하여 여러 유다 성읍들을 순회하면서 사람들에게 율법 책을 가르치게 했다(참조. 신 31:9-13; 대하 35:3).

2) 기쁨과 즐거움의 잔치에 이은 초막절 축제와 회개 운동

에스라의 율법 낭독과 그에 대한 통역 내지는 해설은 놀라운 반응을 불러일으켰다. 이스라엘 백성 모두가 하나님 앞에서 참회하면서 우는 결과가 발생한 것이다. 그들 모두에게 기쁨을 제공해야 할 율법의 낭독이 도리어 슬픔을 안겨주게 된 것이다. 아마도 율법 앞에 선 자신들의 모습이 너무도 비참하고 초라해 보여서 였을 것이다. 그 결과 기쁨의 축제가 되어야 할 날이 슬픔과 애곡의 날로 변질될 우려가 있었다. 그 때문에 느헤미야와 에스라는 레위 사람들과 함께 이스라엘 백성에게 슬퍼하지도 말고 울지도 말 것을 요청했다. 축제의 의미가 퇴색되지 않게 하기 위해서였다. 특히 그 날은 야훼께 거룩한 날이었기 때문이다(8:9).

그렇다고 해서 이스라엘 회중이 절기를 지키는 중에 율법의 말씀을 듣고서 눈물을 흘린 것이 잘못된 것이라는 얘기는 결코 아니다. 남왕국 유다의 요시야 왕도 율법 책에 기록된 내용을 들었을 때 옷을 찢으면서 참회한 적이 있기 때문이다(왕하 22:11, 19; 대하 34:19, 27). 하나님 앞에서, 특히 율법을 듣고서 자신의 죄악된 모습에 충격을 받아 참회하며 운다는 것은 정말 필요한 일이다. 느헤미야와 에스라가 이스라엘 백성을 달래면서 평정을 되찾게 한 것은 어디까지나 축제 행사의 본질이 흐려질 것을 염려해서 그런 것이었지, 축제의 날에 우는 것이 하나님 보시기에 악한 행동이어서 그런 것은 아니었다. 슬픔의 감정이 지나치게 되면 기쁨과 즐거움으로 지켜야 할 축제의 날이 본래의 의미를 잃게 될 수도 있기 때문이다.

특히 총독 느헤미야는 사람들에게 축제의 본래 의미가 살아나게끔 즐거움과 기쁨의 잔치를 가질 것을 권고한다. 그들에게 집으로 돌아가서 살진 것을 먹고 단 것을 마시면서 기뻐하고 즐거워할 것을 요청한 것이다. 이것은 죄에 대한 슬픔조차도 하나님 앞에서 마땅히 누려야 할 기쁨을 방해해서는 안 된다는 것을 의미한다. 야훼를 인하여 기뻐하는 것이야말로 그들에게 힘이 되기 때문이다. 더 정확하게는 그의 구원 은총에 대하여 감사하며 기뻐하는 것이야말로 낙심과 좌절에 빠진 그들에게 새로운 용기와 힘을 줄 수 있다는 것이다. 그런가 하면 느헤미야는 생활이 넉넉하지 못하여 축제 행사를 위해 아무 것도 준비하지 못한 사람들에게는 너그러운 마음으로 그들에게 필요한 것을 나누어주라고 명한다(8:10). 가난한 자들 역시 축제에 참여할 권리를 가지고 있기 때문이다(참조. 신 16:14).

레위 사람들 역시 느헤미야와 에스라의 권고를 그대로 되풀이함으로써 그날이 슬퍼하고 근심할 날이 아니라 기뻐하고 즐거워해야 할 날임을 재삼 강조한다(8:11). 그들의 이러한 요청은 각종 제사나 절기를 주관해야 할 대제사장에게 함부로 울거나 옷을 찢지 말 것을 명하는 토라의 가르침과 무관하지 않을 것이다(참조. 레 10:6). 아마도 느헤미야와 에스라 및 레위 사람들은 감정을 억제하지 못하는 회중의 지나친 슬픔의 행동이 대제사장의 경우에서 보듯이 하나님 앞에서 불경건한 것으로 비칠 수도 있음을 염려했을 것이다.

그들의 이러한 염려를 알아챈 이스라엘 회중은 그들이 요청한 바를 그대로 받아들인다. 마침내 온 회중이 제각기 자기 집으로 가서 즐거운 잔치의 시간을 갖게 된 것이다. 그들은 집으로 돌아가서 먹고 마시면서 기쁨의 잔치를 벌였으며, 가난한 자들에게 아낌없이 나누어주면서 하나님을 인하여 기뻐하였다(8:12). 그들의 이러한 행동은 하나님께로부터 받은 것들에 대한 감사의 잔치에 해당하는 것이라 할 수 있다. 그 까닭에 가난한 자들에게 일부를 나누어주는 일이 가능하게 된 것이다.

이러한 기쁨과 즐거움의 잔치는 7월 15일부터 22일까지 지키도록 되어 있던 초막절 축제(레 23:33-36)로 이어진다. 초막절 축제는 이튿날 율법의 말씀을 밝히 알고 싶어서 에스라를 찾은 족장들과 제사장들과 레위 사람들이 일곱째 달에 초막절을 지켜야 한다는 율법의 기록을 확인함으로써 구체화된다. 초막절 규례를 확인한 그들은 율법이 명한 여러 종류의 나뭇가지들을 가져다가 초막을 만든 다음에 그 안에 거함으로써 초막절 축제를 지킨다. 그들이 이처럼 초막절 축제를 지킨 것은 여호수아 이후로 그 때까지 제대로 행한 적이 없는 것이었다.

이에 그들은 크게 기뻐하였고, 율법에 기록되어 있는 대로 7일 동안의 초막절 축제와 마지막 여덟째 날의 성회를 충실하게 지켰으며, 에스라는 축제가 끝날 때까지 날마다 하나님의 율법 책을 낭독하였다(8:13-18). 이처럼 초막절 축제를 성대하게 마친 그들은 7월 24일에 대대적인 금식과 회개 운동을 전개했다. 이방 사람들과의 절교(참조. 10:28-30; 13:1-3, 23-27), 자기들의 죄와 조상들의 허물 자복(9:5-38), 율법 책의 낭독과 죄의 자복 및 하나님 경배 등이 그렇다(9:1-4).

5. 느헤미야에게서 배우는 오늘의 목회

한 민족의 안녕과 번영은 물질적인 것과 영적인 것의 조화에 달려 있다. 물질적인 번영이 이루어진다고 해서 모든 문제가 자동적으로 해결되는 것은 결코 아니다. 정신적인 번영 내지는 영적이고 신앙적인 부흥이 수반되지 않으면 아무런 소용이 없다. 총독 느헤미야가 성벽 재건을 통하여 유다 공동체의 물질적인 안정에 관심을 기울였다면, 느헤미야와 유다 백성의 요청을 받은 제사장 에스라는 신앙적인 개혁을 통하여 유다 공동체의 영적인 회복을 추구했다. 느헤미야가 예루살렘 성벽의 완공이라는 위업을 달성했다 할지라도, 영성회복을 위한 에스라의 협력이 없었다면, 유다 공동체의 정체성 회복이나 민족번영의 목표는 기대하기 어려웠을 것이다. 이 때문에 느헤미야와 유다 백성은 에스라에게 율법 책을 읽으면서 알기 쉽게 설명해줄 것을 요청한 것이고, 에스라 역시 그 요청에 기꺼이 응답한 것이다.

총독 느헤미야의 독려에 힘입어 예루살렘 성벽 건축과 성읍 재건에 온갖 힘을 쏟아 부었던 유다 공동체는 자신들에게 가장 절실하게 요청되는 것이 영적인 부흥이라는 것을 절감하고 있었다. 그 까닭에 그들은 성벽 건축과 성읍재건이라는 외적인 활동을 통해서 무너져 내린 공동체를 다시 세우는 한편으로, 물리적인 노동에 지친 심신을 재충전하기 위해 그들 스스로 하나님의 말씀을 듣고자 했고, 여섯 시간이나 되는 오랜 시간을 전혀 지루해하지 않고서 열린 마음으로 말씀에 귀를 기울였다.

총독 느헤미야와 제사장 에스라 역시 당시의 유다 공동체에게 가장 시급하게 요청되는 것이 무엇인지를 잘 알고 있었다. 그들은 공동체 회복의 기초를 이루는 성벽 건축과 성읍 재건에 지치고 피곤한 유다 공동체의 신앙을 회복시키는 일이 당시의 시점에서 대단히 중요한 일이라는 것을 알고 있었던 것이다. 성벽 건축과 성읍 재건이라는 외적인 일에 분주한 나머지 조용히 하나님과 그의 말씀 앞에서 자신을 돌아볼 시간이 없었기에 더욱 그러했을 것이다. 7월에 열린 에스라의 집회는 이처럼 유다 공동체와 그들의 지도자들 사이에 공감대가 형성되었기에 가능한 것이었다. 우리가 매주 정해진 시간에 하나님 앞에서 예배를 드리는 것도 같은 이치에 속한다. 누구든지 조용히 하나님 앞에서 자신을 돌아보는 시간을 가져야 한다. 꼭 예배 시간이 아니더라도 세상살이에 지친 몸과 마음을 쉬게 하는 시간이 필요하다. 경건 생활이 이에 해당한다.

오늘의 목회는 성도들로 하여금 이러한 예배와 경건 생활에 힘쓰도록 함으로써 건강한 신앙 공동체를 세우는 일에 최선을 다해야 할 것이다. 이에 더하여 오늘의 목회는 총독 느헤미야의 청백리 정신을 본받아 교회 안팎의 약자들을 보살피고 섬기는 일에도 빈틈이 없어야 한다. 성도들로 하여금 교회 공동체 안에 있는 약자들을 잘 섬기게 함으로써 오늘의 교회가 사도행전의 초대교회 공동체(행 2:43-47; 4:32-35)와 마찬가지로 나눔과 섬김, 그리고 사랑이 넘치는 공동체가 되도록 하는 데 많은 노력을 기울여야 할 것이다. 그러기 위해서는 목회자들이 느헤미야 이전 시대의 총독들처럼 섬김을 받으려고 하거나 자신의 권세를 이용하여 이득을 취하려는 태도를 배격하고, 도리어 섬기는 종으로, 그리고 선한 목자로 오신 예수님의 공생애 사역을 본받아 모든 사람을 주님의 마음으로 섬기고자 하는 목회 인격을 새롭게 가다듬어야 할 것이다.

제 4 장

느헤미야와 교회개혁

오택현 교수(영남신학대학교)

1. 들어가는 말

성경의 인물들은 거의 대부분 그들이 살던 시대 정황에 적절히 대응하며 삶의 배경을 그의 말씀 안에 반영하고 있는데 느헤미야의 경우도 예외가 아니다. 유다의 역사에서 민족의 생존이 문제 될 만큼 큰 가장 큰 시련의 시기는 바벨론 포로기(587-539 B.C.)라 할 수 있을 것이다. 유다왕국의 멸망과 성전의 파괴, 그리고 많은 유대인들이 사로잡혀간 바벨론 포로기는 유다의 역사에서 비극적 기간이었으며 심각한 역사의 위기였다. 하지만 포로에서 돌아온 이후 페르시아 시대(539-333 B.C.)가 진행되면서 그들은 정치적 공동체 회복의 지연과 종교공동체의 와해 위기라는 또 다른 문제에 직면하게 되었다. 하지만 이러한 페르시아 시대의 위기를 오히려 기회로 받아들이며 적극적으로 신학대응을 하여 새로운 돌파구를 마련하려 한 사람이 있는데 그가 바로 느헤미야이다. 이 연구에서는 이러한 느헤미야 시대의 정황과 느헤미야의 개혁과정을 살펴보고 이를 통하여 한국 교회개혁의 바람직한 방향을 모색하는데 연구의 목적을 둔다. 이를 위해 먼저 페르시아 시대 유다 공동체의 정황에 대해 살펴보면 아래와 같다.

2. 페르시아 시대 유다 공동체의 정황

1) 종교공동체로서 유다를 중시

느헤미야가 활동했던 시대는 페르시아의 왕 아닥사스다 1세 롱기마누스 (465-424 B.C.) 20년 당시로 바벨론에 의해 유다가 멸망한지 140여년이 지난 상황이었고 처음과는 매우 다른 상황이 펼쳐지고 있던 시대였다. 처음 유다가 바벨론에게 멸망당한 주전 587년의 상황에서는 당시 세계사의 최강대국인 느브갓네살이 통치하는 바벨론 제국의 기세가 영원히 지속될 것 같아 보였다. 하지만 주전 562년 느브갓네살이 죽은 후 바벨론의 기세는 급속히 쇠락하기 시작하여 몰락의 길을 걷게 된다.[1] 마침내 바벨론은 신흥 강대국인 페르시아의 고레스 왕(559-530 B.C.)에 의해 주전 539년 멸망하여 역사에서 사라지게 되었고 고레스는 계속 정복 전쟁을 수행하여 그 영토를 서부 아시아에서 이집트까지 넓히며 페르시아 최고의 전성기를 구가하게 된다.[2] 고레스는 바벨론과 같이 점령지 사람들은 포로로 잡아와 자신의 주변에 두는 정책 대신 포용정책을 펴 점령국 사람들이 페르시아에 대항하지 않는다면 그들을 자신의 나라로 돌아가게 하는 정책을 폈었다. 그래서 그의 통치 1년에(538 B.C.) 바벨론에서 포고령으로 팔레스틴에서의 유대인 공동체와 제의 복구를 명령함을 통해 마침내 유대인들의 50여년에 걸친 바벨론 포로 생활이 끝나게 된다.[3]

---

1) 느브갓네살(605-562 B.C.) 이후 바벨론에는 아멜마르둑(561-560 B.C.), 네르글리사르 ((559-556 B.C.), 라바시마르둑(556 B.C.) 등의 단명한 왕과 하란 출신 군인 나보니두스 (556-539 B.C.)가 왕위에 올랐으나 오히려 국론을 분열시켜 멸망의 과정이 더욱 가속화 되었다. 이에 대해서는 오택현, "제2이사야와 신명기 역사에 반영된 바벨론 제국의 상황," 「신학논단」 26 (1999), 401-419를 참조하라.
2) J. Bright, *A History of Israel* (Philadelphia: Fortress Press, 1981), 361.

하지만 포로기라는 위기의 역사를 간신히 넘은 유다백성들에게 페르시아 시대는 또 다른 위기의 상황으로 다가오고 있었다. 비록 예루살렘으로 귀환하기는 했지만 그들이 바라던 정치적 공동체의 회복은 강대국 페르시아 밑에서 요원해 보였고 또다시 희망을 잃고 좌절하는 백성들에게 예루살렘으로 돌아온 귀향민들은 신학적인 대응을 할 수밖에 없었다. 고국으로 돌아온 유다 공동체에게 가장 시급한 문제는 나라가 멸망하고 폐허만 남아 절망하고 있는 귀환민들에게 희망을 불어넣어 주는 일이었고, 강대국 페르시아에 동화하려는 사람들에게 유다 백성으로서의 정체성을 유지하게 하는 일이었다.[4] 당시 귀환 공동체들의 가장 커다란 문제는 왕국이 멸망한 상태가 오랫동안 지속되면 지속될수록 점점 약해지는 그들의 정체성(identity) 문제였으며 정치적 공동체가 와해된 상황 속에서 희망마저 상실해 버린 그들을 묶어줄 구심점이 없는 문제도 귀환 공동체의 존속을 위협할 만한 중요한 문제였다. 그래서 페르시아 시대의 공동체들은 정치적 공동체 회복의 희망을 포기하고 종교적인 공동체로서 유다가 살아남기를 갈망하였고 그러한 종교공동체 구심점으로서의 성전을 강조하고 있음을 살펴볼 수 있다. 그러나 귀환한 공동체 안에 있었던 페르시아 세력을 등에 업고 모든 제사권을 장악한 사람들은 종교공동체를 회복하라는 하나님의 뜻과는 거리가 먼 행동을 하며 예언자와 그의 신실한 공동체를 괴롭히고 있었는데[5] 이러한 당시의 정황은 이사야 56-66장에 잘 나타나 있다.

이사야 56-66장에 의하면 대적자들은 정해진 금식의 날에도 돈벌이에 눈을 밝히며 일꾼들에게 일을 마구 시켰으며(사 58:3), 거룩한 척하면서도 동산에서 이방 신에게 제사하며 벽돌 제단 위에서 분향하고 가장 금기시하는 음식인 돼지고기를 서슴지 않고 먹고 부정한 음식을 그릇에 담는 혼합종교에 물들어 있으면서도 신실한 자들에게 "너는 네 자리에 서 있고 내게 가까이하지 말

---

3) 오택현 외, 『성서시대의 역사와 신학』 (서울: 크리스천헤럴드, 2000), 84-85. 참조.
4) J. M. Miller & J. H. Hayes, *A History of Ancient Israel and Judah* (Westminster: John Knox Press, 1986), 447-448. 참조.
5) 오택현, 김호경, 『성서묵시문학연구』 (서울: 크리스천헤럴드, 1999), 66.

라 나는 너보다 거룩하다(사 65:3-5)"하며 온갖 거만을 떠는 사람들이었다. 또한 그들은 올바른 사람이 그들로 인해 망해도 아랑곳하지 않고 경건한 사람이 사라져도 눈 하나 깜박거리지 않는 사람들이었다(사 57:1). 이들의 횡포로 말미암아 예언자와 그를 따르는 공동체는 귀환 초기에 간직했던 아름다운 회복의 희망을 훼손당하고 희망이 절망으로 변해가고 있었다. 설상가상으로 당시 예언자와 그의 공동체는 다음과 같은 선택을 강요받게 되었다. 즉, 그 선택은 절대 권력을 잡고 혼합종교를 일삼고 있는 교권주의자들에게 아무 조건 없이 투항하여 그들이 주는 사회의 여러 혜택을 누리며 살든지 아니면 여호와 하나님을 향한 신앙을 지키다 권력을 잡고 있는 대적자들에게 소외당하고 고난당하는 삶을 선택하든지 해야 하는 양자택일의 문제였다. 이미 당시 많은 사람들은 여호와와 더불어 다른 신을 동시에 섬기는 혼합종교를 당연한 시대 상황으로 받아들이고 있었기 때문에 예언자와 그의 공동체 안에서도 힘 있는 대적자 편으로 몸을 돌리는 사람들의 수가 늘어났고 모든 일이 원하지 않는 방향으로 진행되는 상황에서 예언자는 누구보다도 절망할 수밖에 없었다.[6]

이러한 상황에서 종교공동체의 구심점으로서 성전 건축은 매우 중요한 일이었다. 페르시아 시대에 활동했던 학개 선지자에 의하면 성전 건축은 단순한 예배 처소의 건축이 아니라 하나님의 백성으로서 유다의 재탄생을 의미하고 있는 것이며, 무너져가는 그들의 사회와 종교회복의 의미가 있기 때문에 그들은 성전 건축을 크게 강조하였고 제2성전 건축을 통해 하나님과의 관계 재정립하고 종교회복을 이루려는데 최선을 다하였다.[7] 그래서 제2성전을 완공한 (515 B.C.) 페르시아 시대 유다 공동체들은 불가능한 정치적 공동체 회복을 포기하고 성전을 중심으로 하는 종교공동체로서 그들의 정체성을 유지하려 하

---

6) 이러한 제3이사야 공동체와 제사장 공동체의 갈등에 대해 핸슨(P. D. Hanson)은 제3이사야 공동체를 아나돗 출신 아비아달 계열 제사장 가문과 동일시하고 제사권을 잡은 제사장 공동체를 사독 가문과 동일시하고 있다. P. D. Hanson, *The Dawn of Apocalyptic* (Philadelphia: Fortress Press, 1979). 하지만 핸슨의 의견에 대한 많은 비판의견도 아울러 존재하고 있다. B. Schramm, *The Opponent of Third Isaiah* (Sheffield: JSOT Press, 1997); P. R. Davies, "The Social World of Apocalyptic Writings," in *The World of Ancient Israel* (Cambridge: Cambridge University Press, 1989), 251-271.
7) 오택현, 『새롭게 읽는 구약성서』 (서울: 크리스천헤럴드, 2006), 133.

였고 '이스라엘'이라는 개념이 정치적 의미보다는 종교적 의미로 그 개념 자체가 바뀌게 되었다. 또한 종교공동체를 유지하기 위해 고군분투하는 예언 자들의 모습도 발견할 수 있다. 페르시아 시대에 활동한 말라기 선지자의 가 장 큰 고민이자 선포의 핵심도 종교공동체의 유지였다. 말라기 선지자가 바라 본 유다 공동체는 제사장에서 일반 백성들에 이르기까지 종교공동체의 유지 와는 상관없는 종교적 타락의 모습을 보이고 있었는데 이는 매우 심각한 문제 라 할 수 있었다. 왜냐하면 만일 국가라는 보호막이 없는 상황에서 종교공동 체마저 무너진다면 하나님의 백성인 유다 공동체는 이전 앗시리아의 민족 혼 합정책으로 인해 역사의 뒤편으로 사라진 북쪽 이스라엘의 전철을 밟아 그들 도 마찬가지로 역사에서 사라질 수밖에 없는 운명이기 때문이었다. 말라기 선 지자는 이러한 위기의 상황에 대한 대응으로 눈먼 것, 저는 것을 예물로 바치 는 제사장들의 죄를 책망하며 종교공동체 회복을 외쳤고, 일반 백성들을 향해 선 십일조 문제를 거론하며 온전한 종교공동체의 회복을 강조했던 것이다.[8]

2) 순수한 혈통에 대한 강조

종교공동체를 유지하기 위해선 그들에게 한 가지 전제조건이 반드시 충족 되어야 할 것이다. 다시 말해 아무리 지도층에서 종교적 공동체를 강조한다 할지라도 일반백성들이 그 말을 수긍하고 따르기 위해선 그들이 반드시 순수 한 혈통을 유지하고 있어야 한다는 조건이다. 왜냐하면 혼혈이 되었을 경우 그들이 나라 잃은 백성으로서의 정체성을 생각하기보다는, 지배 민족의 사회 로 어떻게든 귀화하려고 노력하기 때문에 더 이상 유다 백성의 존속은 불가능 해지기 때문이다. 역대기 역사는 이러한 위기의 상황에 대한 대응으로 유다 백성들에게 그들이 살아남기 위해 해야 할 최우선의 선택으로 혼혈결혼을 금 지하고 있다. 즉, 역사가들은 페르시아 시대를 힘겹게 살아가고 있는 후손들

---

8) 오택현, 『새롭게 읽는 구약성서』, 22.

에게 온갖 어려움 속에서도 순수한 혈통을 지켜온 조상들의 자랑스러운 족보를 제시하고 있는 것이다. 다시 말해 유다 백성들의 오늘이 있기까지 혈통을 유지하기 위해 애쓴 조상들의 노력이 있음을 강조하며 현재 백성들에게 조상들과 같이 순수한 혈통을 유지하며 살 것을 강조하고 있는 것이다. 그렇기 때문에 페르시아 시대의 역사를 기록하고 있는 역대기 역사에서는 역대상, 하뿐 아니라 에스라 느헤미야서에 이르기까지 한결같이 족보에 대한 강조가 많이 나타나고 있다.[9] 이러한 족보는 무의미한 이름의 나열이나 단순히 유다 백성들의 조상의 계보를 보여주는 것이 아니라, 이제까지 순수한 혈통을 간직하기 위해 살아온 조상들의 저항의 흔적을 보여주고 있는 것이다.[10] 이를 통해 현재의 백성들도 강대국에 굴복하여 하나님의 백성으로서의 정체성을 버리지 말고 끝까지 저항할 것을 독려하는 의미에서 많은 족보를 기록하고 있는 것이다. 또한 페르시아 시대 당시 활동했던 말라기 선지자도 순수한 혈통을 유지할 것을 누구보다 강조하고 있다. 말라기 선지자는 시간이 지날수록 거세게 나타나고 있는 혼혈결혼의 문제와 이혼문제(말 2:10-16)를 비판하면서 순수한 혈연 공동체를 이루지 못한다면 유다는 반드시 역사 속으로 사라질 수밖에 없음을 강하게 경고하고 있었다.[11] 페르시아 시대 당시 활동했던 학사겸 제사장인 에스라도 순수한 혈통을 유지하기 위해 누구보다 앞장서 활동하였음을 볼 수 있다. 그는 유대공동체를 향하여 그가 귀환한 후(458 B.C.) 처음으로 "하나님의 율법"을 예루살렘 수문 앞 광장에서 선포함을 통하여 백성들에게 세상의 법이 아닌 하나님의 법을 중심에 둔 '종교공동체' 회복을 선언하였다. 또한 그가 관심을 기울였던 것은 백성들의 '혼혈결혼' 문제였다. 에스라는 백성의 지도자들이 이민족의 딸들을 아내와 며느리로 삼아 혼혈을 만드는 데 앞장서고 있다는 충격적인 보고를 받고 한동안 넋이 빠져 앉아 있었다. 위기의 상황에

9) S. Japhet, *I & II Chronicles* (Louisville: John Knox Press, 1993). 23-31. 참조.
10) R. Albertz, *A History of Israelite Religion in the Old Testament Period, Vol. II: From the Exile to the Maccabees* (Louisville: John Knox Press, 1992), 450-454. 참조.
11) L. L. Grabbe, *Judaism from Cyrus to Hadrian, Vol. I.: The Persian and Greek Periods* (Philadelphia: Fortress Press, 1992), 45. 참조.

직면한 에스라는 우선 자신이 먼저 하나님을 향하여 회개의 기도를 드리고 백성들의 지도자들에게 혼혈결혼을 다시 하지 않을 것이라는 재발 방지 서약을 하게 한다(스 9:1-15). 그 뒤 이미 결혼한 사람들에게 이방인 아내를 내쫓을 것을 아울러 서약하게 하고 그들로 하여금 하나님을 향하여 속죄제를 드리게 함으로써 순수한 혈통을 유지하기 위해 최선의 노력을 기울였던 것을 볼 수 있다.

이사야 56-66장을 기록한 선지자, 말라기, 에스라 등과 함께 페르시아 시대에 활동했던 인물인 느헤미야는 위와 같은 페르시아 시대의 문제에 대한 대응으로 나타난 유다 공동체의 신앙을 이어받아 정치적, 종교적으로 문제가 나타난 유다의 사회를 개혁하기 위해 앞장섰는데 이에 대해 살펴보면 아래와 같다.

3. 느헤미야의 개혁

1) 느헤미야 개혁의 배경

느헤미야는 아닥사스다왕 당시 왕의 술맡은 관원이라는 비교적 높은 지위에 있었던 사람이다. 여기에 등장하는 아닥사스다왕은 페르시아 제국의 다섯 번째 왕으로 아닥사스다 1세 롱기마누스로 불리며 주전 465년부터 424년까지 왕위에 있으면서 에스라의 귀환과 느헤미야의 귀환을 도왔던 왕으로 우리들에게 비교적 친숙한 이름의 왕이다. 그는 아하수에로로 성경에 기록된 크세르크세스 왕의 막내아들로 많은 반란과 전쟁을 진압하고 페르시아를 더욱 강력하게 만들고 평화를 이룬 왕으로 평가받고 있다.[12] 느헤미야서는 느헤미야가 처음 개혁을 준비하게 된 당시의 정황을 다음과 같이 보도하고 있다.

---

12) J. M. Miller & J. H. Hayes, *A History of Ancient Israel and Judah*, 452.

하가랴의 아들 느헤미야의 말이라 아닥사스다 왕 제이십년 기슬르월에 내가 수산 궁에 있는데 내 형제들 가운데 하나인 하나니가 두어 사람과 함께 유다에서 내게 이르렀기로 내가 그 사로잡힘을 면하고 남아 있는 유다와 예루살렘 사람들의 형편을 물은즉 그들이 내게 이르되 사로잡힘을 면하고 남아 있는 자들이 그 지방 거기에서 큰 환난을 당하고 능욕을 받으며 예루살렘 성은 허물어지고 성문들은 불탔다 하는지라. (느헤미야 1장 1-3절)

느헤미야는 페르시아의 수산궁에서 고국으로부터 온 사람들에게 예루살렘성이 훼파되고 성문은 불에 타버렸으며 많은 동족들이 큰 환란을 당하였다는 소식을 접하게 된다. 그 소식을 들은 느헤미야는 거대한 제국 중심부에서의 핵심 관직을 버리고 유다지역 총독이 될 것을 자청하여 아닥사스다왕 20년에 유다로 돌아와 성벽 재건사업을 벌이게 된다.[13] 느헤미야가 이러한 결정을 하게 되었던 이유는 그가 페르시아에 거주하고 있는 유대인 중 가장 높은 관직에 있던 사람 중 하나이기 때문에 동족의 고난에 대해 무거운 책임감을 느끼고 어려운 일을 자원하게 된 것이라 할 수 있다. 또한 느헤미야가 고국으로 돌아가기를 자원했던 또 다른 이유는 유다에서 페르시아 시대가 지속되면서 사회가 심각한 이분화가 진행되고 있음을 보고받고 이를 해결하기 위함이었다. 느헤미야가 예루살렘으로 돌아오기 전, 2-3세대의 기간 동안 유다에서의 사회적 이분화는 매우 심각했다. 귀족들과 고위 관리들 그리고 사제 집안들은 비교적 넉넉하게 살았으나 가뭄과 흉년, 세금 납부가 농부들과 소지주들을 강타하여 속박과 노예화가 일상적인 현상이 되었다. 그들의 상태는 느헤미야를 향한 부르짖음에서 알 수 있다.[14] "어떤 사람은 말하기를 우리가 밭과 포도원과 집이라도 저당 잡히고 이 흉년에 곡식을 얻자 하고 어떤 사람은 말하기를 우리는 밭과 포도원으로 돈을 빚내서 왕에게 세금을 바쳤도다. 우리 육체도 우리 형제의 육체와 같고 우리 자녀도 그들의 자녀와 같거늘 이제 우리

---

13) M. Noth, 『이스라엘 역사』 (서울: 크리스천 다이제스트, 1997), 406.
14) 김영진, 『이스라엘 역사』 (서울: 이레서원, 2006), 413.

자녀를 종으로 파는도다 우리 딸 중에 벌써 종된 자가 있고 우리의 밭과 포도원이 이미 남의 것이 되었으나 우리에게는 아무런 힘이 없도다 하더라(느 5:3-5)." 느헤미야는 급진적인 개혁을 통해 이러한 사회적 부조리를 해결하려 하였다.

그런데 여기서 한 가지 생각해 볼 문제가 있다. 어떻게 보면 동족들을 위해 자신의 안위를 버리고 최선을 다한 느헤미야의 행적은 칭송받아 마땅해 보인다. 그러나 느헤미야가 페르시아의 총독으로 부임하였다는 사실을 다시 한 번 생각해 보아야 할 것이다. 만일 우리나라 사람 중 한 명이 일본 강점기 시대에 일본 총독으로 조선에 부임하였더라면, 설령 그가 우리 백성들을 위해 정치를 잘했다 할지라도 그 사람에 대한 평가가 어떻게 내려질까 하는 것이다. 아마도 그가 아무리 정치를 잘했더라도 그를 따라다닐 평가는 '일본 사람 앞잡이'일 것이다. 그런데 성경은 페르시아에게 협조하여 그곳에서 관직에 있었고 페르시아의 총독으로 유다에 부임한 느헤미야에 대해 그의 개혁의 성과를 인정하며 호평하고 있다. 이 점은 우리의 입장에선 납득하기 힘든 점일 수도 있을 것이다. 그래서 혹자들은 유다의 역사가 과정은 결과가 좋으면 인정하는, 결과를 중시하는 역사라 단정하기도 한다. 그러나 유다의 역사를 '결과를 중시하는 역사'라 보는 관점은 유다의 역사에 대해 피상적인 관찰이 불러온 오해이며 이 문제 역시 페르시아 시대의 배경을 살펴본다면 보다 쉽게 이해할 수 있을 것이다. 앞에서 언급하였듯이 느헤미야가 유다 땅으로 귀환한 때는 대략 주전 445년경으로 유다가 멸망한 지 140년이 지난 페르시아 시대이다. 이 당시 유다 백성들은 100년이 넘은 식민지 생활과 최강대국 바벨론과 페르시아로 이어지는 통치를 받으며 정치적 공동체로 회복하는 꿈을 버리고 종교적 공동체로서 정체성을 유지하려는, 생존을 위한 마지막 시도를 하던 시기였다. 그렇기 때문에 그들에게 있어 중요한 역사 평가의 기준은 그가 종교적으로 하나님을 경외하는 삶을 사는지의 문제였지 정치적으로 누구에게 협조하고 있는지는 관심 밖의 문제였다. 그래서 역사가는 하나님을 경외하는 페르시아 총독 느헤미야를 평가할 때 페르시아에 협조하는 문제는 별문제가 되지 않았고 하나님을 경외하며 어려운 일을 수행하였던 느헤미야를 크게 칭찬하고 있는 것이다. 우리나라의 경우에는 정치적 공동체의 희망을 아직 버리지 않았던 시기에 독립이 되었기 때문에 만일 '일본 총독 조선인 아무개'하면 아주 어색하게 들리겠지만 '페르시아 총독 느헤미야'라는 말은 유대인에게 있어서 아주 자연스럽게 들리는 말이다[15]

이러한 배경을 가진 느헤미야는 페르시아 시대의 상황 속에서 역대기 역사가와 당대 예언자들이 느꼈던 생각인 종교공동체 회복과 순수한 혈통 유지를 개혁의 근간으로 삼고 철저한 개혁을 수행하게 된다.

2) 느헤미야의 개혁(1): 종교공동체의 회복

느헤미야가 추진했던 개혁은 모두 두 단계로 나타나는데 먼저 첫 번째 단계는 외형적 종교공동체의 회복에 역점을 둔 개혁으로 그가 가장 심혈을 기울였던 사업은 예루살렘 성벽의 재건이다. 하나의 도성이 그 기능을 정상적으로 수행하기 위해선 외적으로부터의 침입을 막기 위한 성벽의 존재가 무엇보다 중요하다. 하지만 예루살렘 성의 성벽은 바벨론에 의해 성이 파괴된 이후 다시 중건되지 않은 채로 남아 있었기 때문에 도성으로서의 가장 중요한 기능을 상실한 채 사실상 방치되어 있었다고 할 수 있다. 느헤미야가 형제 중 한 사람인 하나니로부터 예루살렘의 소식을 들을 때 성이 무너지고 성문은 불타버려 많은 백성들이 환란과 능욕을 당하고 있음을 듣고(느 1:2-3) 종교공동체로서 유다를 회복하기 위해 자신이 해야 할 첫 번째 사명이 예루살렘 성벽을 재건하는 일이라 다짐하게 된다. 유다사람들이 외적들의 침입을 걱정하지 않고 마음 놓고 예배를 드리기 위해서는 공동체들을 보호해줄 성벽의 존재가 절박하게 필요했었기 때문에 느헤미야는 아닥사스다 왕의 허락을 받아 유다의 총독으로 부임하여 이 일을 수행하게 된다. 비록 느헤미야의 일을 집요하게 방해

---

15) 오택현, 『새롭게 읽는 구약성서』, 156-157.

하는 세력들이 있었지만 느헤미야의 개혁 사업은 많은 백성들의 호응을 얻어 사업을 시작한지 52일 후에 마침내 성벽이 완성하게 된다(느 6:15).[16] 이 당시는 엘룰월 25일인데 엘룰월은 유대력의 여섯째 달로써 양력 8-9월에 해당된다. 그러므로 공사는 1년중 가장 무더운 시기에 강행되었다고 볼 수 있다.[17] 이렇게 성벽 공사를 마무리한 느헤미야는 이제 종교공동체를 공고히 하기 위해서 더욱 구체적인 개혁에 들어가게 된다.

성벽 공사를 완성한 느헤미야는 종교공동체로 유다를 더욱 굳건히 하기 위해 하나님의 율법 말씀을 통해 공동체의 기초를 단단히 다지려 하였다. 이전 역사에서 위대한 개혁자인 요시야 왕도 그의 개혁의 시작을 율법책의 발견에서 시작하고 있음을 느헤미야도 잘 알고 있었던 것이다. 경건한 왕이었던 요시야는 율법책이 발견되었을 때의 태도도 다른 왕과는 사뭇 다른 모습을 보여주고 있다. 즉 그의 아들인 여호야김이 두루마리에 기록된 여호와의 말씀을 듣고 칼로 베어 화롯불에 던져 태워 버린 것과는 대조적으로(렘 36:23) 요시야는 율법책의 내용을 들은 다음 참회의 표시로 옷을 찢으며 율법책의 중요성을 직접 확인하고 있다.[18] 율법책을 발견했을 때 옷을 찢음으로 개인적인 참회를 한 요시야왕은 이제 언약 갱신을 통해 모든 백성들과 함께 참회를 하려 한다. 언약 갱신 예식은 우선 모든 장로, 제사장, 선지자와 거민들을 예루살렘에 모으고 언약책을 공중 앞에서 선포하는 예식을 통해 시작한다. 여기서 특이한 사항은 성전에서 발견한 율법책이 이제는 언약책으로 불리고 있다는 것이다. 이제 요시야는 언약책을 통해 모세가 명한 언약 갱신제를 실시하게 된 것이다.[19] 느헤미야도 이러한 방법으로 백성들과 하나님의 언약 갱신을 시도하고 있다.

율법에 대한 강조는 바벨론 포로기부터 있어 왔다. 당시 포로로 끌려간 제

---

16) 요세푸스의 유대 고대사에 의하면 느헤미야의 성벽 재건사업은 2년 4개월이 걸렸다고 보도하고 있기도 하다. 이는 아마도 정확하지 않은 자료를 인용한 결과라 보고 있다. F. Josephus, 『요세푸스 4』 (서울: 성서연구원, 2000), 560.
17) 장춘식, 『에스라, 느헤미야』 (서울: 대한기독교서회, 2007), 300.
18) 장일선, 『다윗왕가의 역사이야기』 (서울: 대한기독교서회, 1997), 854.
19) 장일선, 『다윗왕가의 역사이야기』, 856.

사장들은 성전이 없는 포로 상황에서 유다가 하나님의 백성임을 나타내는 표시로 율법을 중심으로 신앙 개혁을 단행하려 하였다. 여기서 느헤미야서의 전반부에서 등장하지 않았던 에스라가 등장하여 율법 중심 개혁의 전면에 나타나고 있다. 에스라가 느헤미야의 성벽 건설 초반에 등장하지 않은 이유는 아마도 당시 예루살렘에 그가 없었기 때문으로 추정한다. 그는 에스라 9-10장에 나오는 개혁을 마무리한 후 주전 458-444년경까지는 바벨론에 머물러 있다가 성벽이 완공된 시기에 포로 귀환 공동체와 합류하여 느헤미야와 함께 유다의 언약 갱신과 개혁을 이끌었던 것으로 추정할 수 있다.[20] 그들은 칠월 초하루에 이 역사를 시작한다. 여기서 칠월 초하루는 유대력으로 티쉬리월의 제1일을 말하는데 이날을 기념하기 위하여 나팔을 불어 모두에게 알렸기 때문에 통상적으로 '나팔절'이라 부르고 있고 유대인들은 이때를 신년으로 보고 예배를 드리고 있다. 나팔절, 신년제사 때에도 아무 일도 해서는 안 되며 거룩한 성회로 모여 하나님께 새해를 허락하심에 감사드려야 했다. 제물로는 수송아지 하나, 숫양 한 마리, 일 년 된 어린 숫양 일곱 마리 그리고 속죄제로 숫염소 한 마리를 바쳐야 했다.[21] 에스라와 느헤미야는 백성들을 수문 앞 광장에 모으고 새벽부터 정오까지 하나님의 율법을 백성들에게 낭독하게 된다. 율법의 말씀은 포로기 당시 제사장들의 노력에 의해 성문화(成文化)되어 내려오던 말씀인데 학자들은 에스라가 낭독한 말씀을 오경으로 보며 오경이 이 시기에 정경(Canon)이 되었다고 보고 있다. 백성들은 율법을 경건하게 낭독하고 힘을 다하여 해석할 때 이를 예배하는 자세로 받아들이고 눈물을 흘렸다. 이는 요시야가 율법책을 발견하였을 때 백성들의 반응과 같이 회개의 표현이며 애통함과 눈물의 표현이라 할 수 있다.[22] 하나님의 율법은 이제 백성들에게 새롭게 갱신되었으며 이어질 느헤미야의 개혁 작업의 가장 기초 동력이 되어 개혁 작업을 이끌어가게 될 것이다.

---

20) 제자원 편, 『옥스포드 원어 성경대전 39: 느헤미야 8-13』 (서울: 제자원, 2011), 29.
21) 오택현 외, 『민수기: 어떻게 설교할 것인가』 (서울: 두란노출판사, 2008), 385-386.
22) M. A. Thronveit, 『에스라-느헤미야』 (서울: 한국장로교출판사, 2001), 147.

종교공동체를 공고히 하기 위해 느헤미야는 성전이 있는 예루살렘의 도시로서의 기능을 강화하기 위해 인구의 10%를 예루살렘에 머물게 하여 그곳의 인구를 확대시키는 정책을 폈다(느 11:1-2). 이는 지방의 인구를 도시의 요지로 강제로 이주시켰던 후기 그리스와 헬레니즘 시대의 정책과 비슷한 것이었고[23] 예루살렘을 속주의 수도로서의 지위를 부과하기 위함이라 할 수 있고 예루살렘을 중심으로 종교공동체를 굳건하게 만들기 위함이라 볼 수 있다. 여러 어려움이 있었지만 예루살렘 성벽을 하나님께 봉헌한(느 12:27-47) 느헤미야는 이제 성전에 대한 정화를 통해 종교공동체의 회복을 이루려 하고 있다. 신명기 역사에서 중앙 성소로서 중요한 위치에 있었던 예루살렘 성전은 역대기 역사에서는 종교공동체의 구심점으로서 그 위치가 다시금 중요하게 부각되고 있었다. 역대기 역사에 속하는 느헤미야서에서도 종교공동체 회복을 위한 개혁의 시작은 예루살렘 성전의 정화에서 시작되고 있는데 느헤미야는 이 일을 철저히 감당하고 있다. 느헤미야는 그가 예루살렘에 돌아온 지 12년이 되는 해인 아닥사스다왕 32년(433 B.C.)에 페르시아에 돌아갔다(느 13:6) 다시 예루살렘에 복귀하게 된다. 다시금 예루살렘에 돌아온 느헤미야는 자신의 강력한 반대자인 도비야와 충돌하게 된다. 도비야는 암몬에서 가장 영향력 있는 토지를 소유한 사람으로 이 집안은 느헤미야 이후 약 2세기에 걸쳐 예루살렘에서 가장 강력한 집안이었다.[24] 그런 도비야가 레위인도 아니며 유대인도 아니면서 성전 안에 방을 얻어 기거하고 있다는 소식을 느헤미야가 처음 접하게 된다. 도비야에게 이러한 일이 가능할 수 있었던 것은 느헤미야 개혁의 반대편에 서 있으면서 성전 방을 관할하고 있던 제사장 엘리아쉽이 이러한 특혜를 도비야에게 주었기 때문이다(느 13:5). 그 방은 원래 곡식 제물과 유향과 그릇과, 레위 사람들과 노래하는 사람들과 성전 문지기들에게 주려고 십일조로 거두어들인 곡식과 새 포도주와 기름과, 제사장들의 몫으로 바친 제물을 두는 곳이었는데(느 13:5) 느헤미야가 아닥사스다 왕을 보기 위해 예루살렘에서 자

---

23) 김영진, 『이스라엘 역사』, 414.
24) 김영진, 『이스라엘 역사』, 414.

리를 비운 사이에 이러한 일이 일어난 것이다. 느헤미야는 뒤늦게 이 사실을 알게 되었을 때 크게 분노하여 도비야가 쓰는 방의 세간을 다 바깥으로 내던지고(느 13:8) 그 방을 원상 복귀하여 원래의 용도대로 하나님의 성전 그릇들과 곡식제물과 유향을 다시 그리로 들여다 놓으라고 명령한다(느 13:9). 이것은 매우 상징적인 사건으로 대적에 의해 더럽혀진 하나님의 성전을 정화한 사건이라 볼 수 있으며 종교공동체의 구심점인 성전이 이교도에 의해 더럽혀져서는 안 된다는 느헤미야의 원칙을 분명히 보여주고 있는 사건이라 말할 수 있다. 이를 통하여 느헤미야의 개혁은 하나님의 예배의 처소인 성전을 구심점으로 하여 정화된 성전을 통해 거룩하고 철저한 예배를 드리게 하는 것이 그의 개혁의 큰 그림이라고 볼 수 있다.

3) 느헤미야의 개혁(2): 순수한 신앙, 혈통 유지

느헤미야의 개혁은 두 번째 내면적 단계로 순수한 신앙과 혈통의 유지를 위해 힘쓰게 된다. 그래서 그는 먼저 성전의 정화와 더불어 종교공동체의 회복을 위해 안식일에 대한 강조를 강화하였다. 그들은 창조 행위의 일부로서 하나님의 안식의 거룩성을 선포함을 통해 안식일을 지킴으로 거룩한 집에 거하시는 하나님을 거룩한 시간에 만날 수 있게 되리라고 보았다. 또한 이를 통해 유다가 하나님의 백성으로서 자기의 정체성을 유지할 수 있는 방법이 되기도 하였다.[25] 출애굽기에 기록된 십계명의 규례에는 안식일에 대해 다음과 같이 행하라 말하고 있다. "일곱째 날은 네 하나님 여호와의 안식일인즉 너나 네 아들이나 네 딸이나 네 남종이나 네 여종이나 네 가축이나 네 문안에 머무는 객이라도 아무 일도 하지 말라(출 20:10)" 즉, 안식일은 일이 금지된 날이라 말하고 있다.[26] 하지만 느헤미야 13장 15-22절에 나타나 있는 안식일 강조 구절을 살펴보면 안식일 준수가 느헤미야 당시에 상당히 느슨해져 있던 것으로

---

25) R. W. Klein, *Israel in Exile* (Philadelphia: Fortress Press. 1979), 126. 참조.
26) 박준서, 『십계명 새로보기』 (서울: 한들출판사, 2001), 79.

나타난다.[27] 안식일에 대한 강조는 바벨로 포로기에 들어서며 강조되었던 규례이다. 왜냐하면 바벨론에 포로로 끌려간 유대인들은 그들의 몸이 바벨론에 있기 때문에 공간적으로 예루살렘 성전에 가서 예배드리는 것이 불가능했기 때문에 공간적 개념 대신 시간적 개념을 중요시하여 장소에 상관이 없는 안식일에 대한 강조를 강화하였다. 이러한 안식일에 대한 강조는 페르시아 시대에도 계속되어 종교공동체의 회복을 말할 때 항상 안식일을 거룩히 지킬 것을 말하고 있다. 느헤미야도 여호와 하나님의 거룩한 안식에는 아무것도 하지 말고 오로지 하나님께 예배드리는데 전념해야 함에도 불구하고 유다사람들 중 일부는 안식일에도 술틀을 밟고, 곡식을 가져다가 나귀에 지워서 실어 나르며, 포도주와 포도송이와 무화과 같은 것을 날라 짐을 지고 예루살렘으로 들어오면서 물건을 사고파는 일을 반복해서 함으로 이 일을 경고하였다(느 13:15). 그리고 이방인인 두로 사람은 안식일에 물고기와 갖가지 물건을 예루살렘으로 들여다가 유다 백성에게 팔았는데(느 13:16) 느헤미야는 이 일을 목도하고 유다의 귀족들을 꾸짖기도 하였다. 그는 유다 멸망의 원인이 안식일을 더럽혀 하나님의 진노의 심판을 받은 것임을 상기시킨 후(느 13:17-18) 안식일을 지키지 못한다면 종교공동체의 회복도 하나님의 은혜도 바랄 수 없음을 경고하면서 철저히 안식을 지킬 것을 강조하고 있다. 느헤미야는 백성들이 안식일을 철저히 지키도록 강력한 개혁을 실시한다. 즉, 안식일이 되기 전에 예루살렘 성문을 닫게 하고, 안식일이 끝나서야 성문을 열게 해서 안식일에 상인들이 출입하는 것을 막았으며 성문을 자신의 사람들로 하여금 지키게 하여 누구도 안식일에 사고파는 행위를 못하게 하였다(느 13:19). 또한 상인들이 예루살렘 성 밖에서 물건을 팔기위해 자는 것을 금하여 율법의 말씀과 같이 안식일에는 오직 여호와만을 예배하고 아무것도 하지 말 것을 명령하고 있다. 그리고 "레위 사람들에게 몸을 정결하게 하고 와서 성문을 지켜서 안식일을 거룩하게 하라 하였느니라(느 13:22)."라는 구절을 통해서 기존 제사장 집단과

---

27) 오택현 외, 『성서시대의 역사와 신학』, 161.

지도층 대신 레위인들이 느헤미야 개혁의 수행자로 등장하며 둘 사이의 협조적 관계가 진행되었음을 보여주고 있다.[28] 느헤미야는 당시 비교적 개방적 입장에 있었던 제사장 집단들의 태도에 반대하며 엄격한 여호와 신앙을 강조하는 평신도 지도자적인 입장을 견지하였다. 이 일을 진행하는데 이전 성전에서의 수입과 지위를 박탈당해 농사를 지어 생계를 유지하였던 레위인들을 느헤미야는 다시 성전으로 끌어들여 성전을 섬기게 하고 제사장과 레위인의 직무한계를 뚜렷하게 정하고 일부 레위인을 요직에 앉히고 곡물과 포도주와 기름의 십일조 또는 그 일부가 그들의 수입이 되도록 보장해 주는 정책을 펼쳤다(느 13:10-13, 30).[29] 이러한 개혁 정책을 통해 느헤미야는 유대인이 페르시아 시대를 견디기 위한 유일한 대안인 종교공동체로서의 유다 회복에 전력을 기울이고 있음을 살펴볼 수 있다.

느헤미야는 순수한 신앙 유지와 더불어 페르시아 시대에 살았던 사람들이라면 누구나 공감할 수 있는 위기 상황인 혼혈결혼에 반대하며 순수한 혈통을 유지하기 위해 노력하며 위기의 역사에 대응하고 있다. 앞에서 언급하였듯이 페르시아 시대의 상황에서 제사장, 예언자, 역사가 등 거의 모든 사람들이 관심을 기울였던 사항은 혼혈결혼으로 말미암은 민족 정체성의 훼손 문제였다. 그들은 일관되게 순수한 혈통 유지를 무너트리는 혼혈결혼에 대해 반대하고 있는데 느헤미야에도 이러한 정황이 잘 나타나고 있다. 성전정화를 끝내고 철저한 안식일 준수를 강조했던 느헤미야는 놀라운 소식을 접하게 된다. 즉, 유다 남자들이 아스돗과 암몬과 모압의 여자들을 데려와서 아내로 삼았는데, 그들 사이에서 태어난 아이들의 절반이 아스돗 말이나 다른 나라 말은 하면서도, 유다 말은 못하고 있는 문제를 발견하게 된 것이다(느 13:23-24). 이러한 사실은 느헤미야에게 큰 충격으로 다가오게 되었다. 왜냐하면 그가 수행하는 모든 개혁은 백성들이 유대인으로서 정체성을 가질 때 가능한 개혁이지 그들이 혼혈이 되어 이방 사람들의 사고를 가질 경우 공감대 자체가 형성되지 않

28) 오택현 외, 『성서시대의 역사와 신학』, 162.
29) J. M. Miller & J. H. Hayes, *A History of Ancient Israel and Judah*, 471-472.

기 때문에 개혁이 물거품이 될 가능성이 많기 때문이다. 특히 절반 정도가 아스돗 말이나 다른 말은 하면서도 모국어를 못했다는 것은 매우 심각한 일이었다. 유대교처럼 율법이 중심적인 역할을 하는 종교에서는 언어를 확보한다는 것은 매우 중요한 일이었고 종교가 국가문화와 불가분의 관계에 있을 때 공동체가 자기 언어에 대한 지식을 갖는 것은 필수 불가결한 일이었다.[30] 그런데 만일 그렇지 못할 경우 공동체에게는 정체성의 혼란과 공동체의 와해라는 큰 위기가 닥쳐올 수도 있는 것이다. 느헤미야는 이 점을 바라보며 크게 분노하고 그 아버지들을 나무라고, 저주받을 것이라 야단을 치고, 그들 가운데 몇몇을 때리기도 하였으며, 머리털을 뽑기까지 하였다(느 13:25). 일견 보았을 때 느헤미야가 지극히 감정적으로 대응하였다고 볼 수도 있는 경우이다. 하지만 느헤미야가 이들을 향해 과격하게 대응했던 이유는 단순히 일부 사람들의 일탈로 보기 어려운 경우라 판단했기 때문이며 이것이 확대될 경우 민족의 존폐 문제가 달린 심각한 상황으로 치달을 수 있기 때문에 철저히 혼혈결혼을 금지시키기 위해 이렇게 행동했다고 볼 수 있다. 또한 자신들의 조상인 솔로몬이 성전을 짓고 종교공동체 확립에 큰 영향을 끼쳤음에도 불구하고 그가 이방여인과의 정략결혼을 통해 우상숭배를 하고 큰 악을 행하여 하나님을 노하게 하신 사건[31]을 상기시키면서 이 일에서 벗어날 것을 백성들에게 외치고 있다.

결론적으로 느헤미야는 내적 개혁을 위해 신앙공동체가 순수한 신앙과 순수한 혈통을 지켜야지만 위기의 역사에서 살아남을 수 있다 판단하고 이를 위해 안식일을 지키고 혼혈결혼을 금하며 여호와 하나님만을 의지할 것을 그의 공동체들에게 외치고 있다.

4. 느헤미야의 개혁에 비추어 본 한국교회의 개혁

---

30) H. G. M. Williamson, 『에스라, 느헤미야』 (서울: 솔로몬출판사, 2008), 703.
31) G. E. Gerbrandt, "Kingship according to the Deuteronomistic History," (Dissertation of Union Theological Seminary in Virginia, 1980), 247-249.

1) 한국교회의 개혁(1): 종교공동체의 회복

정치지도자였던 느헤미야가 가장 역점을 기울였던 개혁은 무너진 종교공동체의 회복이었다. 그는 외형적 종교공동체의 안전을 위해 첫째, 성벽을 중건하였고 둘째, 성전을 정화하였으며 셋째, 그의 개혁의 중심에 하나님의 율법을 위치시키며 종교공동체 회복을 위해 전진하였는데 한국교회의 개혁도 그 시작을 느헤미야 개혁의 출발에서 시작해야 할 것이다.

첫째, 한국교회는 우리를 보호할 수 있는 무너진 영성의 성벽을 중건하는데 앞장서야 할 것이다. 한국교회는 우리를 둘러싸 보호하는 기능을 하는 영성의 성벽이 무너져 내린지 이미 오래되었고 우리 주변에는 개교회 중심주의라는 미명아래 마치 사사시대와 같이 자기주장과 폭력이 난무하며 자기 소견에 옳은 대로 행동하는 교회로 가득 차 있다. 즉, 현대인들은 하나님의 뜻을 물어보지 않고 자신의 느낌과 감정에 의존하여 행동하는 자기주장이 편만하게 퍼져 있는 시대에 살고 있는 사람들이다. 또한 현대인들은 자기주장을 강변하다 타인의 주장과 자신의 주장이 충돌을 일으켜 필연적으로 폭력성이 점차 커져가는 시대에 살고 있는 사람들이다.[32] 그렇기 때문에 우리 시대는 시간이 흐르면 흐를수록 하나님의 뜻을 찾는 바른 영성을 가진 사람들이 사라져 가고 자기주장만 외치며 폭력으로 점철된 삶을 사는 사람들이 늘어만 가는 시대가 되고 있다. 하지만 이전 역사에서 볼 수 있듯이 하나님께서는 그가 사람 지으신 것을 한탄하실 정도로 타락한 현실 속에서 당대의 의인 노아를 찾으시고 홍수를 통해 사람을 멸하는 과정에서도 방주를 지어 의인과 그의 가족을 구원하셨던 것과 같이(창 6-9장) 위기에 봉착한 어느 시대라도 하나님은 자신을 경외하는 의인을 찾고 계신 것이다. 또한 하나님께서는 주변 강대국으로 인해 희망이 없어 보였던 페르시아 시대에도 이스라엘 백성들을 새로운 세계로 인도할 지도자를 미리 예비했는데 그가 바로 느헤미야였다. 마찬가지로 우리 시대에도 하나님께서는 위기의 시대를 극복할 지도자를 분명히 찾아 보내

---

32) J. C. McCann, 『사사기』 (서울: 한국장로교출판사, 2010), 49-51.

주실 것인데 이제 우리가 감당해야 할 역할은 무너진 성벽을 보수하는 느헤미야와 협조했던 당시 유대인들과 같이 우리도 하나님께서 보내주실 지도자와 함께 우리를 보호해줄 무너진 종교공동체의 영성을 회복하는 일에 앞장서는 일일 것이다. 느헤미야의 개혁의 성공에 백성들의 협조가 필수적이었듯이 우리시대 개혁의 성공에도 무너진 종교공동체 영성의 성벽 하나하나를 정성들여 쌓아 올리려는 우리의 협조가 필수적이라 할 수 있다.

둘째, 우리는 종교공동체 회복을 위해 교회의 정화에 앞장서야 할 것이다. 느헤미야도 개혁을 시작하며 하나님의 성전을 더럽히고 있던 이방인 도비야를 쫓아냈듯이 우리 역시 정화되지 않은 교회에 머물러 있으면서 개혁을 운운하는 것은 헛된 일이라 할 수 있다. 우리는 우리 교회에 자연스럽게 자리 잡고 있는 도비야와 같은 무리들을 쫓아내고 교회의 정화를 이루어야 할 것이다. 그렇지 않을 경우 에스겔 8-10장에 나타나 있는 성전 멸망의 경고가 우리에게 다가올 수도 있을 것이다. 에스겔 8장에 의하면 환상 속에서 예루살렘에게 간 에스겔은 다음과 같은 일을 목도하게 된다. 즉, 시기를 일으키는 우상인 아세라 목상이 북쪽 자리를 차지하고 있고 그 남쪽 문에는 백성의 대표들이 밀의 종교의식을 행하고 있었고 북쪽 문에는 바벨론의 풍요의 신인 담무스를 위해 애곡하는 여인들이 있었으며 동쪽 문에는 성전을 등지고 떠오르는 태양을 향해 절하는 무리가 있었다. 여기서 에스겔은 만일 예루살렘 성전을 그대로 내버려 두었을 때 하나님의 성전은 '여호와의 영광'이 더 이상 머무를 수 없는 장소가 되어(겔 11:22-25) 멸망이라는 비운의 역사를 맞이하게 될 것임을 말하고 있는데 안타깝게도 성전은 훗날 파괴되었다. 우리는 오늘날 우리 교회의 일부분을 점유하고 있는 맘몬(mammon)을 반드시 제거해야 할 것이며 교회를 호시탐탐 노리고 있는 도비야와 같은 세속세력의 침투에 교회의 앞마당을 내어줘서는 안될 것이다. 여호와 하나님의 교회는 결단코 혼합종교가 아니기 때문에 교회에 이교도의 요소들이 들어와 있는 한 그곳은 하나님의 교회라 볼 수 없을 것이다. 성전을 철저히 정화한 느헤미야를 통해 교회의 개혁의 방향을 깊이 숙고해야 할 것이다.

셋째, 우리는 느헤미야와 같이 모든 개혁의 중심에 하나님의 말씀을 위치시켜야 할 것이다. 성경에 나타난 모든 개혁자들과 과거 종교개혁 시대의 개혁자들의 공통점은 모두 그들의 개혁의 중심에 하나님의 말씀을 두고 개혁을 시작했다는 점이다. 이들 중 한 예로 종교개혁자 요시야왕의 경우 그의 개혁은 하나님의 율법책의 발견에서 시작하여 율법책의 말씀대로 철저한 개혁의 과정을 거쳤고 또 다시 율법책의 말씀대로 유월절 절기를 지킴으로 율법책의 말씀을 이루려 하였다는 것으로 시종일관 하나님의 말씀위에 서서 단행한 개혁 이었다 볼 수 있다. 이러한 요시야의 개혁을 성경은 상당히 긍정적으로 평가하고 있고 온 백성들을 향해 개혁의 정당성을 확인하며 이제껏 우상으로 더렵혀졌던 예루살렘 성전 제의의 갱신을 환영하고 있다.[33] 느헤미야의 개혁도 요시야의 개혁과 같이 말씀이 중심이 되어 백성들의 회개를 촉구하고 새로운 종교공동체를 이루기 위한 삶의 개혁을 실시하였다고 볼 수 있다. 마찬가지로 우리 역시 원칙도 믿음도 없이 자기 소견에 옳은 대로만 행동하는 잘못된 모습을 버리고 하나님의 말씀이 중심이 되어 철저한 회개와 삶의 변화를 통해 교회의 개혁을 시작해야 할 것이다.

2) 한국교회의 개혁(2): 순수한 신앙, 혈통의 유지

종교공동체로서 유다를 유지하기 위해 외적인 개혁을 시도했던 느헤미야는 개혁의 두 번째 단계로 내적 개혁을 시도한다. 그는 종교공동체가 바로서기 위해 순수한 신앙, 혈통을 유지하는 것이 최우선적인 과제로 보고 백성들의 내적 개혁을 시도하여 안식일 준수와 순수한 혈통을 유지할 것을 강조하고 있다. 한국교회도 느헤미야와 같은 내적 개혁을 통해 개혁의 열매를 맺어야 할 것이다.

한국교회는 내적 개혁을 완성하기 위해 첫째, 하나님께서 명령하신 가장

---

33) M. Haran, *Temples and Temple Service in Ancient Israel* (Oxford: Oxford University Press, 1978), 140.

기본적인 말씀부터 제대로 지키고 있는지 확인해야 할 것이다. 그러기 위해서 먼저 느헤미야와 같이 순수한 신앙공동체를 유지하는데 방해가 되는 자의적 행위를 분명히 근절시켜야 할 것이다. 느헤미야 당시 아무것도 하지 말고 거룩하신 하나님께 예배드려야 하는 안식일에 물건을 사고팔며 자유분방하게 활동하고 있는 유다 사람들을 책망하며 순수한 신앙공동체를 이룰 것을 강조하였듯이 한국교회도 시대가 바뀌었다는 미명아래 하나님께서 명령하신 명령을 너무 쉽게 버리는 악습을 버리고 처음으로 돌아가 순수한 신앙공동체를 확립하는데 노력해야 할 것이다. 하지만 이미 세속화 되어버린 교회에서 하나님의 말씀은 점점 설 자리를 점점 잃어버리고 있고 자기 소견에 옳은 대로 행동하는 성도들에게 종교공동체의 순수성 유지를 강조하는 것은 공허한 메아리가 되어버린 것이 우리 교회의 현실이다. 아마도 느헤미야가 다시 이 시대에 온다 할지라도 개혁이 어려울 것이라는 절망적인 의견이 나오고 있는 것이 숨길 수 없는 우리의 상황이다. 세속화라는 무섭고 거침없는 파도가 우리 교회를 휩쓸고 지나가는 상황 속에서 우리는 교회의 내적 개혁을 위해 다음과 같이 노력해야 할 것이다. 즉, 느헤미야가 안식일 준수를 강조한 것 같이 하나님께서 명령하신 가장 기본적인 준수사항을 철저히 지키려 노력해야 할 것이다. 이 시대 우리는 가장 기본적인 하나님의 명령인 주일(主日) 성수의 중요성을 강조하고 바른 주일의 의미를 실천함을 통해 순수한 신앙공동체로서 교회의 모습을 회복시켜야 할 것이다. 주일은 단순히 예배드리고 쉬는 날이 아닌 거룩하신 하나님을 만나는 날이며 그날을 거룩하게 구별하여 아무것도 하지 말고 하나님께 바치는 날로 삼아야 할 것이다. 느헤미야도 내적 개혁의 출발점은 누구나 잘 지키고 있다고 착각하지만 실제로는 그렇지 않은 안식일의 철저한 준수로부터 시작했다. 우리 역시 목회자로부터 평신도에 이르기까지 우리가 주일을 잘 지키고 있다는 착각을 버리고 거룩하게 구별된 날로서 주일을 철저히 준비하고 지킨다면 순수한 종교공동체가 되기 위한 험난한 내적 개혁의 첫걸음을 내딛었다 말할 수 있을 것이다.

한국교회는 내적 개혁을 완성하기 위해 둘째, 느헤미야가 순수한 혈통의 종교공동체를 강조했듯이 우리는 하나님의 시민들만으로 이루어진 순수한 교회공동체를 이루기 위해 애써야 할 것이다. 느헤미야 당시 유다 백성들은 블레셋, 모압, 암몬, 에돔 등에 둘러싸여 있었는데 그들은 구별된 삶보다는 자유롭게 그들과 혼혈결혼하며 우상숭배를 자행하고 자신의 모국어를 잊어버리면서도 이교도의 언어는 알고 있는 삶을 살았을 때 느헤미야는 이에 격분하며 순수한 혈통을 지킬 것을 강조하며 종교공동체의 회복을 위해 마지막 힘을 기울였던 사실을 알 수 있다. 우리 역시 세속화의 파도에 쉽게 노출되어 처음의 모습과 너무 변해 있는 우리의 교회를 개혁하는데 느헤미야의 모습을 참고할 필요가 있다. 느헤미야는 혼혈결혼을 너그럽게 보지 않았고 백성들의 편에서 그들의 행위를 이해하려 하지 않았다. 그는 혼혈결혼을 통해 와해 되어가는 종교공동체를 바라보며 큰 위기감이 들었을 것이다. 그래서 극단적으로 그들을 책망하고 재발 방지를 촉구함을 통해 임박한 종교공동체의 와해를 막고자 노력했었다. 우리 역시 세속화 되어가는 교회의 모습을 너그럽게 바라보며 세속화를 이해하려 해서는 안 될 것이다. 이 시대는 교회의 세속화를 막기 위한 교회의 철저한 대응을 필요로 하고 있다. 물론 폭력을 통해 개혁을 이루려 해선 안될 것이며 대신 빠르게 세속화 되어가는 교회를 바라만 보지 말고 우리는 굳은 믿음과 말씀을 무기로 삼아 교회의 세속화에 맞서가야 할 것이다. 이것이 느헤미야의 개혁을 우리시대 교회의 개혁에 재현하는 길이라 할 수 있다.

5. 나가는 말

이상에서 살펴본 바와 같이 느헤미야의 개혁은 바벨론 포로기의 위기이후 페르시아 시대라는 또 다른 위기의 상황에 대한 대응으로 외적 개혁을 통해 종교공동체의 안전을 보장하는 성벽재건, 종교공동체의 구심점 역할을 하는 성전의 정화, 그리고 종교공동체 삶의 근본을 형성하는 하나님의 율법 선포를 통해 종교공동체에 닥친 위기를 극복하려 한 개혁이었다. 그리고 느헤미야의 개혁은 내적 개혁을 통해 순수한 종교공동체 유지를 위한 거룩한 예배를 드리기 위한 첫걸음인 안식일 강조와 종교공동체 정체성 유지를 위해 필요불가결한 요소인 순수한 혈통 강조 등을 통해 순수한 종교공동체를 유지하려 했던 개혁이었다. 한국교회는 이러한 느헤미야의 개혁 정신을 이어받아 이교도의 침략을 당하고 있는 예루살렘과 같이 세속화라는 무서운 격랑 속에서 많은 부분을 세상에 내어주면서도 이를 감지하지 못하는 잘못을 버리고 느헤미야와 같은 외적 개혁, 내적 개혁을 통해 한국교회 변화를 선도해 나가야 할 것이다.

제3부

느헤미야의 사회개혁

세계사 속의 느헤미야

최인기 교수(서울장신대학교)

1. 들어가는 말

느헤미야는 구약 이스라엘 역사의 말기에 이스라엘 안에 하나님의 통치를 실현하기 위해서 개혁을 추구한 위대한 지도자였다. '느헤미야는 충성된 지도자, 뛰어난 행정가, 그리고 기도의 사람이었다. 그는 건전한 행정적인 실행에 있어서 많은 원칙들을 제시하였다. 느헤미야에게 있어서 목적을 향해 한 마음으로 자신을 바치는 것, 섬세한 것에 주목하는 것, 기꺼이 권한을 위임하는 것, 하나님께 의존하는 것이 진실로 하나님의 종이라는 이름으로 불릴 수 있는 한 사람에게 모두 결합되어 있었다.'[1]

그는 유다지파의 왕족 출신이었다. 그는 사독의 후손으로서 예루살렘 성전 제사장의 후손인 에스라를 도와 종교개혁과 사회개혁을 이스라엘 안에 실현시킨 인물이다. 그가 이루어낸 개혁에 있어서 종교개혁과 사회개혁을 통틀

---

1) Mervin Breneman, *Ezra Nehemiah Esther*, New American Commentary, vol.10 (Nashville: Broadman and Holman Publishers, 1993), 59.

어 가장 중요한 개혁은 무엇보다도 유대교를 말씀의 종교로 확립한 것이라고 할 수 있다. 그러한 그의 개혁은 유대교의 경계를 넘어 신구약 중간기를 거쳐 현대까지 기독교가 말씀의 종교로 자리 잡게 된 중요한 계기를 마련한 것으로 평가된다. 실로 에스라 느헤미야의 개혁이 없었더라면 기독교도 하나님의 말씀 위에 확립될 수 없었을지도 모른다. 에스라를 도와 개혁에 헌신한 느헤미야가 세계 역사에 끼친 가장 지대한 공헌은 바로 기독교가 말씀의 종교가 될 수 있게 한 것이다. 느헤미야의 이러한 공헌은 기독교가 말씀의 종교가 되게 함으로써 기독교가 세계 역사를 주도하는 중요한 특성을 구비하게 한 것이었다. 이렇게 느헤미야가 개혁할 당시 주변 세계사는 어떠했는가를 알아보는 것이 필요할 것이다. 느헤미야가 어떤 세계 상황 속에서 그의 개혁을 진행했는가를 조사해 보는 것이 느헤미야가 추구한 개혁에 대한 폭넓은 이해를 돕는 것이 될 것이다.

2. 유다의 멸망과 바빌로니아(바벨론) 포로, 그리고 포로 귀환

1) 유다의 멸망과 바빌로니아 포로

느헤미야의 개혁은 유다 멸망에 따른 필연적인 결과라고 할 수 있다. 유다 멸망은 하나님의 통치를 거절하는 남 유다 왕국의 왕과 그리고 그들과 함께 사회적 위치(social location)를 형성하고 있었던 예루살렘 성전의 사독 계열의 제사장들에 대한 하나님의 심판이었다. 유다가 멸망해서 왕과 왕족들 그리고 제사장들이 바빌로니아에 포로로 끌려갔다. 유다 왕국은 멸망했으며 예루살렘 성전은 파괴되었다. 유다의 정치와 종교 체제가 무너졌고 유다 공동체 안에는 심각한 정치적 종교적 공백이 생겼다. 그들이 B.C. 538년에 페르시아의 고레스 왕이 반포한 칙령에 의해 비로소 그들 중의 일부가 포로에서 해방되어 가나안 땅에 돌아올 수 있었다. 그들이 포로에서 돌아온 후에도 느헤미야가 유다 땅에 유다의 총독으로 부임하게 되는 B.C. 445년까지 약 93년 동안은 완전한 개혁은 이루어지고 있지 않았다. 그렇게 본다면 느헤미야의 개혁은 유다 멸망에 따라 필연적으로 일어나야만 했었던 역사적 필연이라고 할 수 있을 것이다.

유다는 일찍이 B.C. 587년에 바빌로니아의 느부갓네살 왕에 의해 멸망했다. 북왕국 이스라엘은 일찍이 B.C. 722년에 앗시리아(앗수르)의 살만에셀 왕에 의해 멸망했으며, 같은 해에 왕위를 이어받은 사르곤 2세에 의해서 이스라엘 사람들이 포로로 끌려가는 수모를 당했다. 객관적으로 볼 때 북왕국 이스라엘의 멸망은 강력한 앗시리아 제국에 비해 열세에 놓인 군사력을 보유한 한 약소국이 강력한 제국을 형성하고 있었던 앗시리아 제국의 군사적 침공에 의한 멸망이었다. 그러나 열왕기 기록자는 북 이스라엘의 멸망의 원인은 '그들이 하나님 여호와의 말씀을 듣지 아니하고 그의 언약과 여호와의 종 모세가 명령한 모든 것을 따르지 아니하였기 때문'이라고 말씀한다(왕하 18:12). 객관적으로 볼 때 유다의 멸망도 이스라엘의 멸망처럼 강력한 바빌로니아 제국에 의한 군사적 패배가 그 원인이었다. 587년 멸망에 이르기까지 그동안 유다는 주변 국가들에 의해 수많은 군사적 위기를 겪어왔다. 그 와중에서도 그들은 위기 때마다 끈질긴 생명력으로 그 위기를 극복하며 국가의 명맥을 유지하며 생존해오고 있었다. 587년 바빌로니아 느부갓네살 왕에 의한 유다의 멸망과 예루살렘의 함락은 구약 역사에서 가장 비극적 사건이었다.

유다가 멸망하기 전 유다에 하나님의 통치가 구체적으로 실현될 수 있는 좋은 기회가 있었다. 그것은 요시야 왕에 의한 개혁에 의한 하나님의 통치 회복의 시도였다. 요시야 왕의 증조할아버지는 히스기야(727-698)였다. 히스기야는 종교혼합주의를 타파하기 위해 산당을 없앴고 예루살렘 성전으로 제의를 중앙집권화 하였다.(왕하 18:22). 역대하 30장 1절에 의하면 유월절도 예루살렘에서만 지킬 수 있도록 중앙집권화 하였다. 한편 요시야 왕의 할아버지와 아버지는 므낫세 왕(B.C. 697-642)과 아몬 왕(B.C. 642-640)이었다. 므낫세는 야훼 하나님을 섬기는 것과 이방신을 겸하여 섬기는 혼합주의(syncretism)를 넘어서서 야훼 신앙을 완전히 말살하고 유다 백성에게 이방신만을 섬기도록 강요했다(왕하 21:2-10). 이방화를 추구했던 왕과 귀족 세력들은 당시로 말하자면 선진 엘리트들이었으며 급진주의자들이었다. 근동지역 열방의 위협 아래에서 곤혹을 치루고 있었던 이스라엘과 유다는 정치 군사 외교를 포함한 모든 삶의 수준이 이방 열국들에 비해 후진국에 속하였다. 그러므로 야훼 하나님을 섬기는 조상들의 전통을 충실히 따르는 것으로는 후진국의 범주를 벗어날 수 없다는 것이 그러한 선진 엘리트들의 판단이었다. 고대는 종교사회였으므로 그들은 이방 열국들처럼 선진국의 대열로 도약하기 위해서는 신을 바꿈으로서 유다 사회를 문명화해야 한다고 생각했다. 그뿐만 아니라 야훼 신앙을 지키려는 '남은 자'를 핍박하면서 적극적으로 이방화 전략을 추구하였다. 심지어 므낫세는 야훼 하나님에 대한 경배를 금지하고 아세라에 대한 신앙을 강요하였다. 그래서 그는 그의 아버지 히스기야가 헐어 버린 산당들을 다시 세웠다. 그리고 이스라엘의 왕 아합의 행위를 따라 바알을 위하여 제단을 쌓았다. 그리고 아세라 목상을 만들며 하늘의 일월성신을 경배하여 섬겼다. 야훼의 성전에 아세라의 제단들을 쌓았고, 야훼의 성전 두 마당에 하늘의 일월성신을 위하여 제단들을 쌓았다. 그뿐만 아니라 자기의 아들을 불 가운데로 지나게 하며 점치며 사술을 행하며 신접한 자와 박수를 신임하여 여호와께서 보시기에 악을 많이 행하여 그 진노를 일으켰으며 또 자기가 만든 아로새긴 아세라 목상을 성전에 세웠다고 열왕기하 21장 3-7절은 므낫세의 배교행위에 대해 묘사한다. 므낫세의 아들인 아몬 왕도 므낫세가 취했던 이방화 정책을 그대로 따랐다. 므낫세와 아몬의 시대는 북왕국 이스라엘의 아합 왕 때처럼 야훼 신앙이 극도로 쇠퇴한 영적인 암흑기였다. 예언서 중에서 스바냐서가 이 당시의 상황을 반영하고 있다.

　　그러나 요시야가 8세에 왕이 됨으로써 유다에는 하나님의 나라에 대한 희망의 빛이 비쳐 왔다. 요시야는 왕족 출신으로서 그의 가까운 친척으로 보이는 예언자, 즉 구약 스바냐서의 기록자인 스바냐로부터 신앙적인 영향을 받았던 것으로 보인다. 그의 재위 18년째인 B.C. 622년에 그는 약 60년 동안 이어져온 배교행위와 영적인 암흑 상태를 개혁하고자 성전을 수리하게 하였다. 그때 성전에서 율법책이 발견되었다(왕하 22:8). 그는 사람들을 보내 유다와 예루살렘의 모든 장로를 그에게로 모았다. 그리고 유다 모든 사람과 예루살렘 주민과 제사장들과 선지자들과 모든 백성이 노소를 막론하고 다 모여 있는 앞에서 그가 직접 '언약책'의 모든 말씀을 읽어 무리의 귀에 들리게 하였다(왕하 23:1-2). 그리고 백성과 함께 그 언약을 따르기로 하였다. 나아가서 그는 모든 우상을 폐하고 우상을 섬기는 이방종교의 제사장들과 우상 숭배자들을 처단했다. 그리고 모든 이방 제사와 이방적 종교 행위를 철폐하고 금하게 하였다. 나아가서 히스기야가 그랬듯이 유월절을 회복하였다(왕하 23:6-26). 그러나 그의 개혁으로 인해 회복된 하나님의 나라는 그렇게 오래가지 못 했다. '유다의 잠시 동안의 정치적 독립은 609년 요시야 왕이 애굽과의 싸움인 므깃도 전투에서 전사함으로써 그 종막을 고하고 말았다. 그 때 애굽의 느고 II세는 아시리아를 돕기 위해 갈게미스(Carchemish)로 가는 길이었다. 그 당시 요시야는 아시리아에 적대적이었으므로 그가 애굽 군대의 진군을 막은 것은 당연하다. 그러나 그와 같은 요시야의 시도는 실패로 그쳤고 나라의 사태까지 불행하게 되었다.'[2] '신명기적 교훈을 잘 지키고 그것에 복종하여 종교개혁을 단행한 요시야 왕이 신명기에 약속된 보상도 못 받고 왜 그렇게 비참하게 죽어야 하는 것이었다. 아직도 비교적 젊은 요시야 왕이 죽은 것은 그의 종교 정책의 잘못 때문이었을까? 이와 같은 회의는 드디어 이교의 우상 숭배를 더 부흥시키는 결과가 되었다(렘 7:16-18).'[3] B.C. 609년 그가 죽자 그의 아들 여호아하스가 왕이 되었다. 요시야 이후 여호아하스, 여호야김, 여호야긴, 시드기야 등 4명의 왕은 모두 야훼 하나님에 대한 절대주권적 신앙을 포기한 왕들이었다. 이들 4명의 왕들을 거치면서 유다는 급속히 멸망을 향해 달려갔다.

여호아하스는 왕이 된 지 불과 3개월 만에 애굽 왕 느고에 의해 제거되었다. 느고는 요시야의 또 다른 아들 여호야김을 왕으로 세웠다. '여호야김은 바

2) G. W. Anderson, 김찬국 역, 『이스라엘 역사와 종교』 (서울: 대한기독교서회, 1970), 152.
3) G. W. Anderson, 김찬국 역, 『이스라엘 역사와 종교』 (1970), 153.

벨론이 이집트를 침공하였으나(601 B.C.) 이집트가 성공적으로 방어하고 그 대세를 몰아 가사(Gasa) 지역까지 점령하자 여기에 영향을 받아 바벨론에 보내는 조공을 중단해 버렸다. 이에 대해 바벨론의 느브갓네살은 이때로부터 거의 2년이라는 기간 동안 전열을 정비한 다음 유다에 대한 원정을 감행하여 예루살렘을 포위하였다(598 B.C.).'[4] '그 달에 여호야김은 죽었다. 그에게 국가를 궁지로 몰아넣은 책임이 있었고 또 바벨론 인들에게 비우호적인 인물(persona non grata)이었기 때문에 그를 처치함으로써 온건한 대우를 받을 수 있지 않을까 하는 바람에서 암살되었을 것이다(참조. 렘 22:18; 36:30). 열여덟 살 된 아들 여호야긴이 왕위에 올랐고(왕하 24:8), 그 후 석 달도 안 되어(B.C. 597년 3월 16일에) 도성은 항복했다. 기대했던 이집트의 원조(7절)는 없었다. 왕과 모후, 고관들, 지도층 인사들은 엄청난 노획물과 함께 바벨론으로 끌려갔다(10-17절).'[5] 이것이 유다의 제1차 포로였다.

여호야긴이 바빌로니아에 끌려간 후 여호야긴의 삼촌 시드기야가 여호야긴을 대신하여 왕이 되었다. 시드기야의 반 바빌로니아 정책은 5년도 안 되어 바빌로니아의 침공을 불러 일으켰다. B.C. 588년 바빌로니아의 군대는 예루살렘을 포위했다. 잠시 이집트 군대에 의해 유다가 구출되는 듯 했으나 이집트 군대는 바빌로니아에게 곧 격퇴되었다. 시드기야는 바빌로니아의 공격을 견디지 못하고 포로가 되어 수리아의 립나(리블라; Riblah)에 있는 사령부에 끌려가 느부갓네살 앞에서 그의 아들들이 처형되는 것을 목격해야 했고, 자신의 눈도 뽑혀 앞을 못 본 채 놋사슬에 묶여서 바빌로니아로 끌려가 죽었다(왕하 25:3; 렘 52:7). 그리고 한 달 후에 느부갓네살의 근위대장인 느부사라단이 예루살렘을 침공하여 예루살렘을 불사르고 성벽을 무너뜨렸다. '많은 고위 성직자, 군관, 행정 관료들, 지도층 인사들이 리블라에 있는 느부갓네살 앞에 끌려가서 처형당했고(왕하 25:18-21; 렘 52:24-17), 주민들 중 일단의 무리가 또 바벨론으로 잡혀갔다.'[6] 이것이 유다의 제2차 포로였으며, 이로써 유다는

---

4) 오택현 외, 『성서시대의 역사와 신학』 (양평: 크리스천 헤럴드, 2000), 79.
5) John Bright, 엄성옥 역, 『이스라엘의 역사』 (서울: 은성, 2002), 414.

B.C. 587년에 바빌로니아의 느부갓네살 왕에 의해 완전히 멸망했다.

2) 유다의 포로 귀환

B.C. 539년 바빌로니아는 페르시아의 고레스 1세 대왕(Cyrus Ⅰ "The Great")에 의해 멸망당했다. 이로써 바빌로니아의 시대는 지나고 페르시아의 시대가 도래했다. 고레스 왕은 그의 재위 1년인 B.C. 538년에 유다 공동체 재건 및 제의의 재건에 대한 칙령을 반포하였다. 이어서 그는 유다 포로민들을 유다에 귀환하도록 허락하였다. '제일 처음에 있었던 포로민의 귀환은 세스바살이라는 인물에 의해서 이루어졌던 것으로 보이는데, 성전 기물의 반환 작업이 그에 의해서 이루어진 것으로 보도되고 있기 때문이다(스 1:7-11; 5:14-15).[7] 첫 번째로 귀환한 포로민의 숫자는 그리 많지 않았을 것으로 보인다. 그에 따라 그들은 예루살렘 성전과 성벽을 재건하는 데에는 충분한 경제력이나 노동력을 가지고 있지 못했다. 더욱이 사마리아 사람들의 방해로 인해 성전 건축은 B.C. 535년에 중단되었다. 이후 포로 귀환자 중에 유다 왕족의 후손인 스룹바벨이 유다의 총독이 되자 학개와 스가랴의 예언에 힘을 얻은 유다의 포로 귀환자들은 B.C. 518년에 성전건축을 재개하여 2년 만인 516년에 성전을 재건하였다.

그 외의 유다 공동체의 재건은 미미했다. 성벽은 허물어진 채로 그대로 있었다. 이러한 유다 공동체의 재건과 개혁은 스룹바벨이 본국으로 소환된 이후에 교착 상태에 빠지게 되었다. 그리고 에스라가 페르시아에서 귀환한 이후에도 유다의 재건과 종교개혁은 그렇게 완전하게 진척되지 않았던 것으로 보인다. 유다 공동체의 회복과 개혁은 느헤미야가 B.C. 445년에 유다 총독으로 부임함으로써 본격적으로 수립되었다.

---

6) John Bright, 엄성옥 역, 『이스라엘의 역사』 (2002), 417.
7) 오택현 외, 『성서시대의 역사와 신학』, 132.

3. 느헤미야를 둘러싼 주변 국가의 상황

1) 페르시아 왕들의 계보

남 유다를 멸망시킨 바빌로니아는 B.C. 538년에 페르시아(한글 개역성경에는 바사)의 고레스 왕에 의해 멸망당했다. 유다를 오랫동안 괴롭혀왔던 바빌로니아가 페르시아의 고레스 왕에 의해 멸망당함으로써 세계사의 판도는 바빌로니아로부터 페르시아로 넘어가서 B.C. 538년부터는 세계의 패권을 페르시아가 쥐게 되었다. 이러한 페르시아 시대는 그리스의 알렉산더가 페르시아의 패권을 꺾고 전 세계의 주도권을 장악하게 됨으로써 그리스 시대(헬라 시대)를 열게 되는 B.C. 333년까지 지속되었다. 에스라 느헤미야서는 페르시아 시대를 그 역사적 배경으로 하고 있다. '메데 사람들과 페르시아 사람들은 둘 다 아리안 족(인도유럽어 족)이었다. 그들은 러시아 지역에서 이란의 남서부로 이주하였다가 점점 남쪽으로 옮겼다. 메데인들은 카스피 해 남쪽 이란 서부 지역을 차지했다. 한편 페르시아인들은 남동쪽으로 페르시아 만 정북 쪽 이란의 일부분으로 이주하였다.'[8]

이후 아카이메네스(Achaemenes; B.C. 700-675)는 페르시아 왕조를 건립하였다. 이 왕조의 이름이 그의 이름을 따라 아카이메니드 왕조(Achaemenids)라고 불렸다. 아카이메니드 왕조는 아카이메네스 왕의 아들 테이스페스(Teispes)에게 이어진다. 테이페스 왕 이후 그의 아들 대에서 두 개의 계열로 나뉜다. 하나는 고레스 1세 계열이며, 또 다른 하나는 아리아름네스(Ariarmnes) 계열이다.

먼저 고레스 1세 계열의 계보는 고레스 1세(Cyrus I; 640-600)로부터 시작하여 캄비세스 1세(Cambyses I; 600-559), 고레스 1세I 대왕(Cyrus I "The Great"; 550-530; 바빌로니아를 정복하고 페르시아 시대를 열었으며, B.C. 538년에 유다를 포로에서 귀환하도록 허락한 왕), 캄비세스 2세(Cambyses II; 530-522)로 이어진다. 이렇게 아카이메니드 왕조는 테이스페스(Teispes) 이후 고레스 1세

---

8) Mervin Breneman, *Ezra Nehemiah Esther*, 17.

의 계열로 감비세스 2세까지 4대에 걸쳐 계속되었다. 고레스 1세 대왕은 성경에 일반적으로 고레스로 불리는 왕이다. 그는 원래 메대의 속국이었던 페르시아를 강력한 국가로 탈바꿈하게 만든 왕으로서 그는 메대를 정복하여 페르시아에 병합시켰다. 나아가서 그는 그리스와 소아시아 지역을 정복함으로써 대제국을 탄생시켰다. 이어서 B.C. 538년에는 강대국 바빌로니아마저 무너트리고 명실 공히 페르시아 제국을 형성하였다. 그가 죽자 그의 아들 캄비세스 2세(Cambyses II; 530-522)가 그의 대를 이었다.

감비세스 2세가 죽자 고레스 1세 계열의 왕의 계보는 끝나고 테이스페스의 또 다른 아들인 아리아름네스(Ariarmnes) 계열로 이어진다. 그래서 아리아름네스 계열에서 다리우스 1세(Darius I; 552-486)가 첫 번째 왕이 되었다. 그후 에스더서의 배경이 된 크세르크세스 1세(Xerxes I; 486-465; 구약 성경에서는 아하수에로 왕)가 왕이 되었다.

그가 죽은 후에 그의 아들 아르타크세르크세스 1세(Artaxerxes I; 464-424)가 즉위하였다. 아르타크세르크세스 1세는 일반적으로 느헤미야서에서 느헤미야를 유다에 총독으로 파견하는 아닥사스다 왕으로 지목되고 있는 왕이다.

아르타크세르크세스 1세 이후 다리우스 2세(Darius II; 423-404)가 왕이 되는데, 그 후 아르타크세르크세스로 불리는 왕이 두 명이 더 등장한다. 그들은 아르타크세르크세스 2세(404-359)와 아르타크세르크세스 3세(359-338)이었다.[9] 이처럼 페르시아 왕조 말엽에 에스라서와 느헤미야서에서 아닥사스다 왕으로 불리는 아르타크세르크세스 왕이 세 명이나 나타난다. 이로 인해서 현대의 구약학자들 간에 에스라서와 느헤미야서의 아닥사스다 왕이 이 세 왕중에서 과연 누구인가로 인해 많은 논쟁이 있어왔다.

---

9) 페르시아 왕의 계보에 관해서는 주로 위의 책, 18 참고.

2) 아닥사스다 1세인가, 아니면 아닥사스다 2세 또는 아닥사스다 3세인가?

느헤미야와 에스라의 관계를 밝히는 것은 매우 어려운 일이다. '에즈라의 회고록 가운데 어디에도 느헤미야가 언급되어 있지 않으며 암시조차 되어 있지 않다는 사실이 밝혀졌다. 그리고 에즈라의 이름이 단 한 번 느헤미야의 회고록 가운데 나타나는데(12.36)'[10] 둘 사이의 관계를 충분히 밝히고 있는 자료는 존재하지 않는다.

느헤미야서는 느헤미야를 둘러싸고 일어난 일이 아닥사스다왕 제 20년에 발생했다고 언급하고 있다(1:1; 2:1). 그러나 아닥사스다가 어떤 아닥사스다인가에 대해서는 "큰 난관에 봉착하게 된다. 왜냐하면 B.C. 5세기 페르시아에는 '아하수에로'(크세륵세스[Xerxes], B.C. 486-465년)가 있었고, 그 아들 '아닥사스다'(아타크세륵세스 1세[Artaxerxes I], B.C. 464-424)와 '아닥사스다 2세'(Artaxerxes II, 404-358년)가 있었기 때문이다."[11] 실제로는 페르시아 왕조에는 아닥사스다 3세(359/358-338)까지 존재했다. 아닥사스다 1세는 롱기마누스(Longimanus)로, 아닥사스다 2세는 므네몬(Mnemon)으로, 그리고 아닥사스다 3세는 오쿠스(Ochus)로 불리기도 한다.

에스라서 7장 7-8절에 의하면 에스라는 아닥사스다(Artaxerxes) 재위 7년에 예루살렘에 왔다(B.C. 458년). 그리고 느헤미야서 2장 1절에 의하면 느헤미야는 아닥사스다 20년에 예루살렘에 총독으로 와서(B.C. 445년), 아닥사스다 32년까지(B.C. 433년) 12년간 일차적으로 유다를 개혁한 것으로 되어 있다. 그리고 그는 아닥사스다 32년에 잠시 페르시아로 가서 아닥사스다 왕을 만난 것으로 느헤미야서는 말하고 있다(느 13:6). 그러나 그가 페르시아로 돌아간 이유와 그가 얼마 동안 페르시아에 있다가 2차로 예루살렘에 다시 돌아왔는지 알 수 없다. '아마 그는 왕으로부터 허락 받는 기간이 거의 다 되어 다시 갱신하고자 수사에 돌아갔을 것이다.'[12] 아니면 '아마 그는 이웃 속주들에

---

10) J. M. Myers, 『에즈라, 느헤미야』 (서울: 한국신학연구소, 1983), 39.
11) 장일선, "느헤미야 비망록," 『성서백과대사전』, vol. 2 (서울: 성서교재간행사, 1980), 705.

있던 자신의 대적들이 낸 고발장에 대하여 스스로를 변호해야 했을 것이다(느 2:19; 6:5-9).'[13] 느헤미야서는 그가 얼마 동안 페르시아의 수사에 머물렀는지 그리고 그가 예루살렘에 돌아와서 얼마 동안 2차적인 개혁을 수행했는지에 대해 언급하지 않는다.

전통적인 견해는 에스라서와 느헤미야서에 등장하는 '아닥사스다 왕'을 아닥사스다 1세로 보는 것이다. 한편 에스라는 에스라서 7장 7절에서 '아닥사스다 재위 7년'에 예루살렘에 왔다는 것을 아닥사스다 1세 재위 7년, 즉 B.C. 458년에 예루살렘에 온 것으로 이해했다. 나아가서 느헤미야서 2장 1절에 언급된 '아닥사스다 20년'을 아닥사스다 1세 때인 B.C. 445년으로 보았다.

그러나 '19세기 말부터 꽤 최근에 이르기까지 지배적인 견해는 느헤미야가 실제로는 에스라보다 앞섰으며(에스라 7:7의 아닥사스다가 실제로는 아닥사스다 2세[기원전 404-358]라는 이해에 근거하여) 두 사람이 동시대에 활동한 적은 없었다'는 견해가 있어왔다.[14] 만약 에스라가 아닥사스다 2세 때 예루살렘에 왔다면, 그 연대는 B.C. 398년이 될 것이다. 만약 그렇다면 느헤미야가 유다에 총독으로 부임한 것도 아닥사스다 2세 때인 384년으로 내려 잡아야 할 것이다. 한편 에스라서 7장 7절에 나오는 '아닥사스다 왕 7년'이라는 것이 아마도 '37'년을 잘못 기록한 것으로 보아 에스라가 느헤미야보다는 늦게 왔지만 같은 시대에 활동했다는 견해도 있다. 존 브라이트(John Bright)는 에스라가 느헤미야보다 늦게 예루살렘에 귀환했으며, 느헤미야가 아닥사스다 1세 때인 445년, 그리고 에스라는 아닥사스다 2세 재위 7년인 398년에 예루살렘에 왔다고 보는 것이 좋다고 하였다.[15] 그러나 느헤미야와 에스라 모두 아닥사스다

---

12) 김의원, 『구약 역사』 (서울: 개혁주의신행협회, 2006), 526.
13) J. Maxwell Miller, John H. Hayes, 박문재 역, 『고대 이스라엘 역사』 (고양: 크리스챤 다이제스트, 2001), 599.
14) James D. Purvis, Eric M. Meyers, "바빌론 유수(幽囚)와 귀환 - 바빌론에 의한 파괴로부터 유대 국가의 재건까지," Hershel Shanks, ed. 김유기 역, 『고대 이스라엘』 (서울: 한국신학연구소, 2005), 320.
15) John Bright, 『이스라엘의 역사』, 596.

3세(359-338)때에 활동한 것으로 보는 견해는 불가능하다. 왜냐하면 느헤미야 5장 14절에 의하면 느헤미야가 아닥사스다 32년까지 그의 개혁을 지속했다고 말하고 있기 때문이다. 만약 그렇다면 아닥사스다 3세가 21년밖에 왕위에 있지 않았기 때문에 느헤미야가 활동했던 때는 아닥사스다 3세가 될 수 없기 때문이다.

에스라와 느헤미야의 관계에 대해 의문을 제기하는 견해들 중에서도 느헤미야가 아닥사스다 1세 재위 20년에 유다에 총독으로 왔다고 보는 것이 일반적이다. 한편 에스라가 느헤미야보다 늦게 예루살렘에 왔다는 주장들에 대해 브레네만(Marvin Breneman)은 에스라가 예루살렘에 온 B.C. 458년이 이집트가 파프레미스(Papremis)에서 페르시아에게 승리한 지 2년 후이므로 그것의 역사성이 가능하다고 주장했다.[16] 이 지역에서 그리스와 이집트의 반란을 평정하기 위해 페르시아가 선발대를 보냈던 때에 맞추어 아닥사스다 1세가 에스라와 느헤미야를 보내서 페르시아 정부와 경제적 사회적 관계를 창출하려 했던 때라고 볼 수 있다는 것이다. 에스라와 느헤미야의 관계, 그리고 에스라와 느헤미야의 귀환 연도를 객관적으로 입증할 만한 자료는 거의 없다. 에스라가 느헤미야보다 늦게 왔다는 견해도 추측에 근거한다. 오히려 에스라가 느헤미야보다 먼저 와서 유다 공동체를 재건하기 위한 기초로서 특히 공동체의 유대 관계를 분명히 하기 위해 율법적인 개혁을 먼저 수행했다고 보는 것이 보다 합리적이다. '에스라의 법적인 역할이 느헤미야의 더 직접적인 행정적 역할보다 앞섰던 행동으로서 잘 이해된다.'[17] 사실 상 여러 가지 논란에도 불구하고 전통적 견해에 대해 결정적인 반론이 제기되기에는 아직 명확한 증거는 제시되지 않고 있다. 그러므로 베레네만의 견해처럼 '성경 본문 그대로 취해서 에스라에 대해 458 B.C.로 그리고 느헤미야에 대해 445 B.C.로 전통적인 연대를 주장하는 것이 훨씬 좋다.'[18]

---

16) Mervin Breneman, *Ezra Nehemiah Esther*, 46.
17) Mervin Breneman, *Ezra Nehemiah Esther*, 46.
18) Mervin Breneman, *Ezra Nehemiah Esther*, 46.

3) 아닥사스다 왕이 느헤미야를 유다총독으로 보낸 역사적 배경과 이유

느헤미야는 술 맡은 관원이었다고 한다(느 1:11). 그는 페르시아 왕의 신임을 얻은 고위 관료이었음을 뜻한다. 느헤미야는 아닥사스다 1세에 의해 총독으로 파견될 수 있었던 페르시아 왕국의 정치적 이유는 무엇이었는가? 아닥사스다 1세가 느헤미야를 유다에 총독으로 파견하고자 했던 정치적 목적은 무엇이었는가?

'성서의 기록에 따르면 포로 후기 유대 국가에서 가장 극적이고 지속적인 문화적, 정치적 변화들은 에스라와 느헤미야의 재직 시절에 일어났다. 성서의 관점에서 보면 에스라가 한 일은 주로 종교적인 영역에 관한 것이다. 한편 이런 에스라의 업적은 지방의 사회적 안정을 꾀하고자 현지의 종교-율법 전승을 장려하는 페르시아의 정책이라는 좀 더 넓은 맥락에서 이해해야 한다.'[19] 스룹바벨이 총독으로 있던 때에도 이미 가나안 땅의 이스라엘은 정치, 군사적으로 안정되어 있지 않았다. 이스라엘은 '일종의 정치적 고아가 되자, 자신을 방어할 만한 정치적, 또는 군사적 능력이 없었으므로 항상 주위의 침입과 간섭에 시달리게 되었다. 특히 북쪽의 사마리아와 요단강 동편의 암몬, 그리고 남부 아라비아 사막의 게달(Kedar)족 등이 끊임없이 이스라엘을 괴롭혔다. 이러한 정황 속에 느헤미야가 뛰어들게 된 것이다.'[20] '사마리아 사람들의 반대에도 불구하고 아케메네스 지도자들의 지원과 인식 가운데 바빌로니아에서 자란 다윗의 후손(스룹바벨)이 임명된 것은 정치적인 분위기의 단면을 보여 준다. 이는 피정복 토착 주민들 중에서 반란을 방지하고 제국의 왕권에 대한 충성심을 조장할 수 있는 충성스런 대표자들을 자리에 앉히는 페르시아의 전반적인 정책과도 일치하는 것이었다.'[21] '느헤미야가 예루살렘 성벽을 재건한

---

19) James D. Purvis, Eric M. Meyers, "바빌론 유수(幽囚)와 귀환 - 바빌론에 의한 파괴로부터 유대 국가의 재건까지," 321.

20) 장일선, '느헤미야 비망록,' 706.

21) James D. Purvis, Eric M. Meyers, "바빌론 유수(幽囚)와 귀환 - 바빌론에 의한 파괴로부터 유대 국가의 재건까지," 318.

것도(느헤미야 3장) 레반트의(Levantine) 영토를 좀 더 철저히 통제하려는 페르시아 제국의 목적이라는 더 큰 맥락에서 이해할 수 있다. 에스라와 느헤미야에 의해 율법이 사회 질서 유지의 근거로 자리 잡게 되었다. '에스라와 느헤미야의 파견을 지역 공동체의 충성심에 대한 보상으로 해석할 수는 없다. 오히려 그들의 파견은 여후드의 운명을 제국 체제의 미래와 묶어줄 경제적, 사회적 관계를 개발하려는 제국의 노력을 보여준다.'[22)

유다에 대하여 아닥사스다 1세가 보여준 협조적인 자세는 유다를 포로에서 돌아가서 유다 공동체와 제의를 회복하도록 칙령을 반포했던 고레스 1세 대왕의 유화정책과 그 궤를 같이 하고 있다. 앗시리아와 바빌로니아는 주변국들에 대해 강압적인 통치 정책을 취해왔다. 반면에 페르시아 왕국은 주변국에 대해 비교적 유화적 정책을 취했다. '특히 페르시아 세력에 동조하는 거점들을 확보하는 것이 아주 유리하다고 판단된 그러한 민감한 지역들에 대해서는 이와 비슷한 정책이 시행되었을 것이라고 생각하는 것이 안전할 것이다. 당시 근동의 네 번째 강대국이자 아직 고레스가 정복하지 못한 유일한 왕국이었던 이집트로 가는 길목에 자리 잡고 있었던 유다는 바로 그런 지역이었을 것이 틀림없다.'[23) 아닥사스다 1세 때도 그의 아버지인 아하수에로 1세 때와 마찬가지로 당시 정치 군사적 상황이 상당히 불안정하였다. "당시 국제 정세는 다리오(Darius, B.C. 552-486년) 왕 치하에 페르시아의 국력이 최고로 팽창했으나, 제 5세기로 접어들면서 그의 아들 '아하수에로 1세' 때 도처에서 반란이 일어나고, 신흥국가인 그리이스와도 충돌이 잦았다. 그 후 아닥사스다 1세 때는 이집트가 반기를 들고, 그리이스의 반격으로 에게해(海))에서 페르시아 함대를 철수시키겠다는 불명예스러운 조약을 맺었다(Peace of Callias, B.C. 449년)."[24) 이러한 정치 군사적인 혼란에 대처하기 위해 페르시아는 주변국들과 가나안 땅에서 정치 군사 종교적으로 유화정책을 취함으로써 이집트를 견

---

22) James D. Purvis, Eric M. Meyers, "바빌론 유수(幽囚)와 귀환 - 바빌론에 의한 파괴로부터 유대 국가의 재건까지," 321.
23) J. Maxwell Miller, John H. Hayes, 『고대 이스라엘 역사』, 561-562.
24) 장일선, '느헤미야 비망록,' 705-706.

제하고 압박하려 했다. 아닥사스다 1세도 이러한 목적으로 느헤미야를 유다에 총독으로 파견해서 유다 공동체를 재건함으로써 유다 백성들의 호감을 사려고 했다. 나아가서 이집트와 사이에 정치 군사적으로 완충지대를 형성하고 유사시에 협조자로 유다를 이용하기 위한 정치 군사적 전략을 취한 것이다. '느헤미야의 진정에 따라 왕은 그를 이스라엘의 총독(總督)으로 임명했는데, 느헤미야의 임명은 바사 정부 측의 하나의 전략적인 임명이었다. 아닥사스다 1세는 애굽의 평정을 위해서 이스라엘이 잠잠하기를 원했다. 그것은 이스라엘이 애굽과의 통상로에 있으며, 또 전쟁 시에는 군사 기지 및 후방 보급소로도 이용할 수 있었기 때문이다. 또한 이스라엘이 사마리아의 직할 영역으로 있었던 만큼 바사 제국에 대해서도 불만이 많던 차였으므로 그것도 해소할 겸 정치적인 안목에서 느헤미야를 파송하게 된 것이다.'[25] 이처럼 페르시아 정부가 느헤미야를 유다에 총독으로 파견하여 유다 공동체와 종교를 재건하도록 허락한 것은 앞선 세스바살을 파견한 것이나, 스룹바벨을 통해 유다 공동체와 종교를 재건하게 했던 것과 일관성이 있는 정치 군사적 목적 때문이었다.

4) 유다의 주변 부족들은 왜 느헤미야 개혁의 반대 세력이 되었는가?

느헤미야가 유다의 총독으로 부임하여 예루살렘 성을 재건하려 했을 때 주변 부족의 극심한 방해에 부딪혔다. 이 두 지역에 살고 있던 사람들 사이에 있었던 긴장관계에서 정치적 목적을 쉽게 발견할 수 있다. 고레스의 시대(즉, 기원전 539-530)로부터 다리우스 1세(Darius I) 때까지와 아하수에로(Ahasuerus: 크세르크세스[Xerxes], 기원전 485-465)의 시대, 그리고 아닥사스다(Artaxerxes) 1세(기원전 465-424)의 시대에 "그 땅 백성이 유다 백성의 손을 약하게 했다"고 한다(에스라4:4-23).[26]

---

25) 장일선, '느헤미야 비망록, 706.
26) James D. Purvis, Eric M. Meyers, "바빌론 유수(幽囚)와 귀환 – 바빌론에 의한 파괴로부터 유대 국가의 재건까지," 317-318.

그렇다면 그 주변 족속들의 정치적 목적은 무엇이었는가? 특히 주변 족속 중에서 유다를 가장 괴롭혔던 부족은 사마리아였다. 사마리아의 총독 산발랏을 중심으로 암몬 총독 도비야, 그리고 아랍 게달 연맹의 지도자인 게셈이 동맹을 맺어 느헤미야가 예루살렘 성벽을 건축하는 데 집요한 방해 공작을 폈다 (느 1:4-6; 12:27-43). 유다의 주변 부족들은 아하수에로 왕과 아닥사스다 1세 때에는 페르시아의 서부 지역에 더 많은 자율권을 주었다. 그것은 당시의 정치 군사적 상황이 혼란했기 때문이었다. 이러한 혼란한 때에 페르시아 정부는 지역의 부족들에게 정치와 종교의 자율권을 더 많이 부여함으로써 그들의 호감을 사기 위한 것이었다. 그렇게 함으로써 그들로 하여금 페르시아 정부를 위한 협조적인 세력으로 페르시아 왕국 주변에 존재토록 하려는 정책이었다. 이를 통해 서부 지역의 속주들은 많은 자율권을 누리고 있었다. 이렇게 자율권을 누리고 있었던 사마리아는 그들의 직속 관할 아래 있었던 유다에 대한 영향력을 고수하기 위해 더 적극적으로 유다에 대한 압박의 수위를 높이려고 하였다. 특히 느헤미야가 유다의 총독으로 오자 느헤미야는 사마리아는 물론 주변 부족들에게 그들이 가지고 있던 권력에 대한 심각한 위협이 된다고 보았다. 그들은 특히 느헤미야가 예루살렘 성을 건축하는 것을 저해함으로써 느헤미야의 정치적 입지를 뒤흔들려고 하였다. 이를 위해 느헤미야에게 적대감을 보였던 각 총독들은 '자기 영역을 더 강력히 통제하려는 책략을 썼고' 자신의 주도권을 강화시킬 목적으로 각 총독들의 지역들 간에 동맹을 맺었다. 기원전 586년 유다의 멸망과 그달리야 총독의 암살 이후 유다에 대한 주도권을 쥐고 싶어 했던 것처럼 사마리아 사람들은 느헤미야가 유다의 총독으로 오게 되었을 때 그들이 쥐고 있는 주도권을 빼앗기지 않고 유다에 대한 그들의 주도권을 지속시키기 위해 느헤미야에게 강력히 반발했다.[27] 사마리아 사람들을 중심으로 느헤미야의 개혁에 대해 반대하게 된 것은 스룹바벨 때로부터 시작되었다. 사마리아 사람들은 '자기들도 히브리인의 하나님을 섬기는 사람들이며

---

27) James D. Purvis, Eric M. Meyers, "바빌론 유수(幽囚)와 귀환 - 바빌론에 의한 파괴로부터 유대 국가의 재건까지." 324.

아시리아 사람들이 자기들을 그 땅에 정착시킨 이후 계속 히브리인의 하나님을 섬겼다고 주장하면서 스룹바벨이 야훼의 성전을 재건하는 일을 돕겠다고 제안했다. 그러나 스룹바벨은 사마리아 사람들이 제안한 도움을 거절했고, 이 일 때문에 사마리아 사람들은 페르시아 관리들에게 편지를 보내 귀환한 유다 사람들을 괴롭게 했다(에스라 5:1-6:18).[28] 그들은 스룹바벨이 그들이 유다 백성을 도와 성전을 재건하겠다는 제의를 거절한 것이 그들을 민족적으로 차별하는 것으로 여겼다.

한편 유다는 유다대로 주변 부족들에 의해 지속적으로 견제를 당하였다. 아닥사스다 1세 재위 7년(B.C. 458)에 포로에서부터 유다로 돌아온 에스라의 시대 때에도 그러한 일이 빈번했다. '다리우스 왕(B.C. 522-485)의 말년에 들어서면서 서방에 대한 지배력이 점차 약화되었고 이집트에서의 크세르크세스의 잔인한 행동은 그 곳 사람들을 분기시켰다. 팔레스틴의 상황은 결코 안정되어 있지 않았다. 여러 집단들 사이에서는 사소한 분쟁이 계속되었다. 아랍의 동남쪽에서 긴장이 고조되자 에돔에서 소란이 일어났고 그 충격은 점차적으로 유다에까지 파급되었다.'[29] 그러므로 유다는 서쪽과 남쪽으로부터 오는 위협에 대항하기 위하여 예루살렘 성벽을 재건하려고 하였다. 이때 특히 사마리아의 총독 르훔과 그의 서기관 심새가 페르시아의 아닥사스다 왕에게 올린 두 번째 편지에 의해 아닥사스다는 성 쌓는 일을 중지시키도록 명령하는 칙령을 내렸다. 유다가 성을 쌓는 일이 페르시아 정부에 대한 반역을 위한 것이라고 기록하여 발송했던 르훔과 심새의 고발을 아닥사스다 1세는 그대로 받아들였기 때문이다. 그 결과 그들은 즉시 무력을 사용하여 예루살렘 성 쌓는 것을 중지시켰다(스 4:23). '아마 느헤미야의 동생 하나니는 예루살렘의 상황을 조사하기 위해 파견되었거나 또는 왕에게 사태를 보고하기 위해 뒤에 수사로 도망하였던 이들 중의 한 사람이었을 것이다.'[30]

---

28) James D. Purvis, Eric M. Meyers, "바빌론 유수(幽囚)와 귀환 - 바빌론에 의한 파괴로부터 유대 국가의 재건까지," 317.
29) J. M. Myers, 『에즈라, 느헤미야』, 35.
30) J. M. Myers, 『에즈라, 느헤미야』, 35.

느헤미야가 예루살렘 성곽을 건축할 때에도 역시 이와 동일한 일이 발생했다. '그 중에서 사마리아의 총독 산발랏과 암몬의 총독 도비야의 조롱과 훼방이 심했다. 특히 사마리아의 총독 산발랏의 반발이 심했다. 왜냐하면 산발랏이 사마리아의 총독으로서 유다 지역까지 그의 권한 아래 있으면서 그 스스로 '야훼의 이름을 가지고 이스라엘의 권익을 대변한다고 생각했는데, 느헤미야에게 이방인 취급을 받게 되었으므로 분노를 금할 수 없었을 것이'기 때문이다.[31] 사마리아 총독 산발랏도 유다 민족처럼 야훼를 섬기는 하나님의 백성이라고 자처하였을 것이다. 그리고 그는 그전까지 그의 관할 하에 있었던 유다 이스라엘 백성에 대해서 정치적인 권력을 행사하는 위치에 있을 뿐만 아니라 그들에 대한 영적인 지도력까지 행사하고 있다고 스스로 판단했을 것이다. 그와 같은 때에 새롭게 유다의 총독으로 등장한 '느헤미야의 신앙적인 지도와 정치적인 지도력이 모두 사마리아 총독인 산발랏에게는 위협적일 수밖에 없었을 것이다.'[32]

'사마리아의 산발랏과 암몬의 도비야가 남쪽의 아라비아와 서쪽의 블레셋 사람과 합작해서 예루살렘을 공격, 민심을 교란시키고 적극적으로 성곽 증축사업을 저지시키려고 애썼다(4:7-12). 그래서 느헤미야는 백성을 두 부류로 나누어 한 쪽은 공사를 하게하고 한 쪽은 무장을 시켜 적군의 침입을 막게 했다. 훼방자들은 그 다음에 느헤미야를 유혹해 내어 암살하려고 했으나(6:1-4), 그 계획도 성공하지 못했다. 그러나 그들은 "네가 유다 사람들로 더불어 모반하려 하여 성을 건축한다 하나니"(느 6:6)라고 하면서 상부 당국인 바사 정부에 모함 혐의로 고발하겠노라고 협박했다. 그러나 느헤미야는 그런 협박도 두려워하지 않았다.'[33] 느헤미야는 이들의 집요한 방해에도 불구하고 유다 백성과 함께 예루살렘을 단 52일 만에 재건하였다(느 6:15). 이 여세를 몰아 그는 에스라를 도와 종교 개혁을 완수하였고 종교 개혁의 연속선상에서 사회 개혁

---

31) 장일선, '느헤미야 비망록', 706.
32) 장일선, '느헤미야 비망록', 706.
33) 장일선, '느헤미야 비망록', 706.

까지 완수하였다.

4. 느헤미야의 세계사적 업적

　'느헤미야는 페르샤 정부의 행정 관리에 그치지 않고 자기 민족의 역사에
관심을 가졌던 역사가였다. 또한 그는 어떤 민족도 그들의 과거 역사에 관심
을 갖지 않으면 살아남을 수 없다는 것을 알았다. 그가 살았던 시대의 세계에
서 전통과 공동체는 사활의 문제가 걸릴 만큼 중요하였던 것 같다. 산발랏, 도
비야와 게셈에 대한 느헤미야의 태도와 사회 개혁들(느 13:23 이하)을 시행하
겠다는 그의 결의는 이러한 사실에서 유래하는 것이다.'[34] 느헤미야처럼 에스
라도 종교개혁을 사회 개혁에 우선하는 과제로 삼았다. 그러나 그는 느헤미야
처럼 사회를 개혁하는 일에 전면으로 나서서 참여하지는 않았다. 그의 신분이
학자이며 제사장이었기 때문이었을 것이며, 그러한 사회개혁은 사실상 유다
의 총독인 느헤미야가 해야 할 일이라고 여겼기 때문이었을 것이다. 반면에
느헤미야가 '신중하게 활동한 원인은 부분적으로는 그가 내시였다는 사실에
기인하는 듯한데 그것은 제의 문제를 다루는 데 있어서 중대한 장애였다.'[35]
'그는 환관이었고 또 일반 신도였기 때문에 성전 안에 계신 하느님 앞에 나아
갈 수 없었다고 생각되었다.'[36] 에스라는 레위인들과 함께 하나님 말씀으로
느헤미야가 이루어야 할 종교개혁과 사회 혁신의 당위성과 구체적으로 개혁
을 모색해야 할 방향과 내용들을 찾아 느헤미야와 유다 공동체에 제시해 주었
다면 느헤미야는 에스라와 레위인들이 율법의 말씀으로 제시하는 개혁의 방
향을 유다 공동체 내에서 총독의 신분으로 충실하게 실행하였다. '느헤미야가
유다 공동체의 몸을 만드는 일을 하였다면, 에스라는 유다 공동체의 정신을

---

34) J. M. Myers, 『에즈라, 느헤미야』, 37-38.
35) J. M. Myers, 『에즈라, 느헤미야』, 60.
36) J. M. Myers, 『에즈라, 느헤미야』, 84.

만드는 일을 했다고 해도 지나친 말은 아닐 것이다.'[37] '그러므로 마침내 에스라와 느헤미야의 업적은 지금은 작은 범위로 줄어든 예루살렘과 유다가 그들 주변 세계의 긴장들 속에서 새로운 삶을 모색해야만 했던 긴 과정 속에서 짧은 빛의 시기에 속한다.'[38]

세스바살, 스룹바벨과 여호수아, 에스라, 느헤미야 등 '다섯 지도자 중 느헤미야는 가장 위대한 정치적, 사회적 업적을 이룬 것으로 인정을 받는다. 고고학으로부터 우리는 기원전 6세기 말의 스룹바벨과 여호수아 및 그들을 이은 총독들과 대제사장들의 통치로부터 기원전 5세기 후반의 에스라와 느헤미야의 통치에 이르기까지 유다가 반(半) 독립 주(州)로 정치적으로 재정비되면서 발전해 가는 과정에 대한 더 분명한 그림을 얻게 된다. 이런 발전이 없었더라면 그 이후 유대교가 제2성전을 잃어버리고도 살아남아 서방 종교에 그토록 큰 영향을 미친 종교로 성장했으리라 상상하기 어려울 것이다.'[39]

에스라와 느헤미야의 이러한 율법 연구와 실천은 유다를 개혁하는 것뿐만 아니라 구약의 유다 역사 말기에 유대교에 말씀 신앙을 확립하는 데에 결정적인 역할을 하였다. 이러한 그들의 말씀 신앙은 기독교에까지 중대한 영향을 끼쳤다. 에스라는 하나님께서 통치하시는 이 세계에 이루 헤아릴 수 없는 영향을 끼치게 될 기독교를 말씀 신앙의 기초 위에 세우는 일에 지대한 공헌을 한 셈이 되었다.

나아가서 느헤미야의 개혁에 의해 유다 역사 말기에 하나님의 나라, 즉 하나님의 통치가 역사 속에서 실현되는 하나의 구체적인 모델을 세계 역사 속에서 제공하였다. 나아가서 율법을 중심으로 유다 공동체에 실현한 약자 보호의 정신과 형제애의 수립은 실로 보편적인 세계사 속에 정의와 평화의 중요한 표준과 구체적인 실체를 제공해 주었다. '이 공동체가 보존되었기 때문에, 우리

---

37) J. M. Myers, 『에즈라, 느헤미야』, 62.
38) Siegfried Herrmann, *A History of Israel in Old Testament Times* (London: SCM Press, 1980), 317-318.
39) James D. Purvis, Eric M. Meyers, "바빌론 유수(幽囚)와 귀환 - 바빌론에 의한 파괴로부터 유대 국가의 재건까지," 328-329.

의 구약은 완성되었고 보존되었다. 그 유다 백성이 하나님의 구속적인 계획 속에서 도구들로 지속되었기 때문에, 구원자(the Savior)가 오셔서 하나님의 우대한 구원 계획을 성취하였다.'[40] 느헤미야와 에스라는 실로 인류 역사 속에서 도도하게 진행되는 구속사의 지평 2500년 떨어진 저 너머에서 우리에게 생명 그 자체가 되는 하나님의 말씀 신앙을 확립하여 하나님께서 온 세상의 주되심과 인간에게 유일한 구원의 주가 되심을 우리로 하여금 굳게 붙드는 은총에 참여하게 하였다. 느헤미야와 에스라가 그렇게 생명을 걸고 인생을 다 바쳐 실현하려 했던 말씀 신앙은 하나님만 믿고 하나님을 인생의 최대의 목표로 살아가야만 하는 거룩한 삶을 우리의 앞길에 던져 주었다. 그렇게 그들이 율법의 말씀을 확립함으로써 수립한 하나님에 관한 신지식(knowledge of God)은 유다인의 신앙에만 아니라 현대를 살아가는 우리 기독교인, 나아가서 모든 세계 보편 인들이 유일하게 붙들고 이 세상을 살아가야 할 인간 구원과 정의 평화의 세계 실현에 완전한 생명줄을 제시하였다.

5. 나가는 말

느헤미야의 깊은 신앙은 그가 자주 기도를 드리고(1:5-11; 2:5; 4:4-5. 9; 6,9) 성공을 "하나님이 잘 보살펴 주신 덕분"(2:8, 18)으로 돌리는 행위 속에 나타나고 있다. 그는 하나님께 헌신되어 있었고 그의 헌신과 그의 개혁의 과정과 성공은 하나님의 은총 아래에서 일어난 것이라고 보아야 할 것이다. 에스라와 함께 느헤미야가 페르시아 중앙 정부에 의해 파견된 이유와 목적은 이집트를 견제하고 이집트에 대항할 주변의 우호적인 세력을 규합하려는 페르시아의 정치 군사적 전략에 의한 것이다. 비록 느헤미야가 페르시아의 정치 군사적 목적으로 유다 총독으로 파견되었다고 할지라도, 느헤미야가 이 모든 것을

---

40) Mervin Breneman, *Ezra Nehemiah Esther*, 59.

"내 하나님의 선한 손이 나를 도우신"(느 2:8; cf. 2:18) 결과로 고백하는 것은 그러한 역사적 상황을 초월하는 것이다. 오히려 이러한 역사적 정황은 느헤미야에게 베푸신 하나님의 은혜를 더욱 분명히 하며 극대화하여 우리에게 증거하는 것이 된다. 유다 총독으로서 유다 공동체를 율법 위에 재건하고 종교를 개혁할 때, 사마리아와 암몬 아랍 연맹에 의해 심각한 방해 공작에 부딪히는 것에 대한 객관적 역사 정황은 느헤미야가 유다 총독으로서 그의 정치적 입지가 확고하지 않은 상황에서 단 52일 만에 예루살렘 성벽을 재건하는 데 성공한 그의 신앙적 순수성과 헌신적인 지도력을 더욱 빛나게 한다.

느헤미야의 헌신에 의해 당시에 유다에 완성된 하나님 나라는 구원사 속에서 하나님의 나라의 위대한 모델이 되었다. 이러한 모델에 따라 하나님의 구원 계획이 성취되었으며, 메시아로 오신 예수 그리스도에 의해 하나님의 나라가 선포되었다. 그것은 보편사 속에서 정의와 평화의 나라를 실현하시는 하나님의 의의 선도적 결정체였다. 에스라를 도와 느헤미야가 이룬 율법적 종교의 실현은 후기 유대교를 거쳐 기독교가 말씀의 종교가 되는 데 결정적인 공헌을 하였다. 이것은 세계 역사 속에서 기독교로 하여금 모든 인류가 나아가야 할 구원의 길, 생명의 길을 명백히 제시하는 예수 그리스도의 교훈에 기초하게 했던 위대한 말씀 종교 창안이었다. 나아가서 진실로 구약 역사의 최고 종착점이라고 할 수 있는 느헤미야에 의한 하나님 나라의 완성은 예수 그리스도께서 이 세상에 밝혀 주신 구원의 빛의 원형이다. 느헤미야는 그의 헌신을 통해 유다 공동체에서 하나님의 나라를 실현했을 뿐만 아니라, 나아가서 보편사 속에서 인간 구원과 정의 평화의 세계 실현에 없어서는 안 될 위대한 생명줄을 앞서 드리워 주었다. 느헤미야는 오늘날의 교회를 개혁해야 할 오늘의 개혁자들인 우리들이 걸어야 할 참된 진리의 길을 그렇게 2500년 먼저 앞서 걸어갔다. 그들이 그때 그 길을 타협 없이 걸어감으로써 역사 속에 남긴 개혁의 발자국은 오늘날의 개혁교회인 우리의 교회가 걸어가야만 할, 어쩌면 험난할지도 모르는 개혁의 길 앞에 그리스도의 십자가처럼 밝히 드리워져 있다.

제 2 장

느헤미야의 혁신과
사회적 자본

신영균 목사(경주제삼교회)

1. 들어가는 말

느헤미야는 바사왕국 아닥사스다의 총독으로 임명받아 주전 444년 에스라보다 14년 후에 귀국했다. 이스라엘 민족의 지도자로서 그는 사마리아인의 집요한 방해를 무릅쓰고 예루살렘 벽을 재건하였고, 에스라와 함께 말씀으로 하나님의 공동체를 정화하는 과제도 수행하였다. 에스라가 순수한 종교적 지도자임에 비해 그는 정치적 지도자였다. 그는 귀국 12년 후에 바사궁으로 잠시 돌아갔으나 다시 성지로 돌아왔고, 주전 412년 이전에 다리오 2세 때 죽은 것으로 파피루스 자료에 의해 전해진다. 이러한 느헤미야의 혁신과업의 성공은 다양한 요인이 있었지만 그 중 가장 큰 요인은 오늘날 행정학자들이 주창하는 '사회적 자본'의 풍부함이었다. 그러므로 느헤미야의 혁신과 사회적 자본의 확충은 오늘 우리의 혁신에 적용해야 할 중요한 모델이다

사회적 자본(social capital)은 인적자본이나 경제적 자본과는 다르다. 무형의 자본인 신뢰, 규범, 네트워크, 호혜성, 참여 등으로써 사회의 안정과 발

전, 그리고 혁신을 위한 핵심 요소이다. 하지만 우리나라는 사회적 자본의 확보 정도가 경제협력개발기구(OECD) 29개 국가 중 22위를 차지하는 최하위권 수준이다. 더구나 정부에 대한 신뢰도나 준법정신은 그 수준이 매우 낮고, 정부기관이나 사회기관에 대한 신뢰지수 역시 낮아서 24위에 머물렀다. 교회의 사회적 자본을 쉽게 나타내는 지표가 곧 신뢰의 정도이다. 2017년 여론조사기관인 지앤컴 리서치의 '한국교회의 사회적 신뢰도 여론조사'에 의하면 한국교회는 51.2%가 '(별로+전혀) 신뢰하지 않는다.'고 응답했다고 한다. 특히 종교가 없는 응답자의 경우 '(별로+전혀) 신뢰하지 않는다.'는 응답 비율이 무려 64.2%인 반면, '(매우+약간) 신뢰한다.'는 8.9%에 불과하다. 이는 한국교회도 우리 사회 못지않게 사회적 자본이 미약하다는 증거이다. 그 때문에 교계는 교회 갱신, 교회 개혁을 부르짖다가 이제는 교회혁신이라는 신조어로 교회의 변화를 시도하고 있다. 하지만 교회 혁신의 가정 큰 장애 요소인 낮은 수준의 사회적 자본을 신속하게 확보하지 않고는 성공할 수 없다. 따라서 교회의 혁신에 대한 논의와 함께 사회적 자본을 획득하는 방안이 당면 과제로 대두되게 되었다. 따라서 당시 성공적인 혁신의 리더십을 발휘한 느헤미야의 사회적 자본을 고찰하고자 한다.

2. 혁신의 이론적 논의

1) 혁신의 개념

혁신은 'innovation'으로 미국의 경제학자 슘페터(Schumpeter,J.A, 1883-1950)가 경제발전론의 중심 개념으로 사용하였다. 새로운 방법을 도입해 관습, 조직, 방법 등을 완전히 바꾸는 것을 의미한다. 초창기에는 경영학에서 신기술과 기업 경영에서 주로 사용 되었지만 그 후 사회과학의 전 분야에서 그 개념을 원용하여 사용하고 있다. 경제학에서는 단순한 생산기술의 변화만이 아니라 신시장 개척이나 신제품의 개발, 신자원의 획득, 생산조직의 개선, 신제도의 도입 등을 포함하는 보다 넓은 개념으로 사용하고 있다. 혁신(革新)은 잘못된 것, 부패한 것, 만족스럽지 못한 것 등을 개선하거나 고치는 것을 의미한다. 즉, 묵은 관습, 조직, 방법 등을 적절하다고 생각하는 방법으로 새롭게 바꾸는 것을 말한다. 한자로 혁신(革新)은 가죽을 의미하는 혁(革)과 새로움을 의미하는 신(新)의 합성어이다. 따라서 혁신은 '변화'와 '새로움'을 뜻한다. 가죽을 뜻하는 한자어로는 혁(革)뿐만 아니라 피(皮)라는 글자도 있다. 피(皮)는 동물에서 갓 벗겨낸 가죽이다. 벗겨낸 가죽(皮)을 방치하면 부패하기 때문에 동물 가죽원피(原皮)에서 털을 제거하고 무두질을 한 후에야 그 가죽을 혁(革)이라고 부른다. 혁(革)이 개선이나 역(易) 이상의 뜻을 내포하는 이유는 가죽원피(原皮)의 불필요한 성분을 제거하고 유제를 흡수시켜 부드럽고 사용하기 편리한 상태로 만드는 무두질이라는 기법을 쓰기 때문이다. 바로 혁신은 환경변화에 대한 적응을 넘어서 총체적으로 새로운 차원의 발전을 위해 인위적으로 유도해나가는 활동이다. 혁신에 대한 대표적인 학자는 조지프 슘페터(Schumpeter,J.A.), 케네스 애로(Kenneth Joseph "Ken" Arrow), 리처드 넬슨(Richard R. Nelson), 그리고 나단 로젠버그(Nathan Rosenberg) 등 이다.

교회혁신의 연구서로는 1999년도에 출판한 조태현의 『교회 커뮤니케이션의 혁신(Church communication innovation)』이 있고, 2013년도에는 미첼과 아란(Frost Michael/Hirsch Alan)의 저서 『21세기 교회의 선교와 혁신(*Shaping of Things to Come : Innovation and Mission for the 21 Century Church*)』이 있다. 최근에는 미첼슨과 카이퍼트(Wesley Granberg-Michaelson, Patrick Keifert)의 『다가올 교회의 혁신-교회 혁신 가이드 북(*How Change Comes to Your Church: A Guidebook for Church Innovations*)』이 출판되었다.

2004년도에 정인수의 『교회를 혁신하는 리더십』, 2014년도에는 『교인, 교회, 교단 모두 혁신하라!』는 도서가 출판되어 교회혁신이라는 화두가 대두되었다. 번역서는 2000년도의 Merton P. Strommen의 저서를 안성근이 번역한 『교회 혁신을 위안 7단계 전략』 출판이 대표적이다.

2) 혁신과 유사 용어

중세의 가톨릭교회도 비오 9세(1846-1878) 이후 교황들은 과거의 권위를 지키려는 '방어정책'으로 일관하였고, 그 결과는 교인들의 교회이탈 현상이 두드러졌다. 그 때 요한 23세(1958-1963)는 교회혁신을 위해서 제2차 바티칸 공의회(1962-1965)를 개최하였다. 제2차 바티칸공의회의 혁신주제가 '현대 세계에로의 적응(Aggiornamento)'이었다. 개신교회의 종교개혁자들의 개혁 즉 '교회는 항상 개혁되어야 한다(ecclesia semper reformanda)'는 모토에 못 지않는 가톨릭교회의 혁신 흔적을 볼 수 있다. 따라서 오늘의 개신교회는 보다 더 끊임없이 혁신하는 교회로 거듭나기 위해 혼신의 힘을 기울여야 한다.

주로 개신교회는 종교개혁의 영향으로 개혁이란 용어를 많이 사용하였는데. 혁신(innovation)은 개혁(reform)보다 대상영역은 넓고, 권위의 수준은 개혁보다 낮은 차원이다. 개혁은 부정적 현재의 상태에 대한 인위적이며 의도적인 변화를 전제하고 있는데 반해 혁신은 상대적으로 가치중립적 성격을 갖는다. 혁신은 '자기 조직적 개혁' 내지는 '지속가능한 개혁'을 뜻한다. 일회적이고 한시적인 개혁에 상시적이고, 지속적인 변화의 동력을 제공하고 언제나 타율적이었던 변화의 계기를 자율적으로 마련할 수 있는, 상시적 변화관리 시스템을 추구하는 것이 혁신이다. 그 밖의 주요 유사개념을 살펴보면 다음과 같다.

(1) 재구조화(restructure)

구조조정, 개편하다는 뜻을 지닌 조직의 구조를 바꾸는 것이다.

(2) 개혁(reformation)

개(改), 즉 '자기 자신[己]을 가볍게 톡톡 두드려[攵]고치다' 는 뜻이고, 혁(革), 즉 '가죽[皮]을 고치다' 는 뜻에서 유래하였다. 고대에 가죽은 곧 그것을 입고 있는 사람의 계급과 신분을 나타냈다. 그런데 그 가죽옷을 바꾸면 다른 계급과 다른 신분이 되는 것이다. 따라서 낡은 제도나 기구 따위를 새로운 시대에 맞게 바꾸는 일을 말한다.

(3) 갱신(renewal)

고객의 라이프 스타일의 변화에 대응하여 매장을 새롭게 재구성해 새로운 시각을 재개하는 의미의 업계 용어로 경영학에서 사용하기 시작하였다.

(4) 갱생(regeneration)

벌채 등으로 이용된 산림이 다시 조성되는 과정을 갱생이라고 한다.

(5) 업데이트(update)

실정에 맞지 않거나 낡은 것을 현재 상황이나 특정 환경에 맞도록 최신 정보화하는 것. 문서나 웹페이지, 데이터베이스, 응용 프로그램, 컴퓨터 시스템 등 각종 분야에서 현재 상황에 맞도록 내용을 변경하거나 추가, 삭제하는 작업을 가리킨다.

(6) 리엔지니어링(reengineering)

조직 재충전을 의미한다. '업무재구축'이라는 말로 번역되는 '비즈니스 리엔지니어링'은 인원삭감, 권한이양, 노동자의 재교육, 조직의 재편 등을 함축하는 말로서, 비용·품질·서비스와 같은 핵심적인 경영요소를 획기적으로 향상시킬 수 있게 경영과정과 지원시스템을 근본적으로 재설계하는 기법이다.

3) 성공적인 혁신을 위한 요소

하버드 경영대학원(HBS) 조직행동론 린다 힐(Linda Hill) 교수는 『조직의 설계자(Collective Genius)』에서 혁신 리더는 혁신가가 아니라 혁신의 설계자라 강조하였다. 그의 조직의 성공적인 설계의 방안은 조직을 천재적인 조직으로 만드는 것이라고 주장하였다.

(1) 성공적인 혁신 조직이 되기 위해서는 천재적인 조직을 만드는 세 가지 요소인 협업, 시행착오와 발견에 따른 혁신학습, 아이디어의 통합적 의사결정에 혁신에 적절한 환경을 만들어가는 리더십이 요구된다.
(2) 혁신 리더는 혁신을 돕는 방향 잡이 역할을 하고, 조직원들이 스스로 혁신하도록 해야만 혁신이 성공한다.

(3) 혁신은 조직내부에 초점을 주면 안 된다. 조직 외부의 요구와의 접점을 찾아 혁신의 거기에 혁신의 초점을 두어야 한다.

(4) 조직 구성원과 공유된 혁신의 목적이 있어야 한다.

(5) 혁신의 목적을 실현하는 공유된 가치와 규칙이 있어야 한다.

(6) 창조적 마찰, 즉 계속 부딪히고 토론하고 다양성을 연결하는 다리를 놓으라.

(7) 심리적 안정감을 주는 공동체를 만들라.

(8) 조직에 혁신을 위한 스타트업의 민첩성을 불어 넣는다.

(9) 끝없는 노력과 실험으로 혁신을 채운다.

(10) 버려지는 아이디어는 없다, 버린 답에서도 답을 찾아라.

(11) 신속하게 결단하려는 유혹을 견뎌라.

(12) 공동체 의식이 강하면 무너지지 않는다.

(13) 개개인의 초심을 일깨워 공동체를 이룬다.

(14) 관리가 아니라 포용의 리더십이 필요하다.

(15) 혁신 생태계를 이끌 혁신 리더들의 생태계를 만든다.

한편 포스텍(포항공과대학교) 인문사회학부 김수영 교수는 『혁신 다이내믹스(Innovation Dynamics)』에서 지속적인 성장을 위한 혁신의 원리와 길을 제시하였다. 그는 혁신에서 가장 중요한 것은 가치(values)라고 주장하며, 가치증진혁신과 가치창조혁신으로 구분하였다. 즉 가치가 증진되거나 가치가 창조되는 가치혁신이 없는 혁신은 일시적인 죽음 프로그램에 지나지 않는다는 것이다. 그의 혁신의 원리를 네 가지로 요약할 수 있다.

(1) 변화하는 중요한 요구들을 잘 파악하여 접목할 때 혁신의 성공확률이 높아진다.

(2) 혁신 리스크를 적절히 관리할 때 혁신의 성공확률이 높다. 혁신 리스크는 환경에 적절히 대처하지 못하는 혁신과 혁신의 기술의 리스크를 모두 포함하는 리스크이다.

(3) 차별화된 혁신의 목적과 수단이 혁신의 성공을 높이고, 혁신에 필요한 자원과 역량이 높을수록 수준 높은 혁신을 가능하게 한다.

(4) 혁신은 혁신대상(target), 혁신 타이밍(timing), 상황에 맞는 적절한 혁신의 과정(process), 혁신의 홍보, 관심, 참여의 모델(model) 등이 적합할 때 성공적인 혁신으로 자리 잡게 된다.

한편 이러한 혁신의 이론을 토대로 스트롬맨(Merton P. Strommen)은 교회의 혁신도 성공적인 원칙이 중요하다고 주장하며 혁신 모델의 7단계를 제시하였다, 그 혁신 모델의 7단계는 (1) 변화에 영향을 주도록 사람들을 참여시켜라 (2) 필요를 중심으로 결합하라 (3) 혁신을 사명과 가치에 일치 시켜라 (4) 정책 결정권자들의 의견을 사용하라 (5) 주인 의식을 광범위하게 갖게 하라 (6) 행동하라 (7) 혁신이 장기간 유지되게 하라 등 이다.

4. 사회적 자본의 이론적 논의

1) 사회적 자본의 개념

사회적 자본은 1916년에 공식 발간물에 처음 등장했으며 부르디외(Bourdieu), 콜만(Coleman) 등의 사회학자들이 사용하였고, 후쿠야마(Fukuyama) 등이 경제학에 도입하여 활용하였다. 콜만은 물적 자본이나 인적 자본과의 대비를 통해 사회적 자본을 정의했는데, '신뢰'를 사회적 자본의 대표적 유형으로 제시하였다. 사회적 자본은 일단 생산되면 한 개인이 배타적으로 소유할 수 없으므로 공공재의 성격을 가지고 있다고 보았다.

사회적 자본(social capital)은 사회 구성원들이 힘을 합쳐 공동의 목표를 효율적으로 추구할 수 있게 하는 사회생활의 특성이다. 공동 이익을 위한 상호 조정과 협력을 촉진하는 사회적 조직의 특성을 일컫는 말이다. 인적자본이 개인에게 초점을 두는 반면, 사회적 자본은 개인을 연결해 주는 관계와 규범을 강조한다. 사람과 사람 사이의 협력과 사회적 거래를 촉진시키는 상호 신뢰, 친사회적 규범, 그리고 협력적 네트워크 등이 사회적 자본의 핵심적 구성요소이다. 또한 사회적 자본은 일단 생산되면 한 개인이 독점적으로 소유할 수 없기 때문에 공공재의 성격을 가지고 있다. 사회적 자본의 대표적 유형으로 신뢰를 들 수 있다. 신뢰는 사회적 관계로, 구성원들은 신뢰를 통해 서로 협동할 수 있고 감시와 통제 비용을 줄일 수 있다. 푸트남(Putnam)은 이탈리아 지방정부 혁신의 정치경제적 성공은 그 지역사회가 지닌 사회적 자본에 의해 좌우됨을 증명하였고, 사회 자본은 사회과학 학계 전반에 새로운 패러다임으로 중요한 사회 혁신의 기반임을 주장하였다.

사회적 자본은 주로 '상호신뢰, 친사회적 규범, 그리고 협력적 네트워크, 호혜성, 구성원의 긍정적 참여'를 강조한다.

교회는 기독교의 근본 규범인 말씀에 순종하는 생활이 증대되면 사회적 자본이 풍부해 지고, 그것이 미약하면 사회적 자본의 수준이 낮아진다. 사회적 자본의 수준이 낮아지면 협력적 네트워크를 형성하기가 어렵고 교회혁신 역시 성공하기가 어렵다.

〈표1〉 사회적 자본에 대한 개념

학 자	개 념
브르디외 (Bourdieu,P.)	지속적 네트워크나 호혜성, 또는 인지를 기초로 한 관계, 또는 특정 조직의 구성원으로서 얻는 잠재적이거나 실제적인 자원의 총합
콜만 (Coleman, James,S.)	특정 사회 관계구조에서 발생하는 비가시적인 자원, 개인이나 조직의 특정행위를 유도하는 사회구조
푸트남(Putnam,R.)	조정행위를 가능하게 하는 규범, 신뢰, 네트워크를 조정하고 사회적 효용성을 증대시키는 조직 내의 특성
후쿠야마 (Fukuyama,F.)	협력을 증대시키는 신뢰 및 네트워크
펜나(Pennar,K.)	개인에 영향을 미치는 사회적 관계망
린(Lin,N.)	사회적 네트워크를 견고히 하고, 목적 지향적 행위를 용이하게 하는 자원

2) 사회적 자본의 유형

조직 내에서 사회자본의 유형이 다양하게 충족되면 사회적 자본이 풍부한 조직이 된다. 학자들의 견해를 종합하면 사회적 자본은 신뢰, 연결망, 호혜의 규범, 믿음, 일정한 행동촉진 등 다양한 유형이 있다. 이러한 사회적 자본은 조직에 따라서 그 유형과 정도가 다르게 나타난다. 현대 사회과학은 조직 내의 사회적 자본의 정도를 유형에 따라서 수치로 나타내기도 한다. 일반 사회과학자들이 사회적 자본을 측정하여 수치화하는 것에 민감한 것처럼 교회도 사회적 자본의 유형별 정도에 대해 촉각을 곤두 세워야 할 때가 되었다.

〈표2〉사회자본의 유형

유형	내용	학자
신뢰	사회자본이 사회 내에 존재하는 신뢰로부터 나오는 것으로 종교, 전통, 또는 역사적 관습 등과 같은 문화적 메커니즘에 의해 생겨난다.	F. Fukuyama
연결망 (네트워크)	현대사회, 전통사회 또는 권위주의 및 민주사회, 봉건사회, 자본주의 사회 등 어떠한 사회도 공식 비공식의 사람들 사이의 커뮤니케이션 및 상호작용, 상호교환을 통해 이루어지는 연결망이다.	Brehm & Rahn
규범에 근거를 둔 호혜성	구성원들이 공유하고 있는 규범에 근거를 두고 상호 호혜의 관계가 유지되고 두터워지는 신뢰관계를 위한 행동지침이다.	Adler & Kwon
믿음	믿음(Beliefs)은 사회 자본 형성에서 중요한 역할을 하고 있다. 공통적인 전략적 생각(vision), 해석(interpretations), 그리고 의미의 체계(systems of meaning)의 형태인 믿음은 사회자본의 형성에 중요한 역할을 하고 있다.	Nahapiet & Ghoshal
일정한 행동의 촉진	사회구조 속에서 구성원들에게 일정한 행동을 하도록 촉진하는 공통적인 요소가 나타난다.	J. Coleman

3) 혁신의 성공 요인으로서의 사회적 자본

(1) 혁신 행동으로서의 사회자본

사회자본에 관한 학자인 푸트남(Putnam)과 콜만(Coleman)은 조직구성원들 간의 협력, 신뢰, 네트워크, 호혜성, 참여 등 사회적 자본(social capital)이 혁신의 기반이며, 또한 혁신의 주요한 성공 요인이라고 주장한다. 이는 사회적 자본이 혁신의 주체, 하부 인프라, 제도적 자본 등 기존 요소들과의 작용을 통해 혁신클러스터의 성과를 높여준다는 판단에서 나온 주장이다. 국내의 사회자본과 혁신의 상호작용을 연구하는 연구자들 역시 사회적 자본의 관점에서 보면, 조직 내에서의 신뢰, 네트워크 등 사회적 자본의 구축이 중요한 역할을 한다는데 이견이 없다.

① 혁신 행동과 신뢰

신뢰(trust)없는 혁신은 존재할 수 없다. 조직 내적 신뢰는 혁신의 원동력이고, 혁신을 위한 응집력을 촉진하고, 혁신목표를 동일시하는 작용, 그리고 공유된 목적설정을 위한 기반이다. 조직외부로부터 받는 신뢰는 그 자체가 혁신이다. 동시에 혁신조직의 이미지 확보와 혁신으로서의 면모와 기본적인 자질을 갖추는 것이다. 신뢰는 사회자본의 중요한 부분인 동시에 혁신의 필수적인 요소이다. 조직 내외의 모든 상호작용이 신뢰라는 요소 안에서 이루어지기 때문이다. 서로 협력하기 전에는 다른 사람들을 믿는 것뿐만 아니라 자신이 다른 사람에 의하여 신뢰받고 있다는 믿음이 있어야 하며, 만일 행위자들이 서로에게 믿을 만한 약속을 할 수 없다면, 그들은 상호 이익을 위하여 협력할 수 있는 많은 기회를 잃게 된다. 그리고 사람들 사이에 높은 신뢰가 없다면 그 조직은 건강하게 존속할 수 없다.

신뢰는 조직 내외의 상호작용을 통하여 형성된 대인적 관계를 의미하여, 행동에 영향을 미치는 존경과 우의 등 특별한 관계에 기반을 두고 있다. 또한 신뢰는 정보의 교환과 공유, 의사소통의 원활화, 각종 활동에 참여의 정도를 높이는 역할을 한다. 상호 간의 관계가 신뢰에 기반을 두고 있지 않는 경우 지식의 교환과 전달이 제대로 이루어지기 어렵다. 만약 신뢰가 없다면, 조직구성원 간의 관계에 있어서 정보가 원활하게 전달되지 못하며, 기회주의적인 행동으로부터 비용이 발생하고, 이런 문제를 해결하기 위해 협상비용이 발생하고, 도덕적 위험 및 역선택으로 손실이 발생한다.

② 혁신 행동과 규범

규범(norm)은 하나의 국민사회 또는 특정한 집단과 조직 속에서 그 성원이 일정한 목적이나 이상을 이루기 위하여 마땅히 따라야 할 법칙과 원리이고, 사회학 용어로는 '가치'라는 말과 관련지어 설명된다. 이 경우 가치가 일반적인 바람직함의 기준이 되는 추상성이 큰 초월적이고 궁극적인 것을 의미하는 데 비해, 규범은 보다 구체적으로 특정상황에서 행위를 지시하는 것과 같은 기준이다. 조직이론가 에치오니 (A. Etzioni)는 조직의 유형을 지배·복종 관계를 기준으로 하여 세 가지의 조직으로 분류했다. 첫째, 강제 조직이다. 이는 교도소, 포로수용소와 같이 강제적인 통제수단을 사용하여 조직이 구성원들을 명령에 따르도록 함으로써 대부분의 구성원들이 소외의식을 지니고 있는 조직이다. 둘째, 공리적 조직이다. 이는 기업체와 회사와 같이 보수를 통제의 수단으로 하는 조직이다. 셋째, 규범 조직이다. 에치오니는 교회를 규범조직으로 구분했다. 여기서 규범(norm)은 마땅히 행하여야 할 행동가치 즉 성경적 가치, 도덕적 가치 등이 주요 수단이 되는 조직으로 위신이나 존경과 같은 규범적 상징과 애정이나 수용과 같은 사회적 상징을 중요시 하는 조직이다. 따라서 규범은 사회적 자본의 주요한 요소이고, 그 규범이 확립된 교회 지도자는 교회혁신의 리더로서 손상이 없다. 규범(norm) 즉 성경적인 규범, 기독교인으로서의 규범에 대한 순종과 준행이 혁신 리더십의 가장 중요한 자질이며, 확실한 규범 준수를 위한 훈련이 곧 교회 혁신의 기반이다.

③ 혁신 행동과 네트워크

네트워크(network)는 개인이나 집단 등 행위자들 간의 전반적인 연결망을 의미하여, 누가 누구에게 어떻게 접근하는가 하는 관계구조를 의미한다. 네트워크는 지식과 정보의 교환과 조직 활동의 참여에 기여한다. 네트워크의 형성은 신뢰와 규범의 형성에 영향을 미쳐서 사회적 상호작용 및 지식의 교화에 참여하도록 동기를 부여한다. 따라서 조직 내 네트워크의 형성은 조직 구성원 간 그리고 조직의 하위단체 간 정보와 지식의 전달과 공유, 의사소통의 원활화, 참여의 조장을 통해 조직 활동을 촉진함으로써 궁극적으로 조직성과에 긍정적인 영향을 미칠 수 있다.

교회-노회-총회 즉 치리회 간 협력적 네트워크, 교회 간, 노회 간 협력적 네트워크, 자체부서와의 협력적 네트워크, 지역사회와의 협력적 네트워크 등 다양한 네트워크를 구축하면 혁신과제를 보다 효율적으로 수행할 수 있다. 행정서비스 제공과 활발한 정보교환, 협력적·수평적 혁신네트워크 구축이 혁신성과를 더 높이는 요인이 된다.

④ 혁신 행동과 호혜성

호혜성에 대한 인류학적, 사회학적 관심은 처음에 프랑스 사회학자 모스(Mauss)에 의해 시작되었다. 그는 1925년 『선물(The gifts)』에서 선물은 그 자발성과 비계산성에도 불구하고 궁극적으로 의무적이고 계산적이고 힘의 사용에 의해 제재되는 것이라고 보았다.[1]

퍼트남은 '사회적 자본'이라는 개념을 통해 개인주의적 고립이 아닌 상호 신뢰와 호혜성의 사회적 공감대의 필요성을 역설하였다. 셀린스(Sahlins)는 이해관계의 방향성, 예상된 보답의 즉각성, 예상된 보답의 등가성이라는 세 분석적 차원을 통해 호혜성 개념을 일반화된(generalized) 호혜성, 균형 잡힌(balanced) 호혜성, 부정적(negative) 호혜성으로 정교화 하였다. 일반화된 호혜성은 당사자가 아닌 제 3자에게 받은 것을 돌려주는 것으로 장시간에 걸쳐 간접적으로 보상이 돌아오는 상황을 말한다. 일반화된 호혜성에 비해 균형 잡힌 호혜성은 교환이 등가적으로 이루어지는 것이다. 반면 부정적 호혜성은 상호적 교환이 발생하지 않아 호혜성의 규범이 없는 것과 마찬가지이다. 할리난

---

1) 선물의 주고받음은 상호 계산적인 호혜의 관계를 기반으로 이루어진다는 것이다. 선물이 서로서로에게 물질적으로는 손해가 되는 행위이지만 결국 선물이 서로서로 충성해 지면 조직의 사회적 자본은 풍성해 지고 응집력도 강화된다. 따라서 호혜성의 풍성함은 조직이 변화, 혁신에 용이하게 하여 성공적인 혁신의 기반이 된다.

(Hallinan)은 호혜성이 친구선택의 기준에서 서로 협조하는 관계를 말한다고 하였다.

⑤ 혁신 행동과 참여

조직에는 방관자와 참여자로 구분한다. 참여자도 순기능적인 참여자와 역기능적인 참여자로 양분된다. 순기능적 참여자는 혁신리더, 리더를 추종하는 추종자, 물적, 정신적 헌신자 등이 있고, 역기능적 참여자는 소극적 참여자, 비판적인 참여자 등이 있다. 또한 참여자도 능동적인 참여자와 수동적인 참여자로 구분할 수 있다. 조직혁신은 역기능적 참여자 또는 방관자가 장애요인이다. 혁신에 대하여 제3자의 관점을 취하는 방관자(Spectator)는 혁신의 동기부여가 되어 있지 않은 사람들이다. 변화를 만들어 내는 것은 방관자가 아니라 적극적, 능동적인 참여자이다. 혁신의 과정에서 실천적 참여자가 혁신의 주최이다. 실천적 참여자들의 건강한 네트워크(network)는 혁신과제를 둘러싸고 그것을 공유하며, 그 공유된 목적을 돈독히 하며 일정한 관계를 형성하면서, 상호작용에 초점을 맞추어 혁신행동을 용이하게 한다. 실천적 참여자들은 긍정적 참여자이며 자발적 참여자들을 의미한다.

4. 느헤미야의 혁신행동과 사회적 자본

1) 느헤미야의 혁신의 목적과 과제

느헤미야의 혁신의 핵심 목적은 하나님의 집 회복이며, 하나님의 공동체 회복이었다. 바벨론 포로귀환 후 혁신의 핵심 과제는 성벽 쌓기와 말씀을 따라 새로워지는 언약의 공동체였다. 당시 산발랏과 도비야 같은 적극적인 방해자들이 있었음에도 사회적 자본이 풍성한 혁신행동으로 인해 장애요인을 모두 극복할 수 있었다. 느헤미야의 비전은 성벽을 건축하여 하나님의 백성이 하나님을 향해 몰입하도록 하는 것이었다. 느헤미야는 "자, 예루살렘 성을 중건하여 다시 수치를 받지 말자"라고 하였다(느2:17).

느헤미야는 하나님이 주신 성벽 재건의 비전과 하나님이 도와주실 것이라는 확신과 함께 자신감을 갖고 백성들에게 선포했다. 이 때 백성들은 느헤미야를 하나님의 사람으로 인정하고 그의 비전을 공유하기 시작하였다. 느헤미야는 백성들과 공유된 목적과 비전을 확립하므로 혁신리더십을 확보하였다.

느헤미야는 "또 저희에게 하나님의 선한 손이 나를 도우신 일과 왕이 내게 이른 말씀을 고하였더니 저희의 말이 일어나 건축하자 하고 모두 힘을 내어 이 선한 일을 하려 하매"라고 하였다(느2:18).

느헤미야는 성벽재건의 비전을 만방에 선포 하였다. 목적과 비전의 선포는 혁신의 인프라를 구축하는 방안이다.

느헤미야 2:19은 "호론 사람 산발랏과 종이 되었던 암몬 사람 도비야와 아라비아 사람 게셈이 이 말을 듣고 우리를 업신여기고 비웃어 가로되 너희의 하는 일이 무엇이냐 왕을 배반코자 하느냐 하기로"라고 하였다. 확고한 목적과 비전의 무장이 방해자들을 극복하는 저력이었었음을 알 수 있다. 느헤미야 2장 20절은 "내가 대답하여 가로되 하늘의 하나님이 우리로 형통케 하시리니 그의 종 우리가 일어나 건축하려니와 오직 너희는 예루살렘에서 아무 기업도 없고 권리도 없고 기억되는 바도 없다 하였느니라."라고 하였다.

여기서 "하늘의 하나님이 우리로 형통케 하시리니"라는 고백을 보면 느헤미야는 하나님을 향한 확신으로 그의 비전을 더욱 공고하게 하는 동력으로 삼았다.

나아가 느헤미야는 성벽재건과 함께 하나님의 언약공동체로서의 규범의 회복에 대한 혁신의 목적을 선포하였다. 그 선포내용은 다음과 같다.

(느 1:5) 이르되 하늘의 하나님 여호와 크고 두려우신 하나님이여 주를 사랑하고 주의 계명을 지키는 자에게 언약을 지키시며 긍휼을 베푸시는 주여 간구하나이다

(느 9:8) 그의 마음이 주 앞에서 충성됨을 보시고 그와 더불어 언약을 세우사 가나안 족속과 헷 족속과 아모리 족속과 브리스 족속과 여부스 족속과 기르가스 족속의 땅을 그의 씨에게 주리라 하시더니 그 말씀대로 이루셨사오매 주는 의로우심이로소이다

(느 9:32) 우리 하나님이여 광대하시고 능하시고 두려우시며 언약과 인자하심을 지키시는 하나님이여 우리와 우리 왕들과 방백들과 제사장들과 선지자들과 조상들과 주의 모든 백성이 앗수르 왕들의 때로부터 오늘까지 당한 모든 환난을 이제 작게 여기지 마옵소서

(느 9:38) 우리가 이 모든 일로 말미암아 이제 견고한 언약을 세워 기록하고 우리의 방백들과 레위 사람들과 제사장들이 다 인봉하나이다 하였느니라

(느 13:29) 내 하나님이여 그들이 제사장의 직분을 더럽히고 제사장의 직분과 레위 사람에 대한 언약을 어겼사오니 그들을 기억하옵소서

〈표3〉 혁신의 과제

혁신의 과제	성벽재건	"큰 환난을 당하고 능욕을 받으며 예루살렘 성은 허물어지고 성문들은 불탔다"(1:3; 2:3) 내적인 어려움과 외부의 방해를 무릅쓰고 52일 만에 성공적으로 성벽중수를 완성한다(6:15).
		건축자 명단은 양문에서 시작하여 양문에서 끝난 성벽 재건 작업이 차근차근 진행되어 성벽의 모든 구간이 완성되었음을 증거 한다 (3:1,32).
	공동체 회복	기근과 세금문제로 심화된 고리대금 문제(5:1-13) 신앙적, 사회적 공동체 혁신을 단행(13:1-14)

2) 느헤미야의 혁신행동과 사회적 자본

(1) 느헤미야의 사회적 자본 – 긍정적 참여

느헤미야 3장에는 성벽재건에 참여한 자들의 명단을 기록하였다. 당시 성벽재건 공사는 북쪽의 양문에서 시작되었고, 시계반대방향으로 진행하여 돌아서 양문에 이르렀다. 느헤미야 3:1-7에는 북쪽 성벽을 재건한 사람들의 명

단이 나온다. 대제사장 엘리아십이 형제 제사장들은 '양문'을 건축하였다고 하였다. 제사장들은 자신들의 사역과 직접 관련된 양문 재건에 집중하였다. 서쪽 성벽을 재건한 사람들의 명단은 느헤미야 3:8-13에 나온다. 각종 직업에 종사하는 자들 즉 향품과 무역업자들을 비롯한 동업자 조합, 예루살렘 지방을 다스리는 자들, 정치 지도자들의 딸들까지 성벽 재건에 참여하였다(느 3:12). 남쪽 성벽을 재건한 사람들과, 분문 즉 성에서 발생되는 쓰레기와 분뇨를 성 밖으로 버리기 위한 문을 재건하는 사람들이 동참하여 맡은 일에 충실하였다. 마지막으로 동쪽 성벽을 재건한 사람들의 명단이 느헤미야 3:15-32에 나온다. 동쪽 성벽은 이스라엘 여러 지방의 정치 지도자들이 담당하였다(느3:15-19). 성벽중건에는 제사장들도 적극 참여 하였다(느3:21,22,28). 그밖에 백성들은 '자기 집 맞은 편 부분, 자기 집에서 가까운 부분'을 재건하였다(느3:23,28,29,30). 이렇게 하나님의 은혜와 자발적 참여자들에 의해 성벽 재건은 불과 52일 만에 끝날 수 있었다. 느헤미야 4:6-7은 "예루살렘 성벽을 건축하여 전부가 연결되고 높이가 절반에 이르렀는데 산발랏과 도비야와 아라비아 사람들과 암몬 사람들과 아스돗 사람들이 심히 분노하여 다 함께 꾀하기를 예루살렘으로 가서 치고 그 곳을 요란하게 하자"라고 하였다고 한다. 이런 훼방자들에 대한 느헤미야의 대처방안은 하나님께 기도로 맡기고, 또 성벽 건축 참여자들에게 맡은 일에 충실하면서 무기로 훼방자들을 경계하고 방어하는 것이었다.

느헤미야는 "우리가 우리 하나님께 기도하며 그들로 말미암아 파수꾼을 두어 주야로 방비하는데"라고 하였다(느4:0). 또 그는 "내 하나님이여 도비야와 산발랏과 여선지 노아댜와 그 남은 선지자들 곧 나를 두렵게 하고자 한 자들의 소행을 기억하옵소서 하였노라."고 기도하였다(느6:14).

〈표4〉 느헤미야의 사회적 자본 - 참여

참여	에스라의 참여	아닥사스다 왕 제7년(458년)에 "학사" 에스라가 등장하여 느헤미야와 함께 하나님의 공동체 회복을 위해 율법낭독하고 회개운동을 일으켰다 (느8:5-13)
	백성들의 참여	그 때에 대제사장 엘리아십이 그의 형제 제사장들과 함께 일어나 양문을 건축하여 성별하고 문짝을 달고 또 성벽을 건축하여 함메아 망대에 서부터 하나넬 망대까지 성별하였고 그 다음은 여리고 사람들이 건축하였고 또 그 다음은 이므리의 아들 삭굴이 건축하였으며(느3:1-2, 느3:1-32) "백성들"이 행동의 주체가 되며, 이 사건은 완공된 성벽 봉헌을 지연시키기까지 한다(느6:15; 12:27).
	하나님의 참여	성벽 역사가 오십이 일 만인 엘룰월 이십오일에 끝나매 우리의 모든 대적과 주위에 있는 이방 족속들이 이를 듣고 다 두려워하여 크게 낙담하였으니 그들이 우리 하나님께서 이 역사를 이루신 것을 앎이니라(느6:15-16)
	훼방자의 참여를 극복	산발랏과 도비야의 성전 거주 불허(느 13:4-14)

(2) 느헤미야의 사회적 자본 - 규범

느헤미야는 '하나님은 크고 두려운 분'이며, '언약을 지키는 신실하신 분'이시고, '긍휼과 은혜를 베푸시는 분'이라고 고백한다. 이런 느헤미야의 고백을 보면, 그는 하나님은 언약을 지키시는 분이시기 때문에 언약을 지키지 못하는 백성들에게 심판과 징계를 내리시는 분이시며, 동시에 그분은 긍휼과 은혜를 베푸시는 분이시라는 믿음을 가지고 있다. 느헤미야는 언약의 갱신 즉 하나님의 백성으로서 반드시 지켜야 할 신앙의 규범을 지키도록 하는 것을 혁신의 또 하나의 목적과 비전으로 삼았다.

느헤미야 10장은 백성과 제사장들과 레위 사람들과 문지기들과 노래하는 자들과 문지기들과 노래하는 자들과 느디님 사람들과 및 이방 사람과 절교하고 하나님의 율법을 준행하는 모든 자와 그 아내와 그 자녀들 무릇 지식과 총명이 있는 자가 다 그 형제 귀인들을 좇아 저주로 맹세하기를 우리가 하나님의 종 모세로 주신 하나님의 율법을 좇아 우리 주 여호와의 모든 계명과 규례와 율례를 지켜 우리 딸은 이 땅 백성에게 주지 아니하고 우리 아들을 위하여 저희 딸을 데려오지 아니하며 혹시 이 땅 백성이 안식일에 물화나 식물을 가져다가 팔려 할지라도 우리가 안식일이나 성일에는 사지 않겠고 제 칠년마다 땅을 쉬게 하고 모든 빚을 탕감하리라 하였고 우리가 또 스스로 규례를 정하기를 해마다 각기 세겔의 삼분 일을 수납하여 하나님의 전을 위하여 쓰게 하였다고 하였다.

〈표5〉 느헤미야의 사회적 자본 – 규범

규범	경제적 규범 확립	기근과 세금문제로 심화된 고리대금 문제를 해결하고(5:1-13) 3/1세겔의 성전세 납부(5:32-38) 연혼(13:23-29)
	신앙적 규범 확립	제단에 사를 나무 봉헌(32-33절) 맏물 봉헌(35-36절) 제사장을 위한 최선의 봉헌(37) 레위인을 위한 십일조(37) 제사장의 십일조 감독(38) 레위인의 십일조의 십일조(38) 안식일(13:15-22) 안식년 준수(31) 성전 봉헌식 대신 죄를 자복하고 견고한 언약을 세움(9-10장) ·죄의 제도 개혁(13장)

(3) 느헤미야의 사회적 자본 – 신뢰

느헤미야는 아닥사스다 왕 제이십년 기슬르월에 내가 수산 궁에 있는데 하나니가 두어 사람과 함께 유다에서 내게 이르러서 들려준 소식이 예루살렘에 남아 있는 자들이 큰 환난을 당하고 능욕을 받으며 예루살렘 성은 허물어지고 성문들은 불탔다는 소식을 들었다. 느헤미야는 이 말을 듣고 앉아서 울고 수일 동안 슬퍼하며 하늘의 하나님 앞에 금식하며 기도하여 하늘의 하나님 여호와 크고 두려우신 하나님이여 주를 사랑하고 주의 계명을 지키는 자에게 언약을 지키시며 긍휼을 베푸시는 주여 간구하였다.

이스라엘 자손이 주께 범한 죄들을 회개와 자복의 기도, 이스라엘 자손을 위하여 주야로 기도하였다. 주의 종 모세에게 명령하신 계명과 율례와 규례를 지키지 아니한데 대한 회개의 기도를 드렸다. 느헤미야는 영적 리더십을 확보하여 하나님께 신뢰받는 지도자가 되었다. 하나님 중심의 영적 지도력을 최우선으로 하고 나아가 왕의 신뢰와 백성들의 신뢰를 받았다. 에스라3장에서 느헤미야6장까지의 내용을 살펴보면, 하나님의 집 재건 즉 스룹바벨이 고레스와 다리오왕의 명령에 의해 스룹바벨은 성전 재건을 시작 하였고(스3-6장) 에스라가 아닥사스다왕의 명에 의해 거룩한 자손 재건이 이루어졌다(스7-10장). 느헤미야가 아닥사스다 왕의 명에 의해 예루살렘성벽 재건되었다(느1-6장). 이는 적극적으로 왕의 신뢰를 받았다는 증거이다. 느헤미야는 아닥사스다 왕께 대답하되 "왕은 만세수를 하옵소서 나의 열조의 묘실 있는 성읍이 이제까지 황무하고 성문이 소화되었사오니 내가 어찌 얼굴에 수색이 없사오리이까."라고 한 것을 볼 때 왕과 소통을 잘하므로 왕에게 전적 신뢰를 받게 되었다.

〈표6〉 느헤미야의 사회적 자본 – 신뢰

신뢰	영적 신뢰	내가 이 말을 듣고 앉아서 울고 수일 동안 슬퍼하며 하늘의 하나님 앞에 금식하며 기도하여 이르되 하늘의 하나님 여호와 크고 두려우신 하나님이여 주를 사랑하고 주의 계명을 지키는 자에게 언약을 지키시며 긍휼을 베푸시는 주여 간구하나이다(느1:4-5)
	왕의 신뢰	느헤미야는 아닥사스다 왕 제20년(445년)에 왕의 추천장에다 군사적 호위까지 갖추고 페르시아의 총독으로서 예루살렘에 파견된다. 왕의 술관원으로 임명(느1:11)
	백성의 신뢰	또한 유다 땅 총독으로 세움을 받은 때 곧 아닥사스다 왕 제이십년부터 제삼십이년까지 십이 년 동안은 나와 내 형제들이 총독의 녹을 먹지 아니하였느니라(느5:14)

(4) 느헤미야의 사회적 자본 – 호혜성

① 섬기는 리더십과 호혜성

느헤미야는 하나님을 경외하고, 백성의 고통을 알고 불쌍히 여겼다. 자신의 지위를 남용하여 땅을 사지 않았고, 자신이 가진 것으로 아낌없이 베풀었다. 그 때 사람들이 자발적으로 찾아오고 또 자발적으로 일을 하므로 성벽 건축도 든든하게 이루어지게 되었다.

하지만 당시 호혜성이 빈약한 총독들은 반드시 자신의 녹을 챙겼고, 백성에게 지나치게 양식, 포도주, 은 등 닥치는 대로 착취하였다. 땅을 사서 재산을 늘리고, 그 아래 사람들도 상전을 따라 백성을 압제하였다. 백성들이 존경하거나 따르지 않는다.

느헤미야의 섬김의 리더십은 느헤미야는 이렇게 증언한다.

> 그 때가 내가 왕의 술 관원이 되었었느니라... 성의 역사가 오십 이 일 만에 에룰월 이십오일에 끝나매... 내가 유다 땅 총독으로 세움을 받은 때 곧 아닥사스다왕 이십 년부터 삼십 이 년까지 십 이 년 동안은 나와 내 형제가 총독의 녹을 먹지 아니하였느니라(느1:11, 3-5:, 5:14, 6:15)

대조적으로 느헤미야 이전의 총독에 대한 악의적은 행동은 느헤미야 5장 15절은 이렇게 증언한다.

> 나보다 먼저 있었던 총독들은 백성에게서, 양식과 포도주와 또 은 사십 세겔을 그들에게서 빼앗았고 또한 그들의 종자들도 백성을 압제하였으나 나는 하나님을 경외하므로 이같이 행하지 아니하고 (느 5:15)

② 비전제시와 호혜성

느헤미야는 금식과 기도하는 가운데 꺾어진 희망과 좌절 속에 있는 이스라엘 백성들에게 소망과 용기를 주는 새 비전을 발견하고 제시하였다. 자신의 백성들에게 "성벽을 재건"하게 함으로 새 희망을 갖게 한 것이다. 그들은 비전을 향하여 일사불란하게 움직였다. 그들은 천대와 멸시와 좌절로부터 자신감 회복을 원했던 것이다. 느헤미야의 비전은 복잡하거나 길지 않았으며, 그의 비전은 명쾌하고 간결하였다. "성벽을 재건하라." 그의 비전 제시는 이스라엘 백성들을 사로잡았다. 느헤미야는 이렇게 말한다.

후에 저에게 이르기를 우리의 당한 곤경은 너희도 목도하는 바라 예루살렘이 황무하고 성문이 소화되었으니 자 예루살렘 성을 중건하여 다시 수치를 받지 말자하고... 저희의 말이 일어나 건축하자 하고 모두 힘을 내어 이 선한 일을 하려 하매. 예루살렘 성곽이 낙성되니 각처에서 레위 사람들을 찾아 예루살렘 으로 데려다가 감사하며 노래하며 제금을 치며 비파와 수금을 타며 즐거이 봉헌식을 행하려 하매 (느2:17-18, 12:27).

느헤미야는 예루살렘에 관한 소식을 들은 후부터 자신도 모르는 사이에 얼굴에 수심이 쌓이기 시작했다. 아마도 이스라엘 백성에 대한 지나친 염려와 근심으로 자신도 모르는 사이에 얼굴이 변했던 것 같다. 그런데 그가 왕의 면 전에 수심이 가득한 얼굴로 나타난 것이다. 이것은 분명 느헤미야에게 위기의 순간이 아닐 수 없었다. 그 당시 상황으로 수심이 가득한 얼굴은 왕에게 용납 될 수 없었기 때문이다. 그러던 어느 날 왕이 느헤미야에게 안색이 좋지 않은 이유를 물은 것이다. 그러나 느헤미야는 자신이 가졌던 고민을 왕께 고백하고 위기를 기회로 삼는 지혜로움을 보인 것이다. 느헤미야는 이렇게 말한다.

아닥사스다 왕 이십 년 니산월에 왕의 앞에 술이 있기로 내가 들어 왕에게 드렸 는데 이전에는 내가 왕의 앞에서 수색이 없었더니 왕이 내게 이르시되 네가 병이 없거든 어찌하여 얼굴에 수색이 있느냐 이는 필연 네 마음에 근심이 있음 이로다 그때에 내가 크게 두려워하여 왕께 대답하되... (느2:1-2)

③ 말씀선포와 순종
느헤미야는 에스라가 낭독한 하나님의 말씀에 순종할 것을 촉구한다. 에 스라가 모든 백성 위에 서서 그들 목전에 책을 펴니 책을 펼 때에 모든 백성이 일어서니라 에스라가 위대하신 하나님 여호와를 송축하매 모든 백성이 손을 들고 아멘 아멘 하고 응답하고 몸을 굽혀 얼굴을 땅에 대고 여호와께 경배하 였다.

하나님의 율법책을 낭독하고 그 뜻을 해석하여 백성에게 그 낭독하는 것을 다 깨닫게 하니 백성이 율법의 말씀을 듣고 다 우는지라 총독 느헤미야와 제사장 겸 학사 에스라와 백성을 가르치는 레위 사람들이 모든 백성에게 이르기를 오늘은 너희 하나님 여호와의 성일이니 슬퍼하지 말며 울지 말라 하고 느헤미야가 또 그들에게 이르기를 너희는 가서 살진 것을 먹고 단 것을 마시되 준비하지 못한 자에게는 나누어 주라 이 날은 우리 주의 성일이니 근심하지 말라 여호와로 인하여 기뻐하는 것이 너희의 힘이니라 하고 레위 사람들도 모든 백성을 정숙하게 하여 이르기를 오늘은 성일이니 마땅히 조용하고 근심하지 말라 하니 모든 백성이 곧 가서 먹고 마시며 나누어 주고 크게 즐거워하니 이는 그들이 그 읽어 들려 준 말을 밝히 앎이라 (느8:8-12)

〈표7〉 느헤미야의 사회적 자본 - 호혜성

호혜성	섬기는 리더십과 순응	느헤미야 1:11; 3-5장; 6:15; 5:14와 느헤미야 5:15은 대조적이다. 전자는 느헤미야가 자신의 녹도 취하지 아니하고 섬기는 리더십으로 혁신을 위한 백성들의 동조 즉 호혜성을 확보하였고, 후자는 느헤미야 이전의 총독들은 정반대의 생활로 혁신의 호혜성을 확보하지 못한 내용이다.
	비전제시와 순응	느헤미야 2:17-18과 12:27은 느헤미야의 비전제시와 백성들의 순응이다. 상호 호혜성에 대한 상호작용을 발견할 수 있다.
	말씀의 선포와 순응	에스라고 낭독한 율법에 순종할 것을 느헤미야는 촉구한다. 느8:8은 "하나님의 율법책을 낭독하고 그 뜻을 해석하여 백성에게 그 낭독하는 것을 다 깨닫게 하니 백성이 율법의 말씀을 듣고 다 우는지라."라고 하였다. 말씀선포와 순종의 호혜성이 나타난다.

(5) 느헤미야의 사회적 자본 - 네트워크

느헤미야 1-2장을 보면 느헤미야는 페르시아에서 예루살렘에 돌아와서 혼자서 성벽을 답사했다. 그 다음에 제사장과 지도자들을 만났고 그들은 함께 일하기로 결단했다. 성벽 건축을 준비할 때 그 지역에 먼저 살고 있던 이방인들이 조롱했다. 하지만 느헤미야 4-7장은 그들의 조롱에도 불구하고 성벽 건축이 빠르게 진행되었고 완성하였다. 느헤미야 3장은 성벽의 각 부분을 분업

허여 동참한 명단이 나온다. 성벽 공사는 북쪽 끝에 있는 양의 문에서 시작하여 시계 반대 방향으로 건축했다. 성벽은 45부분으로 나누어 보수하였다. 10개의 문즉 양문, 어문, 옛문, 골짜기 문, 분문(배설물의 문), 샘문, 수문(물의 문), 마문(말horse의 문), 동문, 함밉갓 문을 모두 자원적인 참여로 중수하였다. 성벽 중수에 참여한 40명의 핵심 인물이 참여하였다.

대제사장 엘리아십과 형제 제사장들, 레위사람들의 네트워크가 성벽중건의 탈력을 받았다(느3:17) 지역별 즉 강 서쪽 총독의 관할에 속한 기브온 사람들 미스바 사람들 하눈과 사노아 거민 드고아 사람들의 네트워크가 특이하다. 예루살렘 지방 절반을 다스리는 자들, 벧학게렘 지방을 다스리는 자, 미스바 지방을 다스리는 자, 벧술 지방 절반을 다스리는 자(16절), 그일라 지방 절반을 다스리는 자들이 그 지방을 대표, 위의 지역들은 페르샤가 정한 행정구역 "예후드"(유다) 지방의 작은 행정구역의 사람들이 모두 혁신목표를 향해 네트워크를 형성하였다. 혁신행동을 위한 네트워크를 이루었다. 직업별 즉 금장색과 장인, 여성들 즉 살룸과 그 딸들까지 연합한 네트워크도 돋보인다.

〈표8〉 느헤미야의 사회적 자본 – 네트워크

네트워크	계층별 네트워크	사회적 상류층과 부유층이 느헤미야와 협력(5:11-13)
	지역별, 신분별, 성별, 직업별 네트워크	동서남북 성벽공사자들의 협력(느3:)
	하나님과의 네트워크	하나님과의 기도의 연결망(5:19)
	지도자 간의 네트워크	느헤미야와 57인의 지도자와 협력 느헤미야와 에스라의 네트워크 에스라의 수문앞 광장의 성회(13:) 하나님의 집을 세우기 위한 성전조합 결성(세스바살, 스룹바벨, 예수아) 느7:7

5. 느헤미야의 사회적 자본과 교회혁신의 시사점

1) 명확한 목적 확립

느헤미야는 1장부터 예루살렘 성전의 훼파 소식을 듣고 가슴에 불타는 심정으로 귀환하여 하나님의 성전 회복과 공동체 회복을 위해 혼신의 힘을 쏟겠다는 의지가 솟아오름을 느낄 수 있다. 혁신의 목적과 비전이 불타오르고, 심정에서 끓어 넘치는 사명을 지닌 혁신리더십 확립될 때 느헤미야처럼 성공적인 교회혁신을 이루게 된다.

조직의 사명, 가치, 목적, 비전의 부재나 그것을 공유하지 않은 조직은 미래가 없고 생산성이 낮은 조직이라는 것이 조직이론의 기본적인 통설이다. 총회, 노회, 교회의 변화를 주도할 수 있는 사명선언문이나 비전선언문을 선포하고, 그것이 준거 틀이 되어야 한다. 총회를 리더할 수 있는 목적과 가치 등을 확립하고 이를 노회와 교회가 공유하도록 함이 교회혁신에 앞서서 선행되어야 할 과제이다. 릭 워렌(Warren, Rick)은 그의 저서 『목적이 이끄는 삶(The Purpose Driven Life)』에서 하나님의 자녀들이 목적을 알면 "무엇을 해야 하고 무엇을 하지 말아야 할 것을 명확하게 분별하기 때문에" 삶이 단순해진다고 하였다. 목적을 알면 하나님께 초점을 맞춘 삶을 살게 되고, 삶의 동기가 유발되고, 영생을 준비할 수가 있다고 하였다. 따라서 목적(goal)이 분명한 삶은 혁신의 실천 목표(target)가 쉽게 결정되고, 혁신의 동기부여(self-motivation)도 자연히 유발되며, 혁신의 리더 또는 참여자가 그 역할을 잘 감당할 수 있는 동력을 얻게 된다.

2) 말씀에 의한 규범

느헤미야는 유다 백성들이 하나님의 말씀대로 살아가지 못하는 부분을 혁신하였다. 느헤미야 13장 15절은 안식일에 어떤 사람이 여러 가지 물건들을 가지고 와서 장사하는 것을 보고 경고하였다. 유다 사람이 아스돗과 암몬과 모압 여인을 맞아 아내로 맞이한 일을 책망하였다. 느헤미야는 하나님께 범죄하는 것을 쉽게 생각하여 다시 이스라엘이 겪었던 심판을 받지 않도록 하기 위한 것이었다. 심지어 대제사장인 엘리아십은 자기 손자가 호론 사람의 사위가 되어 제사장직을 행하는 것을 책망한다. 하나님의 말씀 즉 하나님의 백성으로서의 규범(norm)으로 새로워지는 하나님의 백성이 그의 혁신과제였다.

기독교는 교의(敎義)에 입각한 가치의식이나 체계가 기본적으로 규범의 질(質)을 규정하고, 윤리·도덕의 근간을 이룬다. 규범(norm)은 그리스도인으로서 마땅히 행하여야 할 행동양식을 의미한다. 십자가 정신 즉 구원의 응답적 신앙, 희생, 배려, 섬김, 봉사, 겸손 등을 에치오니는 규범조직으로 규정하였다. 이러한 성경적, 영적 규범에 의한 가치관의 주입이 제도 또는 교육에 의하여 이루어져서 일상적 규범의 내용을 구성하게 된다. 총회는 기독교적 규범에 충실할수록 건강한 노회와 교회로 선도할 수 있다. 그렇기에 규범의 일탈과 부족현상은 허약한 교회조직으로 주저앉게 만들 뿐이다. 명확한 행동규범을 교육하고 훈련해서 생활화하게 하는 것이 교회혁신의 기반을 든든하게 하는 것이다. 규범의 몰락은 교회조직의 아노미 (anomi)현상을 유발하고 갈등이 증폭되고 오히려 교회혁신과는 거리가 먼 교회 부패현상을 초래하게 된다.

3) 생활신앙과 신앙의 공공성

『느헤미야 프로젝트 5』라는 책에 의하면 느헤미야의 혁신은 1) 하나님을 신뢰하고 기도하라: 하나님이 우리를 위하여 싸우심에 대한 믿음(4:4-5) 2) 밤낮으로 경비병(파수꾼, watchman)을 세워서 대비하라(4:9) 3) 팀으로 사역하고 서로 격려하라: 공동체와 지체의 원리(4:13-14, 엡4:16) 4) 실제적이고 구체적인 전투태세를 갖추라(4:16-20, 21-23): 비전과 현실 & 나팔소리와 무기 5) 한마음으로 최선을 다하여 헌신하라(4:6, 21)는 것이라고 주장하였습니다. 한마디로 생활 속에서 신앙으로 하나님과 백성들의 신뢰를 확보하라는 것입니다.

　김근주의 『복음의 공공성』은 "처음부터 끝까지, 여호와 하나님을 믿는 복음의 진리는 공동체적이다. 여호와 하나님을 믿는 믿음은 처음부터 끝까지 공적인 삶의 영역에서 확연하게 드러난다. 공동체적인 변화, 공적 변화가 없는, 개인 실존 차원의 고백과 그에 입각한 구원 약속은 부족하고 미흡한 복음이 아니라 잘못된 복음이다."라고 하였다. 공공성은 복음의 주요 사상이며 신구약성경의 중심 흐름이다. 신앙의 공공성이 사적 신앙으로 변질될 때 하나님의 백성은 타락하고 하나님의 심판을 초래 하였다. 복음의 공공성은 교회 내외에서 사회자본을 향상시키지만 복음의 사유화는 교회 내의 사회 자본을 훼손시킨다. 교회혁신의 주요 내용은 공공성으로의 변혁이다. 사적 신앙과 공적 신앙의 공존, 공적 신앙 속의 사적 신앙 등은 상호 호혜성, 협력적 네트워크, 신뢰, 규범, 일정한 행동양식 등 사회 자본을 극대화 할 수 있고 그것은 혁신의 기반으로 작용한다. 신앙의 개인화는 역사 속의 하나님의 임재와는 무관하고 철저하게 비역사화 되면서, 그냥 종교로 전락하게 되었고 거기에는 혁신도 변화도 없는 자아만족, 자아도취적 신앙이 유일한 신앙이 된다.

4) 지속적인 담론의 장

　느헤미야의 혁신은 열린 마음으로 대화하는 리더십이다. 열린 마음으로 대화 하는 것을 행정학에서는 "담론"이라고 한다. 느헤미야 2장 17~18절은 "후에 그들에게 이르기를 우리가 당한 곤경은 너희도 보고 있는 바라. 예루살렘이 황폐하고 성문이 불탔으니 자, 예루살렘 성을 건축하여 다시 수치를 당하지 말자하고 또 그들에게 하나님의 선한 손이 나를 도우신 일과 왕이 내게 이른 말씀을 전하였더니 그들의 말이 일어나 건축하자 하고 모두 힘을 내어 이 선한 일을 하려 하매" 라고 하였다. 느헤미야는 자기 조국이 처한 아주 어려운 곤경에 직면하여 국민들과 상하관민을 모아놓고 그들을 설득하는 데 성공하였다. 이 때 느헤미야의 선한 혁신운동에 백성들은 마음을 하나로 모아 그 목표를 향해서 동참하게 되었다. 이렇게 열린 마음으로 대화를 한다는 것이 혁신의 중요한 성공요소가 된다.

담론(談論)이란, 담화(談話)와 논의(議論)가 합성된 단어로서 그 의미는 상호 간에 의견을 진술하며 서로 이야기를 나누는 것을 의미한다. 옛날 사랑방 대화로 비유할 수 있다. 교회 지도자는 상대방을 항상 존중하며 경청하고, 상대의 감정과 의사 전달을 그 자신의 독특한 것으로 인정해 주어야 담론이 성립된다.

담론은 교회혁신의 효과 또는 목적을 용이 하도록 한다. 의식적이거나 무의식적으로 긍정적인 효과를 생산하고 유통한다. 즉, 담론은 교회 구성원의 동의를 촉진하고, 우호적인 여론을 형성하거나, 반대 세력에 대한 적대적 분위기를 제압한다. 특정한 혁신 프로젝트에 대한 참여를 높이고 혁신의 목적을 공유하도록 순기능을 한다.

6. 나가는 말

느헤미야의 혁신과 느헤미야의 사회적 자본 획득은 불가분의 관계에 있다. 그 양자의 공존 즉 혁신을 위한 사회적 자본 획득이라는 공식이 느헤미야에게 공존하였다.

혁신은 건전한 사회적 자본이 기반 될 때 뿌리가 내리고, 열매를 맺고, 지속성을 지니게 된다. 혁신의 실패는 사회적 자본의 결여 때문이라고 해도 과언이 아니다. 사회적 자본이란 한 사회가 신뢰하고 소통하여 협력하는 사회적 역량으로, 신뢰성과 공정성, 단결성과 개방성을 말하고 있다. 혁신의 리더십, 혁신의 대상, 혁신을 위한 설계에 사회적 자본을 주요한 작동원리로 관리할 때 비로소 혁신이 혁신되도록 한다.

오늘 우리 총회 노회, 교회도 사회적 신뢰를 바탕으로 혁신설계를 하되, 혁신동기부여(Motivation for innovation)-혁신 리더십 확립-혁신학습으로 혁신의 분위기를 확고하게 하는 것이 우선되어야 한다. 자발적 혁신을 위한 혁신조직으로 거듭나는 혁신의 토양을 구축해야 한다, 나아가 혁신목적설정 -혁신목표설정-혁신과제선정-혁신과제 분석과 대안 선정 – 혁신실행 – 혁신평가 -환류(feedback)의 과정을 순환하는 모델을 확립해야 한다. 혁신의 시너지가 나타나도록 하기 위해서 교회, 노회, 총회의 혁신 네트워크를 구축하는 것은 지속적 혁신이 가능하도록 하는 주요한 사회적 자본을 획득하는 것이다.

느헤미야의 성벽재건을 통한
정체성 회복과 한반도 복음통일
-느헤미야 8, 9장에 나타난 마음의 재건을 중심으로-

송영섭 목사(마산재건교회)

1. 들어가는 말

성벽을 재건하고 이스라엘 백성들의 정체성을 회복하는 일에 자신의 삶을 헌신한 느헤미야에게서 한반도의 정치적 현실이기도 한 통일에 관한 어떤 대답을 들을 수 있을까? 직접적인 대답은 들을 수 없다. 하지만 느헤미야가 포로귀환 공동체를 새롭게 세워 가는데 있어서 그들의 정체성을 새롭게 하고 있다는 중요한 원리를 가지고 통일시대 한국교회의 역할에 대해서 생각해 볼 필요가 있다.

통일이라는 주제가 지난 분단 70년이 넘게 정치화된 담론이 주류가 되어 있다. 정치화된 통일담론으로는 도무지 해결할 수 없는 것이 있다. 정치화된 담론이 아니라 '일상의 담론'이 필요하다. 일상의 작은 힘을 하나님이 사용하실 때 역사의 변혁이 일어날 수 있다. 정치적 담론은 사람들에게 공감을 이끌어 내지 못한다는 사실이다. 통일시대를 살아가야 할 젊은 세대들에게는 같은 민족이라는 개념도 희미해지고 있다. 그들의 무관심은 무지에 이르고 언론 매체의 단편적인 정보를 통해 북한을 괴물처럼 생각하는 경향이 있다. 이는 반공세대들이 가진 북한에 대한 이미지와 형태는 다르지만 본질적으로 같다고 할 수 있다. 북한 사람과 함께 사는 일은 너무나 불편하고 불가능한 일이라는 생각을 잠재적으로 주입하고 있는 것이다.

'통일 인문학'이라는 책에서 분단이 체제의 대립뿐만 아니라 다시 환원하기 어려운 가치체계를 가지고 살아가도록 만들었다고 말한다. 이런 점에서 통일은 체제의 통합을 위해 노력할 뿐만 아니라 사회문화적 통합을 위한 준비가 필요하다고 역설하고 있다.[1]

> 분단이 체제 대립으로 환원될 수 없는 이유는 분단이 남북의 각 체제 속에서 살고 있는 구성원들의 가치, 정서, 문화의 분열이기도 하기 때문이다. 그렇기 때문에 통일 역시 단순히 체재의 통합만이 아니라 남북 주민이 하나의 공동체를 이루며 살아가는 사회문화적 통합일 수밖에 없다.

이 말은 분단이 사람들의 가치관을 전혀 다르게 만들어 가고 있다는 것이다. 이 책에서 "소통의 패러다임" "치유의 패러다임" "통합의 패러다임"에 대해서 논의를 한다. 남북이 하나가 되기 위해서는 소통의 새로운 패러다임이 필요한 것이고 이를 통해 역사를 치유하는 과정이 요구된다. 이는 최종적으로 통합을 위한 패러다임을 위한 인문학적 담론이 필요한 것이다.

탈북민이 한국 사회에 적응하는 과정에서 정체성의 위기 문제에 직면하게 된다. 탈북민이 한국에 도착하면 하나원에 머물게 된다. 3개월 동안 머물면서 그들의 정착에 도움을 줄 수 있는 다양한 교육, 상담을 지원받게 된다. 많은 기대감과 새로운 삶에 대한 희망을 가지고 한국에 오지만 그들이 직면하게 될 현실은 냉혹하기만 하다. 한국사회의 편견과 적의적인 태도로 인한 사회적 소외감, 문화적 차이로 인한 부적응, 경제적 어려움으로 인한 스트레스로 인한

---

1) 건국대학교 통일인문학연구단, 『통일인문학: 인문학으로 분단의 장벽을 넘다』, (서울: 알렙, 2015), 77.

어려움들을 접하게 된다.

탈북민이 한국에 오게 되면 그들은 한국사회에서 독특한 존재로 간주된다. 이는 한국에서 새로운 주민번호를 받을 때부터 시작된다. 한국 사람들의 주민번호와 분명하게 구별되는 주민번호를 받게 된다. 주민번호 뒷자리가 남자는 '125', 여자는 '225'로 시작한다. 은행, 인터넷 구매, 주요 웹사이트 가입절차, 운전면허 취득, 여권 발급, 취업 이력서 등과 같은 모든 일상에서 주민번호가 필요하다. 이 말은 모든 일상에서 탈북민이라는 개인정보가 쉽게 구별되어 탈북민에 대한 차별적 인식을 가진 사람이나 기관에서 차별의 빌미가 될 수 있다는 점이다. 이러한 점을 꾸준히 지적되어 2007년에는 탈북민이라고 쉽게 구별할 수 없는 주민번호를 받도록 법이 개정되었다. 2009년부터는 '25'로 시작하는 주민번호를 바꿀 수 있게 되었다. 이렇게 탈북민의 주민번호를 통해 볼 때, 그들이 한국사회에서 독특한 존재로 인식된다는 점을 알 수 있다. 이제는 법이 개정되었지만 사회적 인식은 쉽게 바뀌지 않아 보인다.

탈북민은 신체적인 조건이나 외적인 모습에서도 한국 사람들과 확연하게 다르다. 탈북과정에서 겪은 고통과 극한의 상황이 만든 결과이다. 특히 청소년들의 신체적인 조건은 같은 한국 학생들과 비교할 때 차이점이 있다. 또한 북한의 특유한 억양으로 인해서 북한에서 왔다는 것이 쉽게 구분된다. 한국에서 사용하는 외래어나 이해하기 어려운 용어를 사용할 때 알아듣지 못하기도 한다. 이렇게 그들의 신체적 조건이나 외적인 모습은 한국 사회에서 자신들이 한국 사람들보다 열등한 존재라는 인식을 갖게 만든다. 결과적으로 탈북민 가운데 어떤 이들은 조선족이라고 혹은 강원도에서 왔다고 속이기도 한다. 이렇게 탈북민 자신의 정체성을 속이는 일은 한국 사람들과 교류를 두려워하게 만들고 단절된 인간관계로 인해서 사회적, 문화적 고립 상태가 된다.

통일이 되면 남북한 사람들 사이에 정체성 혼란이 야기되는 것은 충분히 가능한 일이다. 정체성의 문제를 다루는 것은 탈북민이 한국사회에 적응하는 것뿐만 아니라 통일한국의 미래를 준비하는데 있어서 매우 중요하다. 이런 경험을 놓고 볼 때 통일은 새로운 가치관을 형성하는 과정이 필요하다. 그렇다면 한국교회는 통일시대에 새로운 정체성을 제시할 수 있는 역할을 위해 준비되어야 한다. 정체성 문제를 해소하고 긍정적인 방향으로 나아가는 것은 간단한 일은 아닐 것이다. 하지만 이 문제를 다루고 적극적으로 돕는 역할을 한국교회가 감당해야 한다.

통일은 이념도, 철학도, 낭만도 아니다. 우리의 삶이다. 삶으로 경험하고 터득된 통일이 필요하다. 통일의 가치를 발견하고 그것이 우리의 삶이 되어가는 일상의 과정이 필요하다. 통일을 위한 '일상의 담론'이 구속사적 담론 속에서 재해석하는 과정이 있어야 한다. 다양한 사회적 정황들이 하나님이 역사를 이끌어가는 구속사 가운데 녹아지는 것이다. 이런 '구속된 일상의 담론(Redeemed discourse in everyday life)'이 통일시대에 새로운 정체성을 만들어 내고 시대의 변화를 이끄는 중심적인 역할을 하게 될 것이다.

2. 느헤미야 8, 9장에 나오는 말씀의 부흥과 마음의 재건

1) 느헤미야의 구조

느헤미야서는 에스라서와 더불어 마지막 제3차 바벨론 포로 귀환 역사를 기록함으로써 586년 예루살렘 함락 이후 150여년이나 지난 444년 이후에야 비로소 이스라엘 신앙공동체의 회복과 재건의 역사를 실제적으로 마무리하는 내용을 기록하고 있다.

느헤미야서 구조를 보면 1-6장까지 성벽 재건의 이야기가 나온다. 8-13장은 율법과 언약 회복에 관한 이야기가 나온다. 느헤미야서 중심 부분에 7장이 기록되어 있는데 포로에서 예루살렘으로 돌아온 사람들의 이름을 기록하고 있다. 하나님 나라의 회복은 결국 사람이다. 아마도 느헤미야는 한 사람의 이름도 빠지지 않고 기록하고자 하는 마음으로 7장을 기록했을 것이다. 다시 돌아온 사람들은 자신의 고향이기 때문에 돌아온 것이 아니다. 느헤미야 당시 예루살렘은 매우 불안정한 곳이다. 수많은 위협이 있고 모든 시설이 부족한 상황이다. 그렇기 때문에 성전회복의 꿈과 비전을 가진 사람들이기 때문에 돌아온 것으로 볼 수 있다.

느헤미야는 포로귀환과 성벽재건으로 충분히 이스라엘이 돌이킬 것이라 생각을 했지만, 실상 성벽재건과 포로귀환 이후에 안정된 생활을 통해 다시 망각해 버리고 옛날 생활로 돌아간 것을 볼 수 있다. 결국 느헤미야가 시작한 성벽재건은 외형적으로 예루살렘 성전의 회복이란 측면뿐만 아니라 무너지고 허물어진 이스라엘 백성들의 마음을 재건하는 방향으로 초점을 맞추게 된다. 사람을 세우고, 영적 부흥을 일으켜 마음의 재건을 완수하는 것임을 알고 있다. 느헤미야는 이스라엘 백성들의 정체성, 즉 마음의 재건이 이루어지지 않는다면 외형적으로 성벽을 재건하는 것은 금방 허물어진다는 것을 알게 된 것이다.

2) 느헤미야 8장의 말씀 부흥

느헤미야의 외형적 성벽 재건은 6장에서 완성된다. 하지만 실제적 성벽의 재건은 8장에 나오는 수문 앞 모임에서 새롭게 시작된다. 성벽재건의 완성은 마음의 재건을 통해 이루어지는 것인데 그 마음의 재건은 오직 말씀의 부흥을 통해서만 가능한 것이기 때문이다. 에스라가 두루마리(모세오경)를 가져다가 펴서 읽을 때 남자나 여자나 알아들을 만한 모든 자들이 새벽부터 정오까지 귀를 기울였다고 한다. 수천 명, 또는 수만 명이 모여 있고 제사장이면서 학자인 에스라가 앞에 서서 율법책을 낭독한다. 힘을 합쳐서 눈에 보이는 벽돌성벽을 쌓아올리고 성벽을 재건한 이스라엘은 이제 가장 본질적인 마음의 재건이 시작되고 있는 것이다. 말씀을 통한 영혼의 성벽이 재건되고 있는 것이다.

말씀을 듣게 하는데 학사 에스라가 역할을 한다. 에스라도 역시 바벨론의 포로생활을 했던 사람이다. 이스라엘 백성들은 바벨론에서 포로생활을 하며 잊고 살았던 것이다. 자신들도 모르는 사이에 바벨론과 페르시아의 풍습과 종교, 그리고 그들의 문화에 깊숙이 물들어 살았던 것이다. 그런데 에스라는 그런 상황 속에서도 하나님의 말씀을 잊지 않고 기억하며 간직한 사람이다. 에스라가 율법책을 읽은 후에는 레위 사람들이 그 뜻을 풀어 준다. 말씀이 들려지고 그 말씀을 깨달을 수 있도록 레위 사람들이 역할을 한 것이다.[2]

> 예수아와 바니와 세레뱌와 야민과 악굽과 사브대와 호디야와 마아세야와 그리다와 아사랴와 요사밧과 하난과 블라야와 레위 사람들은 백성이 제자리에 서 있는 동안 그들에게 율법을 깨닫게 하였는데 하나님의 율법책을 낭독하고 그 뜻을 해석하여 백성에게 그 낭독하는 것을 다 깨닫게 하니

이렇게 말씀을 읽고 깨닫게 한 결과로 백성들의 마음과 심령 가운데 새로운 일들이 시작된다. 하나님의 말씀이 허공을 맴도는 소리가 아니라 그들의 영혼을 깨우는 살아있는 음성이 된 것이다. 말씀 한 절 한 절을 깨닫게 되면서 심령이 움직인 것이다. 이런 백성들의 반응은 어떻게 가능했던 것인가? 오랜 포로생활을 통해 잊어 왔던 자신들의 정체성이 율법을 통해 회복되었기 때문이다.[3] 말씀을 통해 자신들의 상태가 얼마나 잘못된 길로 벗어났는지를 깨닫고 다 울었던 것이다. 바벨론 포로 기간 동안 힘들고 고단했던 시간들이 말씀으로 풀어진 것이다. 그 순간 밀려오는 눈물을 막을 수 없었던 것이다. 아마도 말씀을 듣고 깨닫게 된 그 자리에서 사람들은 곤고한 삶의 이유를 알게 된 것이고 깊은 울음이 나온 것이다.

하나님의 말씀으로 우리의 심령이 회복될 때 가장 먼저 울음이 나온다. 그런데 이상한 것은 그렇게 애통하는 심정으로 울었는데 나중에는 마음이 기뻐진다는 사실이다. 이 모든 과정에서 역사하시는 분이 있다. 바로 하나님이다. 하나님이 말씀을 통해 하시는 일은 마음의 회복과 재건이었던 것이다. 그것이

---

2) 느 8:7-8
3) H.G.M. Williamson, *Word Biblical Commentary: Ezra, Nehemiah*, (Texas: Word Books, 1985), 298.

기쁨과 축제로 나타난다는 사실이다.[4]

> 느헤미야가 또 그들에게 이르기를 너희는 가서 살진 것을 먹고 단 것을 마시되 준비하지 못한 자에게는 나누어 주라 이 날은 우리 주의 성일이니 근심하지 말라 여호와로 인하여 기뻐하는 것이 너희의 힘이니라 하고 레위 사람들도 모든 백성을 정숙하게 하여 이르기를 오늘은 성일이니 마땅히 조용하고 근심하지 말라 하니

세상이 바뀌기 전에 우리의 심령이 말씀으로 변화되어야 한다. 마지막으로 말씀을 통해 우리 심령의 변화와 부흥이 일어나면 구체적으로 실행하고 순종하는 단계까지 가야 한다. 오늘 많은 교회들이 말씀을 듣고 심령의 변화까지는 경험한다. 그런데 우리의 삶까지 그 은혜를 가지고 가지 못하는 경우가 너무나 많다. 이스라엘 공동체는 하나님이 말씀하시는 것을 더 분명히 하고 순종하기 위해서 에스라를 다시 불어서 말씀을 듣는다. 그때 하나님이 주신 말씀이 초막을 세우라는 명령한다.

초막절은 레위기 23:33-43절에 나와 있는, 이스라엘의 3대절기 중 하나다. 7일 동안 초막에서 생활하는 것은 하나님께서 이스라엘 백성들을 이집트에서 이끌어내셔서 광야생활을 하는 동안 이스라엘 백성들이 초막(장막)에서 지냈던 것을 기억하게 하는 것이다. 그렇다면 광야생활을 기억하라고 하신 이유는 무엇일까? 무엇보다 광야에서 지낸 동안 만나를 먹여주시고 입혀주신 하나님을 바라보라는 의미이다. 이는 출애굽 광야 길을 인도하셨던 하나님을 기억하는 의미가 있다. 포로귀환 공동체가 어려움과 눈물이 끊이지 않을 것이지만 하나님이 그 걸음을 인도하셨다는 것을 돌아보게 하는 것이다. 포로생활에서 돌아와 고달픈 생활을 하고 있는 그들에게 지금도 하나님께서 함께 하신다는 것을 깨닫게 하는 것이다.

---

4) 느 8:10-12

가장 풍성할 때 초막에서 거주하라는 것은 역설적이다. 이것은 모든 것을 자기의 힘으로 이룬 것처럼 착각하고 교만해지기 쉬운 그 때 모든 것을 하나님께 의존하던 광야를 기억하며 지금 나의 인생도 하나님의 은혜로 이끌어지고 있음을 기억하라는 의미이다. 말씀에 순종함으로 하나님을 우리의 기억 속에서 생생하게 재현되고 있는 것이다. 말씀이 죽은 문자가 되면 안 된다. 말씀이 살아계신 하나님이 역사하는 현장으로 이끌어 가야 한다. 그때 말씀이 진정으로 우리 삶을 지배하게 될 것이다.

하나님의 말씀 속에 하나님의 나라가 있다. 하나님이 말씀하시면, 그리고 세상이 그 말씀에 순종하면 어두운 세상은 밝은 세상이 되고, 혼돈한 세상은 질서 있는 세상이 되고 공허한 세상은 아름다움으로 가득한 세상이 된다.

3) 느헤미야 9장의 회개운동

느헤미야 8장이 말씀을 통한 부흥의 이야기가 담겨 있다면 9장에서는 말씀과 기도로 이스라엘 백성들이 회개하는 내용이라고 할 수 있다. 에스라를 통해서 여호와의 말씀을 듣고 깨달았을 때, 이스라엘 백성들은 회개하게 된다.[5]

그 달 스무나흘 날에 이스라엘 자손이 다 모여 금식하며 굵은 베 옷을 입고 티끌을 무릅 쓰며 모든 이방 사람들과 절교하고 서서 자기의 죄와 조상들의 허물을 자복하고 이 날에 낮 사분의 일은 그 제자리에서 서서 그들의 하나님 여호와의 율법책을 낭독하고 낮 사분의 일은 죄를 자복하며 그들의 하나님 여호와께 경배하는데

자신의 죄를 돌이킨다는 것을 놀라운 일이다. 이것은 죄를 책망하고 지적

---

5) 느 9:1-3

한다고 되는 일이 아니다. 회개는 하나님의 긍휼이 자신의 죄보다 더 크다는 것을 경험할 때 일어나는 일이다. 죄는 사랑의 크기만큼 고백되는 것이다. 죄를 회개하고 구원의 확신을 갖게 되면 우리의 인생이 재해석되는 경험을 하게 된다. 죄를 깨닫고 회개하는 이스라엘 백성들이 자신들의 역사 속에서 하나님이 어떤 분이신지를 돌아보게 된 것이다.

느헤미야 8, 9장은 이스라엘 백성들의 마음의 재건을 보여주고 있다. 사람들의 심령에 변화가 있어야 새로운 역사를 만들어 갈 수 있다. 외형적으로 보이는 성벽이 재건되었다고 무너진 마음이 회복되는 것은 아니다. 마음의 재건은 말씀의 부흥을 통해 이루어진다. 말씀을 듣고, 깨닫고, 준행하는 것이 마음이 재건되는 과정에서 필요하다. 우리의 욕망을 채우려고 하는 것보다 더 큰 갈망은 말씀이 되어야 한다. 성공과 명예보다 더 큰 목마름이 말씀에 대한 목마름이어야 한다.

이스라엘 백성들의 마음의 재건이 10장 이후 이스라엘 백성들이 언약을 통해 그들의 정체성이 회복이 것과 연결된다. 이스라엘 백성들이 언약백성이라는 사실을 자각하며 이에 어긋났던 지난날의 행적을 회개하고 하나님의 백성으로의 정체성 회복을 위한 개혁이 진행되는 것이다. 이런 점에서 느헤미야 8.9장의 사건은 매우 중요한 사건이라고 볼 수 있다. 느헤미야의 성벽재건과 개혁이 만든 결과에 대해서 존 브라이트 (John bright)는 이렇게 평가한다.[6]

이때부터 이스라엘은 율법 공동체로서 존속하게 되었고 국가 체제 없이 전 세계에 흩어져 살더라도 이러한 공동체로서 존속할 수 있었다. 유대인을 구별하는 증표는 정치적인 국적도 아니고 근본적으로 인종상의 출신도 아니고 성전 제의에 정기적인 참여 (디아스포라 유대인들에게는 불가능한)도 아니고 오직 모세의 율법을 고수하는데 있을 것이다. 이스라엘은 그 역사의 대분수령을 넘었고, 앞으로 올 모든 시대에서 이스라엘의 미래는 확보되었다.

---

6) 존 브라이트, 박문재 역, 『이스라엘 역사』 (서울: 크리스챤 다이제스트, 1999), 537.

결론적으로 성벽재건은 곧 이스라엘 백성들의 정체성 재건을 의미한다. 이러한 정체성의 재건은 하나님의 바벨론 유수의 목적이 완성되는 과정이라고 볼 수 있다. 이스라엘 백성이 바벨론에 끌려갔다. 그리고 다시 예루살렘에 돌아 왔다. 돌아와 성전을 재건하는데 이스라엘 백성들의 마음에는 이미 상처가 있었다. 성전을 회복하는데 어려움이 있었던 것이다. 무너진 예루살렘 성을 보면서 다시 일어설 힘이 없었던 것이다. 그때에 느헤미야는 말씀의 부흥을 통해 이스라엘 백성들의 마음이 재건되는 일에 집중했다는 사실이다.

이런 점들을 볼 때 느헤미야의 성벽재건은 단순히 물적 자산을 만들어가는 것이 아니었다. 영적자산을 만들어서 유대인들이 어느 곳에 있든지 새로운 정체성을 가진 하나님 나라의 백성이 되게 하는 데 목적이 있었던 것이다.

3. 회심과 정체성 재정립의 과정

1) 회심과 구속사적 관점

회심은 세계관의 변화가 가장 중요하다. 세계관에는 인지적, 정서적, 평가적 차원이 있다. 폴 히버트(Paul G. Hiebert)는 회심을 '인지적(cognitive), 정서적(affective), 평가적(evaluative)차원의 변화'[7]로 본다. 회심은 고립된 사건으로 보지 않고 삶의 전반적인 변화가 일어나는 것과 연결시켜 이해될 수 있다. 인지적 차원은 복음의 이해와 진리와 관련된 변화를 의미한다. 정서적 차원의 변화는 복음을 받아들이는 과정에서 나타나는 감정적 원인과 요소들을 포함한다. 평가적 차원은 복음을 통해 어떤 가치에 충성하고 삶의 방향을 정할 것인가에 대한 부분이다. 히버트는 세계관을 "문화의 심층구조로서 사물에 대한 인식론적이고 정서적이며 윤리적인 판단이요 가정이다"라고 정의

---

7) Paul G. Hiebert, *Transforming Worldviews: An Anthropological Understanding of How People Change* (Grand Rapids, MI: Baker Academic, 2008), 314.

한다.[8] 이런 측면에서 회심은 외적인 행동의 변화뿐만 아니라 내적으로 믿음과 세계관의 변화가 일어나는 과정으로 이해된다. 문화의 행동양식이나 규범을 받아들이는 것을 회심으로 이해하면 안 된다. 따라서 회심은 전적으로 하나님의 새롭게 하시는 능력을 통해 이루어지며 내적인 변화를 통해 삶의 모든 부분이 새로워지는 것을 의미한다.

오랜 동안 회심을 개인적인 차원으로 축소하고 제한시켜 왔다. 이런 회심에 대한 이해는 죄의 범주를 개인윤리로 제한하고 있다. 레슬리 뉴비긴은 계몽주의의 영향으로 구속사를 세속사와 구별되는 것으로 제시한다. 이는 구속사를 개인적인 것으로 치부하는 신학적 오류를 갖게 하는 것이다.[9] 회심은 개인의 내적 변화뿐만 아니라 사회적 의미를 내포하고 있다는 점을 인식해야 한다. 짐 월리스(Jim Wallis)는 성경적인 회심이 개인적이거나 영적인 것에 제한되지 않아야 함을 주장한다.[10]

성경에서 회심은 언제나 역사에 탄탄하게 기초를 두며, 사람들을 둘러싼 실제 상황을 다룬다. 다시 말해, 성경적 회심은 역사적으로 구체적이다. 하나님은 결코 역사적 진공 상태에서 회심을 촉구하시지 않는다. 사람들은 실제 사건, 딜레마, 선택들의 한가운데서 하나님께로 돌아선다. 이 돌아섬은 언제나 매우 인격적인 사건이다. 그러나 결코 사적이지 않았다. 결코 추상적이거나 이론적인 일이 아니었다. 회심은 언제나 실제적인 사안이었다. 사회적이고 정치적인 현실로부터 분리된 회심이라는 개념은 성경적인 것이 아니다.

인간의 삶 전 영역 속에서 하나님의 가치와 시대적 사명을 실현해 가는 가장 기초적인 작업이 회심을 통한 내면의 변화인 것이다. 고린도후서 5:17절에서는 변화된 사람을 '새로운 피조물'로 언급한다. 이는 회심을 우주의 재창

---

8) Paul G. Hiebert, *Anthropological Insights for Missionaries*(Grand Rapide : BakerBook House,1985), 45-48.
9) 레슬리 뉴비긴, 홍병룡 역, 『다원주의 사회에서의 복음』, (서울: IVP, 2007), 67.
10) 짐 월리스, 정모세 역, 『회심』, (서울: IVP, 2008), 37.

조 사건으로 표현하고 있는 것이다. 회심은 만물을 새롭게 하는 예수의 종말론적 기대 속에서 일어나는 사건이기 때문이다.

회심은 하나님 나라를 이루어가는 하나님의 전략이다. 회심은 인간의 전 삶에서 하나님의 통치를 구현하는 사건이 된다. 회심을 "사적인 존재로부터 나와서 공적인 의식으로 들어가는 움직임"[11] 으로 보는 것이다. 거듭난 한 사람은 모든 영역에서 하나님의 주권을 이루어드릴 사명자로 다시 태어나는 것이다. 회심은 이 땅에서 어떤 원인이 제공되어 일어난 것이 아니라 하나님 나라의 사건이다. 이 말은 하나님과의 깊은 관계 속으로 들어가는 모든 과정을 일컫는 것이다. 행동의 변화정도가 아니다. 구원의 확신 정도가 아니다. 하나님의 통치와 나라를 위한 인생이 되게 하는 것이다.

회심은 그 자체가 목적이 아니라 하나님 나라와 연결된 사건인 것이다. 복음주의 구원론의 가장 취약점이 이것이다. 사영리를 듣고 고백하고 구원받는 것이 전부라고 생각한다. 이런 점에서 개혁주의 신학의 오랜 전통이 다시 회복되어야 한다. 회심은 내적인 변화에서 시작된 것이지만 역사를 변혁하는 힘을 가진 복음의 의미와 가치가 내포된 사건이기 때문이다. 결국 회심의 최종적인 목적은 하나님 나라를 드러내는 것이다.

회심과 하나님 나라의 관계를 역사 속에서 들추어내어 논증하고 있는 책이 알렌 크라이더의 "회심의 변질"이다. 알렌 크라이더(Alan Kreider)는 유럽의 기독교문명을 회심의 산물이라고 말한다.[12] 그러면서 회심의 변질이 크리스텐덤 사회 (Christendom society) 속에서 기독교의 종교화, 문화화, 그리고 형식화에 기여하게 되었다고 논증한다. 동시에 초대교회가 로마제국을 변화시킬 수 있었던 원동력은 지독할 정도로 회심에 대한 점검이 공동체 안에서 이루어졌다는 사실과 연결시키고 있다.

예수가 꿈꾼 세상은 과연 이 세상에 존재하는가? 불가능한 일이었다. 그

---

11) 짐 윌리스, 정모세 역, 『회심』 (2008), 42.
12) 알렌 크라이더, 『회심의 변질: 초대교회의 회심을 돌아보다』 (서울: 대장간, 2013), 167.

불가능한 일을 이루어 간 것이 초대교회인 것이다. 회심의 공동체로서 교회가 로마제국을 바꾼 것이다. 교회는 하나님 나라의 전령이다. 이렇게 교회가 하나님 나라의 전령이 될 수 있는 것은 이 땅의 사람들이 아니기 때문이다. 하늘에 속한 사람들이 모일 때 교회는 하나님 나라의 일을 보여줄 수 있다. 로마제국의 변화는 초대교회 공동체의 진정한 회심을 통해서 일어난 것이다. '사회학적 불가능한 공동체 (sociological impossible community)'가 로마제국을 뒤엎어 버린 것이다. 이런 공동체가 형성될 때 진정한 부흥과 사회변혁이 일어난다는 것이다. 사회적 경계가 깨어진 공동체가 된 것이다. 남녀가 함께 예배드리는 것이다. 노예와 주인이 함께 예배드린 것이다. 유대인과 이방인이 함께 예배드린 것이다. 복음을 전파한 것이 아니라 복음을 구현해 낸 것이다. 말이 아니라 하나님 나라의 공동체를 구현해 낸 것이다. 그것이 로마 사회를 변화시킨 것이다. 믿음을 숨겨야 하는 초대교회 상황 속에서 숙성된 하나님 나라가 이루어져 가고 있었던 것이다.

회심은 하나님의 통치를 받는 공동체를 통해 사회적 영향력을 갖게 된다. 개인적인 회심으로는 결코 하나님 나라를 경험할 수 없다. 세상을 변화시키는 것은 하나님 나라를 구현할 때 가능하다. 구속적 사명을 감당하기 위해 복음을 살아내는 공동체가 필요하다. 그것이 회심을 경험하고 회심을 추구하는 선교적 공동체(missional community)이다.

회심은 개인적 사건을 넘어 구속사적 사건과 긴밀하게 연결된다. 복음은 종교적 인간을 만드는데 목적이 있지 않다. 새로운 역사를 이끌어내는 실제들과 전혀 다른 세계관을 만나게 하는 것이 복음이다. 기독교 세계관의 입장에서 이 세상의 역사는 창조-타락-구속이라는 거대 담론의 이야기 속에 있는 것이다. 이것을 구속사 (Salvation-history)라고 말하기도 한다. 이런 측면에서 기독교인은 세상을 보는 전혀 다른 관점을 가지고 사는 사람들이다. 구속사는 성경의 이야기로 끝나는 것이 아니라 지금도 역사 속에서 재현되고 있는 구속사적 현장이 있다. 그렇기 때문에 교회는 역사 속에서 일어나는 일들에 대해서 구속사적 의미 (Salvation-historical meaning)을 찾으려고 하는 것이다.

2) 회심: 정체성의 재해석 과정

회심은 새로운 사회적 실재를 접하는 것이다. 레슬리 뉴비긴 (Lesslie Newbigin)은 회심을 새로운 타당성 구조 (Plausibility structure) 속으로 들어가는 것으로 본다.[13] 레슬리 뉴비긴이 사용한 '타당성 구조'라는 개념은 피터 버거 (Peter Berger)와 토마스 룩크만 (Thomas Luckmann)으로부터 차용한 것으로 본다.[14]

(그림 1. 사회실재 형성 이론)

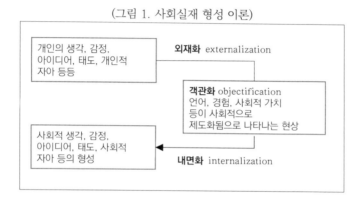

그림1. 사회실재 형성 이론의 세 가지 단계를 통한 사회화 과정은 모든 사회적 부산물과 가치들을 생산하고 재구성하고 유지하는 기능을 한다. 이런 과정을 통해 사회는 인간의 모든 행동을 제한하고 동시에 사람들의 정체성, 생각, 감정들을 형성한다고 본다. 또한 적극적으로 인간은 이런 모든 사회적 부산물과 가치들과 상호 교류를 하게 된다.[15]

---

13) 레슬리 뉴비긴, 홍병룡 역, 『다원주의 사회에서의 복음』, (서울: IVP, 2007), 27.
14) Peter L. Berger and Thomas Luckmann. *The social construction of reality: A treatise in the sociology of knowledge*. (N.Y.: Doubleday, 1966), 154-5.
15) Peter L. Berger. *The sacred canopy: Elements of a sociological theory of religion*. (N.Y.: Doubleday, 1969), 4.

Externalization is the ongoing outpouring of human being into the world, both in the physical and the mental activity of men. Objectivation is the attainment by the products of this activity (again both physical and mental) of a reality that confronts its original producers as a facticity external to and other than themselves. Internalization is the reappropriation by men of this same reality, transforming it once again from structures of the objective world into structures of the subjective consciousness.

구체적으로 설명을 하면, 외재화는 사람이 자신의 가치와 세계관을 사회 가운데 투영하는 과정을 의미한다. 객관화는 사회적 상호작용을 통해 문화적 산물로 형성되는 것을 의미한다. 내면화는 사람들이 사회화 과정을 통해 다른 사람들이 주장한 현실에 대한 객관적 사실을 배우고, 그 사실을 자기 자신의 주관적이고 내면적인 의식의 일부로 만들 때 나타난다. 따라서 비슷한 문화 안에서 사회화된 개인은 이 같은 믿음이 어디에서 유래되었고 왜 그런지에 대한 질문을 거의 하지 않더라도 똑같은 현실 인식을 공유한다. 이런 세 가지 과정을 통해 설명하고자 하는 것은 한 인간이 사회와 분리될 수 없다는 점이다. 이러한 사회화 과정을 통해 개인은 다양한 사회적 요소들을 통제하는 동시에, 사회적 가치들을 흡수하고 받아들이고 영향을 받는 존재로 이해된다.

이런 점에서 인간은 사회적 부산물들에 의해 통제되는 동시에 적극적으로 그 모든 것들을 흡수하는 존재로 인식하게 된다. 이유는 '타당성 구조'는 한 개인의 정체성을 형성하고 정당화하고 방어하는 매커니즘으로 작동하기 때문이다. 즉, 사회는 '타당성 구조'라고 부르는 것을 바탕으로 그 응집성을 유지하는데, 이는 그 사회에서 일반적으로 수용하는 신념과 행위의 유형으로서, 어떤 신념이 그럴듯하고 또 어떤 것이 그렇지 않은지를 결정하는 기준이다. 따라서 모든 신념은 사회적 공동체를 요구하고, 사회적 공동체는 신념이 구현되는 장소이다.

이러한 이론적 설명은 기독교 회심에 관한 시사점을 상기시킨다. 특정한 사회와 문화 속에서 일어나는 회심이라고 한다면 더더욱 사회적 실재와 분리되어 생각할 수 없다는 점이다. 회심은 다양한 방식으로 사회적 재구성에 영향을 주는데 그 이유는 회심을 세계관 형성에 기여하는 '타당성 구조'로부터의 분리되는 과정으로 보기 때문이다.[16]

> To convert from a particular religious worldview and to "stay converted" one must disassociate from one's former plausibility structure, and intensively (or exclusively) associate with the new plausibility structure.

다시 말하면, 당연한 것으로 받아들여지던 사회적 부산물과 가치들을 의심하게 되고 그것으로부터 분리되는 경험이 일어나는 것이 회심이다. 그리고 믿음, 선택, 삶의 방식을 내면화하는 '타당성 구조'에 의존하여 새로운 사회적 실재를 받아들이게 된다. 이런 점에서 회심은 새로운 사회적 실재를 구성하고 그 안에서 살아가도록 한다.

또한 스노우 (Snow)와 맥카렉 (Machalek)은 회심을 '사고 세계' (Universe of discourse)의 급진적 변화로 정의한다. 그들에 따르면 사고 세계의 급진적 변화로서의 회심은 네 가지 사회적 형태의 변화를 가져온다고 한다.[17] 1) 일대기의 변화; 2) 해석 체계의 변화; 3) 세계관의 변화; 4) 사회적 역할의 변화 등이다. 회심은 세계관뿐만 아니라 사회적 역할의 변화를 경험한다는 점에서 사회-문화적 파급이 있다는 점을 알 수 있다. 성경에서는 바울에게서 그 점을 찾아 볼 수 있다. 바울은 유대교와 그 안에서의 생활방식을 자랑스러워했다. 그러나 다메섹 도상에서 부활하신 예수와의 만남을 통해 자신의 일대기, 해석 체계, 세계관, 그리고 사회적 역할의 변화를 경험하게 된다. 유대인에서 그리스도인이 되는 일대기의 변화를 경험한다. 율법에 대한 해석체계가 랍비적인 유대전통에서 그리스도의 은혜라는 신학적 해석 체계로 변한다. 유대 중심의

---

16) Peter L. Berger. The sacred canopy: Elements of a sociological theory of religion, 50.
17) David A. Snow and Richard Machalek, "The Convert as a Social Type," in *Social Theory*, ed. R. Collins (SanFrancisco: Jossey-Bass, 1983): 265-77.

세계관에서 세계를 품는 생각의 전환이 일어난다. 유대인 중심의 민족적 우월 주의나 바리새적 편협성에서 시작된 박해자로서의 역할에서 복음을 전하는 자로서의 변화가 나타난다.

결국, 스노우 (Snow)와 맥카렉 (Machalek)에 따르면, 회심은 현재의 확신에 근거해서 새롭게 자신의 삶을 재해석하고 새로운 사회적 실재를 경험하게한다고 볼 수 있다. 이는 회심이 자신의 삶을 재해석하고 재구성하는 사회화의 과정이라고 보기 때문인데, 이런 관점을 통해 회심 가운데 구체적으로 어떤 일이 일어나는지에 대한 이해를 돕는다.

회심을 통해 경험하게 되는 새로운 실재는 어떤 것인가? 회심이 우리의삶을 변화시킨다면 자연스럽게 세계관은 새로운 이야기를 만들어내기 마련이다. 특별히 인간의 정체성이란 것은 자신의 이야기를 통해 형성된다고 본다. 결국 회심 사건은 '자신의 이야기'가 '하나님의 이야기'로 바뀌게 되면서 재구성(reconstruction)하고 재해석(reinterpretation)하는 과정의 산물이다.

(그림2. 삶의 재해석 과정으로서의 회심)

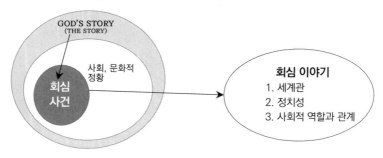

그림2. 삶의 재해석 과정으로서의 회심은 복음을 받아들임으로 자신의 정체성을 새롭게 정의하고 삶의 목적을 재조정하는 과정에 관한 내용이 담겨 있다. 회심은 삶의 위기 순간에 형성되는 경향이 있다. 이는 위기 속에서 기존의 정체성이 심한 도전을 받게 되고 회심 사건을 통해 새로운 정체성을 정립하게

된다. 회심자는 회심을 통해 획득한 신앙을 가지고 자신의 정체성을 재해석 (reinterpretation of identity), 세계관의 재구성(reconstruction of worldview), 사회적 관계의 재설정(reorientation of social relationship)을 하게 된다.

회심이란 하나님 나라를 향한 거듭남이다. 이 과정에서 죄로부터 자유와 해방의 복음이 선포되는 것이다. 이는 세 가지 측면이 있다. 첫째는 정체성의 재확립이다. 세상의 종이 아니라 하나님의 자녀로서의 새로운 정체성이다. 둘째는 세계관에 대한 재해석이다. 죄로부터 만들어진 삶의 모든 부산물들은 복음으로 새롭게 하는 것이다. 셋째는 사회적 역할의 재조정이다. 이 땅을 살아가는 동안 사회적 역할을 하나님 나라 안에서 새롭게 재설정하는 과정이다. 이것을 부르심과 사명의 과정이라고 말하기도 한다.

바울은 예수를 믿는 사람들을 핍박하기 위해 가는 길에 다메섹에서 부활하신 예수를 만난다. 이 사건으로 바울은 복음을 받아들일 뿐만 아니라 유대교 안에서 자신의 정체성과 세계관의 변화를 경험한다. 이런 자신의 정체성과 세계관의 변화는 삶의 목적과 방향과도 밀접하게 관련이 된다. 이는 자신의 역할이 핍박자에서 복음전도자라는 사회적 역할과 관계의 완전한 변혁을 일으킨다. 그리스도인의 박해자였던 사울은 회심 사건으로 복음을 전하는 사도로 부르시는 소명을 받게 된다.

또한 하나님 나라 안에서 모든 사회적 관계의 변화를 경험하게 된다. 회심은 현재의 확신에 근거해서 새롭게 자신의 삶을 재해석하고 새로운 사회적 실재를 경험한다. 이는 회심이 자신의 삶을 재해석하고 재구성하는 사회적 역할과 관계의 변화라고 보기 때문인데, 이런 관점을 통해 회심이 하나님 나라 복음과 밀접하게 연결되어 있음을 알 수 있다. 하나님 나라의 복음은 예수 믿고 천국 가는 것이 전부가 아니다. 이 땅에서 복음을 받아들인 사람들은 하나님 나라 안에서 정체성의 재정립이 요구된다. 하나님 나라 안에서 세상을 보는 세계관이 새롭게 되어야 한다. 하나님 나라 안에서 새로운 사회적 역할과 관계가 요구된다.

3) 탈북민의 회심 경험과 새로운 정체성

회심은 정체성의 재해석 과정(reinterpretation process of identity)을 일으킨다. 회심경험은 하나님 백성이라는 정체성을 갖게 함으로 이전의 틀과 구조를 넘어설 뿐 아니라 통일시대를 준비하는 새로운 비전을 갖게 만든다. 이러한 하나님 백성으로서의 정체성은 남한과 북한 사이에서 'double-swing'을 통해 성숙된 방향으로 나아가도록 만든다. '하나님 백성이라는 새로운 정체성'은 아름다운 조화의 음악을 만들 수 있다. 어느 한쪽이 불협화음을 내지 않고 서로의 음에 맞추어 아름다운 앙상블을 이루어야 가능한 일이다. 남북한 정체성 양쪽 모두 서로를 객관적으로 인식함으로 주체적이고 능동적인 통일 세대가 되어 살아가도록 한다. 다시 말하면, 한국사회에서 갖게 된 정체성의 혼란을 극복하게 될 것이다.

송영섭은 탈북자의 회심은 한국교회에 '작은 통일과 화해'를 만들어 가야 하고 이런 경험들은 분명 앞으로 다가올 통일과 화해를 위해 중요한 밑거름이 될 것이라고 주장한다. 그러면서 그리스도 안에서 형성된 새로운 정체성[18] 은 바울에게 있어서 그것을 극복하는 것은 복음이 확장되는데 중요한 문제였다는 점을 말한다.[19]

> 갈라디아서 3장 28절에서 바울은 복음을 통해 교회 공동체의 새로운 구성원이 되었다면 더 이상 문화적, 인종적 그리고 사회적 차이나 차별로 인한 불평등이 존재하지 않는다고 주장한다. 새로운 결속이나 새로운 관계를 형성한 교회 구성원은 더 이상 옛 신분의 차별이나 구별에 영향을 받지 않는다는 것을 선언하고 있는 것이다. 사실 바울이 활동하던 시기의 세계에 있어서 대인과 헬라인의 구분은 고질적인 문제였고 바울이 복음을 전하는데 있어서 실제적인 논쟁의 핵심이었다. 바울에게 있어서 그것을 극복하는 것은 복음이 확장되

---

18) 골 3:10-11; 엡 2:11-19; 고후 5:7.
19) 송영섭, "남북통합을 위한 '화해된 민족동질성'에 대한 논의", 「개혁논총」 21(2012), 62-63.

는데 중요한 문제였다. 따라서 바울은 희망을 표현하는 것이 아니라 복음 안에서 이루어져야 할 사실을 말하는 것이다. 문화적, 사회 경제적 그리고 종교적 차이와 차별을 넘어서 그리스도 예수 안에서 하나가 되고 새로운 관계를 형성하는 선언은 놀라운 것이다. 그리스도 안에서 형성된 새로운 정체성으로 모든 차별과 불평등을 폐지하려는 교훈은 남과 북의 민족 동질성을 회복하는데 있어서 중요한 성서적 근거이다. 그리스도 안에서의 새로운 신분과 관계의 형성은 구호와 선언으로 실현되는 것이 아니다. 따라서 새로운 통일 시대에 민족 동질성 회복을 위해서 갈등과 위기를 넘어서 새로운 정체성 형성을 위한 조정과 통합의 노력에 교회가 기여해야 한다.

공동체 안에서 구체적인 실천과 경험이 있어야 한다. 바울은 복음을 통해 교회 공동체의 새로운 구성원이 되었다면 더 이상 문화적, 인종적 그리고 사회적 차이나 차별로 인한 불평등이 존재하지 않는다고 주장한다. 그리스도 안에서 허물어진 모든 인종적, 사상적, 그리고 지리적 장벽들을 한국교회가 실천해야 한다는 말이다. 차별이나 차이 그리고 불평등을 넘어서서 그리스도 예수 안에서 하나의 공동체를 위한 새로운 결속과 관계를 형성하는 존재라는 시각이다. 새로운 결속이나 새로운 관계를 형성한 교회 구성원은 더 이상 옛 신분의 차별이나 구별에 영향을 받지 않는다는 것을 선언아래 사는 것이다. 이러한 정체성의 변화를 통해 통합적인 정체성을 갖게 되는 것이다.

그리스도 안에서 형성된 새로운 정체성은 하나님 나라의 백성으로서 반드시 남과 북한에 적용되어야 한다. 이런 과정을 통해 탈북민은 북한에서의 정체성을 완전히 포기하지 않는다. 물론 그들의 세계관의 기초는 새롭게 바뀌게 되지만 북한주민이라는 열등감도 극복한다. 오히려 그것이 자신의 미래와 비전을 열어줄 중요한 열쇠라는 사실을 깨닫게 된다. 이는 통일시대를 준비하는데 자신들이 가장 적합한 사람임을 인식하는 순간이다.

하나님은 아픔과 절망 속에서 경험한 탈북자들의 회심을 사용하실 것이다. 그들 가슴에 있는 아픔과 눈물이 그들의 삶을 초라하게 만들었을지 모른다. 자신의 삶을 원망하고 저주했을 지도 모른다. 그러나 하나님은 그런 마음들을 모아서 하나님의 영광을 위한 도구로 사용한다. '작은 화해의 공동체 경험'들이 한국 교회 안에서 일어날 때 민족적인 화해의 경험들이 일어날 것이다. 그리고 이런 화해 이야기들을 가진 남과 북한은 북한 땅에서 복음을 이야기할 수 있는 기초가 된다.

로버트 쉬레이더 (Robert J. Schrieter)는 "사회적 화해는 한 사회를 새롭게 구성하는 과정이다"[20] 라고 말한다. 따라서 한국교회는 탈북민이 복음 안에서 변화되고 회심을 경험을 기초로 남북 전체가 화해를 경험하는 일에 관심을 가져야 한다. 회심은 개인에게서 시작되지만 그것은 하나님 나라를 위한 씨앗이다. 겨자씨가 아무리 작아도 그 안에 생명이 있기에 하나님 나라의 놀라운 모습과 비밀들을 간직하고 있다. 사람들은 그저 작은 겨자씨라고 생각할지 모르지만 하나님의 눈으로는 많은 새들이 모여드는 풍성한 하나님 나라와 다름이 없다.

통일 시대에 민족 동질성 회복을 위해서 갈등과 위기를 넘어서 새로운 정체성 형성을 위한 조정과, 통합의 노력에 기독교가 기여해야 할 것이다. 결국, '화해된 민족 동질성'은 새로운 민족 정체성을 제시할 것이고 이를 통해 남과 북이 정서적으로 통합하는데 있어서 창조적이고 발전적인 기여를 하게 될 것으로 본다.

4. 나가는 말

느헤미야는 성전을 재건하면서 '포로 귀환 공동체의 삶 속에서 어떻게 새로운 정체성을 세워 가는가?'에 대해 가장 중요한 관심을 가지고 있었다. 유대인들은 거의 3세대, 4세대 만에 자신들의 땅으로 돌아온다. 문화적으로 이

---

20) Robert J. Schrieter, *The Ministry of Reconciliation: Spirituality & Strategies* (New York: Orbis Books, 2005), 112.

방 국가에서 자신들의 정체성을 지키는 것은 쉬운 일이 아니다. 세계 최강의 국가에서 살면서 몇 세대를 보낸다는 것은 정체성에 있어서 많은 혼돈과 어려움을 가져다 줄 수 있는 문제이다. 그럼에도 불구하고 느헤미야는 유대인 공동체의 정체성 회복을 위해 성벽재건을 시작한 것이다.

복음통일은 정치적 사건이 아니라 하나님 나라의 사건이 되어야 한다. 통일은 새로운 조국을 꿈꾸는 것이다. 새로운 가치관과 비전으로 세워지는 나라가 되어야 한다. 그렇기 때문에 사람이 세워져야 한다. 통일된 조국은 정치적 힘으로 인위적으로 될 수 없다. 통일을 통해 새로운 조국을 꿈꾸는 사람들이 생겨야 한다. 그들의 자발적인 헌신을 통해 통일은 하나님 나라의 사건이 되는 것이다. 한반도에 영광스런 하나님의 일들을 회복하는 것이 복음통일이다. 이 땅 가운데 하나님의 통치권을 다시 회복하고 통일국가의 정체성을 가진 모든 디아스포라 에게도 동일한 정체성을 갖도록 하는 사건이 되어야 한다.

이런 점에서 한국교회는 회심의 주제를 환기해야 할 때가 되었다. 이는 한국교회의 갱신, 복음통일, 세계선교의 사명을 위한 가장 최우선적인 일이다. 오늘날 교인들이 점차로 줄어들고 사회적으로 거의 영향력을 행사하지 못하고 있는 실정은 바로 회심을 통한 참된 신자를 만들지 못한데 이유가 있다. 참된 회심을 경험하지 못하고 교회의 이벤트나 프로그램, 자기중심적인 기복주의 신앙, 등에 참여하게 되어 짐으로 인하여 오히려 복음의 참된 가치가 손실이 되는 현실을 보게 된다.

한국교회는 통일시대를 준비함에 있어서 그리스도에게로 돌아가야 한다. 초대교회로 돌아가는 것이 아니라 본질로 돌아가는 것이다. 그 길은 무엇인가? 한국교회는 시대의 아픔 속에서 십자가를 경험하는 기회가 주어져 있다. 분단을 넘어 통일로 나가는 길이다. 민족적 차원에서 십자가를 경험하는 것은 분단을 극복하는 통일의 길뿐이다. 통일이 되었을 때 신앙의 내용을 배우고 새로운 공동체에 소속되어 가는 숙성된 하나님 나라가 이루어져야 한다. 이것은 진정한 회심을 통해서만 가능하다. 십자가에서 자신이 죽는 경험을 한 사람들을 통해서 가능한 것이다. 한국교회는 통일시대를 준비하며 반드시 이루어내야 할 과제임에는 틀림없다.

십자가는 우상숭배의 실체를 드러내고 하나님의 영광을 회복하는 신학적 모략이다. 이 땅을 지배하고 있는 분단의 가치가 우상이 된지 오랜 세월이다. 통일의 역사 속에서 하나님 나라의 가치를 드러내는 것은 오직 십자가 안에 있다. 십자가 정신이 아니면 해결될 수 없는 분단의 감정과 논리가 지배하고 있다. 십자가의 사랑이 분단의 협곡을 메우고 모든 전쟁의 도구를 하나님의 쟁기로 바꾸는 날이 올 것이다.

십자가가 세상을 구원하는 진리라면 통일시대를 살아가야 할 한국교회는 반드시 붙잡아야만 하는 하나님의 지혜인 것이다. 십자가는 세상 권세를 전복시키고 새로운 역사를 향해 달려가게 하는 하나님 나라의 가치를 부여할 것이다.

한국교회는 다음세대에게 통일된 조국을 물려주는 역사적 책임감을 가져야 한다. 더 이상 꿈을 이야기할 수 없는 분단시대를 물려주는 것은 부끄러운 일이다. 분단시대, 산업화 시대, 민주화 시대를 지나온 믿음의 선배들은 오늘날 우리에게 부유한 조국을 남겨 주었다. 매일 밤 철야를 하면서 민족복음화와 축복된 조국을 위해 기도했다. 6.25 전쟁 때 최후의 보루로 지켜진 낙동강 이남에 있는 교회들은 이 민족을 살려달라고 기도했다. 전쟁의 포화 속에서 기도하는 자들이 있기에 하나님은 극적으로 이 나라를 살려낸 것이다. 그렇다면 오늘날 한국교회는 "다음 세대에 어떤 조국을 물려줄 것인가?" 고민해야 한다. 우리의 부르짖는 기도의 내용은 무엇이 되어야 하는가? 복음 안에서 성취된 통일된 조국이 되어야 한다.

하나님 나라의 정체성을 세워가며 하나님의 다스림을 경험하기 위해서 끊임없는 기도가 필요했다. 느헤미야서는 기도로 시작해서 기도로 끝나는 책이다. "오늘 종이 형통하여 이 사람들 앞에서 은혜를 입게 하옵소서" (느1:11절) 느헤미야가 성벽재건 전에 드린 기도다. "내 하나님이여 나를 기억하사 복을 주옵소서" (느13:31절) 느헤미야서 마지막에 있는 기도의 내용이다. 기도는 하나님 나라에 흐르는 거대한 강물이다. 기도 없이 하나님 나라는 경험할 수 없다. 기도의 강물을 통해 흘러 들어가는 하나님의 통치가 필요한 것이다. 기도가 없으면 자신의 왕국을 만들지만 기도하면 하나님의 나라를 경험하게 된다.

역사는 사람들의 수 없이 많은 오류와 부끄러운 일들에도 불구하고 하나님이 정하신 곳으로 흘러간다. 시간의 흐름 속에 제 아무리 많은 탁류가 있을지라도 가야할 곳으로 가게 되어 있다. 이것이 합력하여 선을 이루시는 하나님의 일이다. 우리 민족의 역사 속에서도 70년 넘게 수 없이 많은 반목과 갈등이 있었지만 통일된 조국을 하나님이 이루실 것이다. 다음세대에게 하나님의 영광과 통치가 드러나는 그런 통일된 조국을 물려주고 싶은 것이 한국교회의 소망이 되어야 한다.

제
4
장

느헤미야와 국가의 재건

하경택 교수(장로회신학대학교)

1. 들어가는 말

최근 한국사회는 건국절 논란을 겪었다.[1] 삼일운동 100주년과 광복 74주년을 맞은 해인 2019년은 대한민국의 시작점을 어느 때로 볼 것인지에 대한 물음을 제기하면서 건국의 의미를 되새기에 만들었다. 하지만 이러한 논란을 통해 역사를 보는 관점이 얼마나 중요한가를 알 수 있고, 그러한 관점이 작금의 한국사회를 분석하고 평가하는데 직접적인 영향을 끼친다는 점에서 피해 갈 수 없는 중요한 논쟁이다.

본 글의 주제는 '느헤미야와 국가의 재건'이다. 이 주제는 구약성경을 토대로 글쓰기가 쉽지 않다. 우선 '국가'에 대한 개념 자체가 근대적인 용어이기

---

1) 건국절 논란은 8월 15일을 국경일 '건국절'로 지정하자는 여러 주장과 이에 따르는 논란들을 말한다. 이 논란의 중심에는 건국시점이 1919년인지 1948년인지, 그리고 1945년 8월 15일 독립(광복)과 1948년 8월 15일 정부수립(소위 건국) 중 어느 쪽을 중시하는지 등에 관한 입장 차이가 논란이 되었다.
https://namu.wiki/w/%EA%B1%B4%EA%B5%AD%EC%A0%88%20%EB%85%BC%EB%9E%80

때문에, 그러한 개념을 가지고 성경시대의 내용을 살펴보는 것은 적절치 않게 보일 수 있다. 또한 에스라 – 느헤미야가 활동했던 시기와 그 이후의 상황을 고려할 때 독립된 국가 형성의 모델로 볼 수 없는 측면이 있는 것이 사실이다. 왜냐하면 에스라 – 느헤미야의 개혁은 어디까지나 유다가 페르시아 제국의 지방 속국으로서 처한 상황에서 이루어진 일이었기 때문이다.[2] 그럼에도 불구하고 에스라 – 느헤미야의 활동 속에서 국가재건의 원리를 생각할 수 있는 것은 그들이 새롭게 이룬 포로귀환 공동체가 제국의 지배체제에서도 하나의 굳건한 공동체로서 살아남았고,[3] 마침내 1948년 이스라엘 건국을 통해 독립된 국가의 탄생을 맞을 수 있었기 때문이다.

이렇게 '느헤미야와 국가의 재건'이라는 주제로 글쓰기에 많은 한계를 가지고 있지만, 에스라 – 느헤미야서에 기록된 에스라 – 느헤미야의 개혁은 오늘날 우리 사회와 교회의 재건과 회복을 위해 시사하는 바가 크다. 필자는 우선 에스라 – 느헤미야서의 역사서술을 통해 에스라 – 느헤미야서가 보여주는 신학적 구상과 의미를 살펴보고자 한다. 다음으로 국가 재건을 위한 에스라 – 느헤미야 개혁의 의미를 에스라 – 느헤미야의 개혁이 보여준 세 가지 특징들을 중심으로 살펴본 후 에스라 – 느헤미야 개혁의 의미를 평가함으로써 이 글을 맺고자 한다.

---

2) 시리아-팔레스틴 지역은 다리우스 1세가 전국을 20개의 행정구역으로 개편할 때 제5행정구역으로 편입되었고, 주로 "강 건너편 지역"이라고 불렸다. 페르시아 제국은 삼중적인 행정체제를 가지고 있었는데, 전국을 20개의 행정구역으로 나누어 각 지역에 '총독'을 두었고, 각 행정구역을 다시 몇 개의 속주로 나누어 여기에도 역시 '총독'이라 부르는 책임자를 두었으며, 각 민족 단위의 도시 국가는 그 체제를 인정하면서 그 민족의 왕으로 통치하도록 하였다. 이 점에 관하여 다음을 참조하라. 김지은, "페르시아 제국 시대 시리아-팔레스틴의 행정 체제,"「구약논단」 6 (1999.06), 145-173, 특히 150-154쪽.

3) 페르시아 제국 시대 유다 사회에 대한 평가는 여러 가지로 이루어졌다. 막스 베버(M. Weber)는 포로귀환 공동체의 성격을 〈베트 아브/아보트〉(בית אב/אבות)로 규정했고, 다니엘 스미스(D. L. Smith)는 "제4세계"(the forth world)라는 개념으로 설명했으며, 호글룬트(K. G. Hoglund)는 〈카할〉(קהל), 즉 "총회"로서의 유다의 공동체적 성격을 강조했다. 그리고 바인버그(J. Weinberg)는 포로 후기 유다사회를 다윗왕조의 멸망으로 인해 지도력이 제사장에게 있으며 백성 전체가 사회-경제적 단위로서 기능하는 "시민-성전 공동체"(the citizen-temple community)였다고 말한다. 이것에 관한 더 자세한 논의는 다음을 참조하라. 김지은, "페르시아 시대 이스라엘의 사회-종교 변화에 관한 연구,"「구약논단」 13 (2002), 57-72, 특히 59-63쪽.

2. 에스라-느헤미야서의 역사서술

1) 출애굽의 '재현'으로서의 이스라엘 역사

에스라-느헤미야서에 기술된 역사의 의미는 기본적으로 '출애굽의 재현'이라는 신학적 의의를 가진다.[4] 에스라-느헤미야서의 역사는 이스라엘 초기 역사에서 출애굽이 단순히 이집트를 탈출한 것에 그치지 않고 시내산 언약을 통해 언약공동체로 거듭났으며 율법 수여, 가나안 땅 점유와 분배, 그리고 세겜에서의 언약갱신(수 24장)을 통해 약속의 땅에서 하나님의 언약백성으로서 살아가는 삶의 과정을 요약적으로 반복한다.[5] 포로살이로부터의 해방, 약속의 땅으로 (재)진입, 유월절 축제의 거행, 성전 건립, 율법 공포, 땅 분배, 언약 체결 등의 과정을 통해 포로귀환 공동체는 이스라엘 초기 역사를 반복하며, 이러한 '재현'을 통해 포로귀환 공동체가 새로운 이스라엘로서의 정체성을 가지고 이스라엘 역사를 계속 이어나가야 함을 이 책에서 보여주고 있는 것이다.

하지만 출애굽의 재현으로서의 포로귀환(제2출애굽)은 첫 번째 출애굽과의 유사성과 차별성을 동시에 보여준다.[6] 첫째로, 두 번의 '출애굽'은 우연히 이루어진 것이 아니다. 첫 번째 출애굽은 조상들과의 언약에 기초한 구원사건이었다. 출애굽기 2장 24-25절에서는 출애굽의 동인을 이렇게 서술하고 있다: "하나님이 그들의 고통 소리를 들으시고 하나님이 아브라함과 이삭과 야곱에게 세운 그의 언약을 기억하사, 하나님이 이스라엘 자손을 돌보셨고 하나님이 그들을 기억하셨더라." 이스라엘의 해방과 구원이 언약에 대한 하나님의 '기억하심'에 있는 것이다(홍수 이야기와 노아 언약에 나타난 하나님의 '기억하

---

4) R. Rendtorff, *Theologie des Alten Testaments: ein kanonischer Entwurf. Bd.1: Kanonische Grundlagen* (Neukirchen-Vluyn: Neukirchener, 1999), 363.
5) G. Steins, 이종한 역, "에스라기와 느헤미야기,"『구약성경개론』(왜관: 분도출판사, 2012), 480-483.
6) R. Rendtorff, *Theologie des Alten Testaments. Bd. 1*, 362-363.

심'[창 8:1; 9:16]을 참조하라). 두 번째 출애굽, 즉 바벨론 포로귀환은 예언의 성취였다. 에스라서는 역대하가 끝나는 지점에서 시작한다. 고레스 왕의 조서 공포를 통해 새로운 역사가 시작된다. 그러나 그 역사는 그냥 이루어진 것이 아니라 "예레미야의 입을 통하여 하신 말씀을 이루게 하시려는"(스 1:1) 의도와 목적이 있다. 예레미야는 포로의 기간이 70년이 될 것이며 그 이후에는 다시 '이곳으로 돌아오게 하리라'는 예언하였다(렘 29:10; 또한 25:11 참조). 이뿐 아니라 이사야서에서도 고레스 왕에 대한 예언이 기록되어 있다. 하나님께서 자신의 '목자'요 '기름부음을 받은 자'인 고레스 왕을 통하여 이스라엘의 구원을 이루실 것이라는 사실을 분명히 말씀하고 있다(사 41:2, 25; 44:28; 45:1, 13 등). 이처럼 두 번의 '출애굽'이 그냥 이루어진 것이 아니라는 점에서는 동일하지만, 그 동인은 다르게 나타난다. 하나는 조상들과 맺은 하나님의 언약이며, 다른 하나는 예언자들을 통해 말씀하신 바를 이루는 것이다. 하지만 그 형태가 언약이든 아니면 예언이든 하나님이 약속하신 것을 이루는 면에서는 같다고 할 수 있으며, 따라서 두 사건 모두 하나님의 '약속의 성취'로서 이루어진 사건이라고 말할 수 있겠다.

둘째로, 두 번의 '출애굽'은 목표가 있었다. 첫 번째 출애굽의 목적지는 이중적으로 고찰될 수 있다. 출애굽의 최종적인 목적지는 '젖과 꿀이 흐르는' 가나안 땅이지만, 그 이전에 우선적인 목적지로 나타나는 것은 시내산이다. 우리는 이것을 모세의 소명장면에서 확인할 수 있다.[7] 하나님은 모세를 부르신 것이 자신의 백성 이스라엘을 이집트에서 이끌어 내어 "아름답고 광대한 땅, 젖과 꿀이 흐르는 땅, 곧 가나안 족속, 헷 족속, 아모리 족속, 브리스 족속, 히위 족속, 여부스 족속의 지방에 데려가려"(3:8) 하기 위함이라고 말씀하셨다. 이것은 아브라함, 이삭, 야곱으로 이어지는 이스라엘의 조상들과 약속한 바이기도 하다(창 12:7; 13:15, 17; 15:7, 18; 26:3이하; 28:13; 35:12; 또한 24:7; 48:4 참조). 이뿐 아니라 이 약속은 요셉의 유언을 통해서 확인된 바이기도 하다(창

---

7) R. Rendtorff, *Theologie des Alten Testaments. Bd. 1,* 44-45.

50:24). 그러나 모세의 소명에는 또 다른 목적지가 암시된다. 그것은 '하나님의 산'이다. 출애굽기 3장 12절에서 "네가 그 백성을 애굽에서 인도하여 낸 후에 너희가 이 산에서 하나님을 섬기리니 이것이 내가 너를 보낸 증거니라."라고 말씀하신다(또한 출 3:18; 5:1; 7:16; 8:1, 20; 9:1, 13 참조). 여기에서 '하나님의 산'은 시내(혹은 호렙으로 불리는)라고 불리는 산을 가리킨다. 이러한 상황을 종합하면, 이스라엘이 시내산에 도착한 것은 한시적임을 알 수 있다. 그것은 약속의 땅에 이르는 '중간 체류지'인 셈이다. 하지만 현재 오경의 구성 속에서 시내산 체류는 중간 기착지 이상의 의미를 지닌다. 바로 그곳에서 이스라엘 법과 제의의 근본적인 구조들이 선포되고 확정되었기 때문이다. 그러한 의미에서 시내산 체류는 단순히 출애굽 여정의 '중간'이 아니라 '중심'으로서의 의미를 지닌다.[8]

이처럼 두 번째 출애굽도 동일한 목적지를 가지고 있다. 그 목적지가 궁극적인 목적지라는 차원에서는 동일하게 나타난다. 그것은 '약속의 땅'으로의 귀환이다. 그러나 두 번째 출애굽에는 좀 더 분명한 목적이 있다. 그것은 예루살렘에서의 성전재건이다. 이러한 두 번째 출애굽의 목적은 고레스 왕의 조서를 통해서 확인된다.[9] 그의 조서는 하늘의 하나님 야훼께서 자신을 위해 예루살렘에 하나의 집을 지으라는 사명을 주셨다는 사실을 분명하게 보여준다(이러한 표현이 솔로몬의 성전 건축에 관한 기술에서 확인되고[왕상 5:17, 19; 6:1 등] 또한 제2성전에 관한 기술에서 다시 수용되고 있다[스 1:2이하, 5; 5:2, 11 등]). 고레스는 이 하나님의 백성된 자들은 예루살렘으로 올라가 "이스라엘의 하나님 야훼의 집"을 건축하라고 말한다. 따라서 예루살렘에서 성전 재건은 이스라엘 백성이 바벨론 포로로부터 귀환한 것의 결정적인 목표가 된다. 이 목표의 완성은 일종의 인클루지오(inclusio)의 서술을 통해 분명하게 강조된다. 에스라 1장 1절의 페르시아 왕 고레스의 "마음을 감동시킴"에 대한 언급으로 시작된

---

8) 토라의 중심적 의미는 에스라-느헤미야서의 개혁에서 특별히 강조된다. 에스라-느헤미야의 개혁은 여러 가지 점에서 '출애굽'의 상황을 재현한다. 더 자세한 것은 아래를 참조하라.

9) R. Rendtorff, *Theologie des Alten Testaments. Bd. 1*, 362.

성전재건의 역사가 에스라 6장 22절 후반에서 앗수르 왕의 "마음을 그들에게로 돌려" 하나님의 집 건축하는 자들의 손을 힘 있게 하였다는 진술로 마무리된다.[10]

셋째로, 두 번의 '출애굽'에서 이스라엘 백성들은 '빈손으로' 나오지 않았다.[11] 두 번 모두 은과 금의 패물들뿐만 아니라 가축들까지 함께 가지고 나왔다. 첫 번째 출애굽에서 이스라엘 백성들은 이집트 백성들로부터 많은 선물을 받았다. 종들이 해방될 때 그들의 품삯을 가지고 나오듯이 430년 종살이 생활을 청산하는 마지막 날에 이집트 백성들로부터 많은 선물, 출애굽기의 표현을 따르면 "탈취물"(출 3:21이하; 12:35이하)을 가지고 나왔다. 두 번째 출애굽에서 귀환자들도 그곳 주민들로부터 많은 선물을 받았다. 이러한 선물은 고레스 왕의 조서를 통해 지시된 것이지만, 포로 귀환자들은 은과 금뿐 아니라 그 밖의 물건들과 가축을 후원받았으며, 심지어 "자원 예물"(스 1:4, 6)까지 받았다. 이처럼 두 번에 걸친 출애굽에서 이스라엘 백성들은 비어있는 손이 아니라 가득한 손을 가지고 탈출하였고 약속의 땅으로 (재)진입하였다.

넷째로, 두 번의 '출애굽'에서 제국의 통치자가 중요한 역할을 한다. 첫 번째 출애굽에서는 '요셉을 알지 못하는' 파라오이다. 출애굽 당시의 파라오에 대해서는 '요셉을 알지 못하는' 파라오라고 직접적으로 표현되어 있지 않지만(출 1:8 참조), 그의 왕위를 이은 새로운 파라오는 전임자의 역할을 그대로 이어가고 있다. 그러한 의미에서 파라오가 특정한 이름으로 나타나지 않는 것은 의미심장하다. 그가 누구이든 동일한 역할을 한다는 것이다. 그런데 이집트의 파라오는 제국의 통치자로서 이스라엘의 대적일 뿐만 아니라 야훼의 적대자로서 나타난다(5:1-5 참조).[12] 그는 강한 손으로 치기 전에는 이스라엘의 출애굽을 허락하지 않다가 여러 이적과 기사로 그 나라를 친 후에야 이스라엘 백성을 내보내게 된다(출 3:19-20; 12:31-32). 이와는 달리 페르시아 왕 고레스

---

10) R. Rendtorff, *Theologie des Alten Testaments. Bd. 1*, 364.
11) R. Rendtorff, *Theologie des Alten Testaments. Bd. 1*, 362.
12) R. Rendtorff, *Theologie des Alten Testaments. Bd. 1*, 362.

는 귀환자들에게 매우 호의적이다. 그는 세상 모든 나라에 대한 통치권을 주신 "하늘의 하나님 야훼"를 찬양하며 그들이 선물을 가지고 고국으로 돌아가게 할 뿐만 아니라(스 1:2-4) 느부갓네살 왕에 의해서 빼앗아 왔던 성전의 그릇들을 다시 가져가도록 하는 파격적인 조치를 취한다(스 1:7-11). 이처럼 두 번의 출애굽에서 제국의 통치자는 중요한 역할을 한다.[13] 그러나 그들이 보여준 반응은 달랐다. 첫 번째 출애굽에서는 적대적이었으나 두 번째 출애굽에서는 호의적이었다.

이처럼 바벨론 포로에서의 귀환은 '출애굽'의 주제 아래 해석되고 서술된다. 이스라엘 백성의 바벨론 포로에서의 귀환은 출애굽의 '재현'으로서 '제2의 출애굽'이라고 말할 수 있다. 이것은 이스라엘 민족의 기억 속에 깊이 자리 잡고 있는 "뿌리 체험"(root experience)으로서 출애굽 사건의 지속적인 영향력을 보여주는 증거이다.[14] 두 출애굽에는 많은 유사성과 차별성이 동시에 존재한다. 이를 통해 전통의 수용과 확장이 에스라-느헤미야서 역사서술의 기본적인 틀을 형성하고 있음을 알게 된다. 또한 이것은 에스라-느헤미야서를 통해 기술되는 역사가 우연적인 것이라거나 일시적인 사건이 아니라 하나님의 거대한 구원역사의 흐름 속에 있음을 깨닫게 한다. 또한 두 번에 걸쳐 일어나는 출애굽 역사에서 성경의 기록자들이 동일하게 강조하는 바를 알 수 있다. 그것은 두 번의 출애굽 역사가 이스라엘의 하나님이자 하늘의 하나님이신 야훼께서 하신 일이라는 사실이다. 역사의 주인으로서 하나님은 첫 번째 출애굽에서 역사하신 것과 같이 두 번째 출애굽에서도 역사하(신/)실 것이다. 이를 통해 두 번째 출애굽의 역사가 지향하는 바가 분명하게 나타난다. 그것은 참

---

13) 에스라-느헤미야서에 등장하는 페르시아 왕들은 하나같이 제2의 출애굽이 완성될 수 있도록 추동하며 돕는 자로 나타난다. 고레스 왕(스 1:1-4)과 다리오 왕(스 6:1-5)과 두 번에 걸친 아닥사스다 왕의 조서(스 7:12-26; 느 2:7-8))가 그렇다. 이러한 점에서 구약성경이 앗수르나 바벨론의 왕들에 대해 말할 때와는 달리 페르시아 왕들에게 대해 전반적으로 긍정적인 묘사를 보여주는 것은 당연한 일일 것이다.

14) 이 뿌리 체험은 이스라엘 사람들이 자신의 전체 역사를 이해하고 해석하는 "구원의 원형"이자 하나님의 행동방식을 보여주는 "계시적 사건"이었다. 이러한 관점으로 구약성경을 이해하는 학자로서 특별히 버나드 앤더슨을 언급할 수 있다. B. W. Anderson, 『구약성서탐구』, 김성천 옮김 (서울: CLC, 2017), 45.

된 이스라엘의 회복이다. 그것은 단순히 '출-애굽'에서 끝나는 것이 아니라 토라를 따라 약속의 땅에서 '하나님의 통치'가 이루어지는 삶을 사는 것이다.

2) '두 시기'의 역사 서술로서의 에스라 – 느헤미야서

느헤미야 개혁을 살펴보기 위해서는 느헤미야서에 대한 이해가 필수적이다. 우리말 성경에는 에스라서와 느헤미야서가 구분되어 있으나 히브리 성경에서는 한 권의 책으로 분류된다. 이러한 현상은 에스라서와 느헤미야서에 대한 두 가지 관점이 있음을 시사한다. 그것은 에스라서와 느헤미야서를 한 권으로 볼 것인가 아니면 두 권의 책으로 볼 것인가 하는 점이다. 필자는 에스라 – 느헤미야서를 한 권의 구성으로 볼 때 느헤미야 개혁의 의미가 더 잘 드러난다고 생각한다. 이것은 에스라-느헤미야서에서 느헤미야의 개혁이 에스라의 개혁과 불가불리의 관계에 있기 때문이다.[15] 또한 느헤미야의 개혁은 에스라 개혁을 전제로 한다는 의미에서 에스라-느헤미야 개혁이라고 부르기로 한다.

에스라 – 느헤미야서를 시기에 따라 나누면 다음과 같이 크게 두 부분으로 구분된다.[16] 첫째 부분은 페르시아 시대 고레스 왕과 다리우스 왕이 통치하던 시대(기원전 6세기 후반) 바벨론 포로귀환과 성전건축을 다루고 있는 에스라 1-6장이다. 그리고 둘째 부분은 아닥사스다(아르타크세르크세스) 1세 왕이 다스리던 시대 성벽 건축과 포로귀환 공동체의 내적 공고화 시대를 다루고 있는 본문들, 즉 에스라 7장에서 느헤미야 13장에 이르는 부분이다. 이 두 시기 모두 두 명의 지도자가 두드러지게 나타나는데, 전반부에서는 여호수아와 스룹바벨이 중심적인 역할을 하고, 후반부에서는 에스라와 느헤미야가 중심적인 역할을 한다(편의상 에스라 1-6장까지의 시대를 제1기, 에스라 7장에서 느헤미야 13장

---

15) 이점에 관하여는 다음 글에서 상세하게 논의되고 있다. 민경진, "에스라서, 느헤미야서 없이 가능한가?," 「선교와 신학」 36 (2015), 75-101; 동저자, "에스라-느헤미야서는 한 권인가, 두 권인가?" 「장신논단」 19 (2003), 447-461; 동저자, "에스라-느헤미야서의 문학적 구조분석," 목회와신학 편집부 엮음, 『에스라·느헤미야, 어떻게 설교할 것인가』 (서울: 두란노아카데미, 2009), 35-45.
16) G. Steins, "에스라기와 느헤미야기," 『구약성경개론』, 463.

에 이르는 시대를 제2기라 부르기로 한다).

출애굽의 '재현'으로서의 역사 서술 속에서 제 1기와 제 2기의 서술이 서로 평행을 이룬다. 두 시기에 나타난 사건과 내용을 살펴보면 다음과 같은 세 가지 차원에서 일치된 내용을 보여준다.[17] 첫째는 성전 재건과 성벽 재건이 평행을 이룬다.[18] 이 두 사건은 페르시아 왕의 조서와 허락을 통해 이루어지지만 두 사건 모두 적대자들의 방해를 받는다(스 4장; 느 4:1-20; 6:1-14).[19] 그러나 두 사건 모두 그러한 방해와 난관을 극복하고 뜻한 바를 모두 이룬다. 둘째는 봉헌식과 절기 지킴이다. 순서와 분량 면에서 차이가 있으나 두 시기에 각각 성전 봉헌식(6:16)과 성벽 봉헌식(느 12:27-43)이 거행되었고, 유월절(스 6:19-22)과 초막절(8:13-18) 절기를 지켰다. 이 두 가지 절기는 출애굽의 구원 사건을 기념하는 기쁨의 절기이다. 셋째는 토라에 근거한 삶의 토대 마련이다. 제 1기에서는 성전 봉헌식 때 모세의 책에 기록된 대로 제사장과 레위 사람의 분반과 순차를 정해 예루살렘에서 하나님을 섬기게 한다(스 6:17-18; 또한 3:2이하들 참조). 제 2기에서는 토라에 근거한 삶의 의미가 크게 강화된다. 우선 에스라가 제사장이자 율법 학자로서 파견되었다는 점에서 토라의 중요성이 커졌음을 알 수 있다. 그리고 성벽 재건 이후 일곱 째 달 초하루부터 시작된 토라 낭독과 그 이후 일련의 사건에 대한 보도(느 8-10장)가 에스라 - 느헤미야서의 핵심 중에 핵심을 이룬다는 점에서 변화된 강조점을 읽을 수 있다.[20]

이러한 제1기와 2기 서술에 대한 상응성은 에스라 - 느헤미야 개혁의 의

---

17) G. Steins, "에스라기와 느헤미야기," 『구약성경개론』, 463-465.
18) 이것으로 볼 때 포로귀환 공동체의 귀환 목적은 단순히 성전 건축으로 끝나는 것이 아님을 알 수 있다. 그것은 성벽 재건을 통해 성전과 도시 전체가 하나님께 드려짐으로 궁극적인 목적을 이루는 것이다(느 12:7-43). 성벽 봉헌 사건이 에스라-느헤미야서의 마지막 절정을 이룬다는 지적에 관하여 다음을 참조하라. R. Rendtorff, *Theologie des Alten Testaments. Bd. 1*, 371.
19) 느헤미야의 성벽공사에 대한 반대는 주변지역의 총독들과 사마리아의 산발랏과 요단 동편 암몬의 도비야 등에 의해서 이루어지는데(2:10, 19이하; 4:1-3), 그들의 시도들은 무장 공격(4:3-20)뿐만 아니라 느헤미야 자신을 암살하려는 계획(6:1-14; 또한 6:16-19 참조)에 이르기까지 광범위하게 나타난다.
20) R. Rendtorff, *Theologie des Alten Testaments. Bd. 1*, 371.

미를 부각시키며,[21] 새로운 이스라엘로서 거듭나는 포로귀환 공동체가 힘쓰고 갖추어야 할 점들이 무엇인가를 알게 한다. 성전과 성벽의 재건은 포로귀환 공동체의 외적인 조건이 갖추어짐을 보여주고, 봉헌식과 절기 준수를 통해 포로 귀환 공동체의 삶이 작동되고 있음을 보여주며, 토라 중심의 모습을 통해 그들의 삶을 작동시키는 삶의 원리가 되는 포로 귀환 공동체의 내적 조건이 무엇인가를 알게 한다.

3. 국가재건을 위한 에스라 – 느헤미야 개혁

1) 에스라 – 느헤미야 개혁의 특징들

느헤미야의 개혁은 결코 홀로 완성되지 않았다. 에스라와 느헤미야의 활동과 역사는 상호보완적이다. 앞에서 이미 언급한 바와 같이 어느 하나만의 서술로는 미완성에 그친다.[22] 느헤미야의 개혁은 에스라와 함께 할 때 제대로 이루질 수 있었다. 에스라와 느헤미야의 활동을 통해 보여주는 개혁의 특징들은 무엇일까?

첫째, 이스라엘의 정체성을 확립하는 것이었다. 에스라와 느헤미야의 활동에서 가장 중요한 문제는 이스라엘의 정체성에 관한 것이었다. 다시 말하

---

21) 에스라-느헤미야서의 기획의도를 드러내기 위해서 이 책의 저자는 시대착오적이나 신학적 의미를 드러내는 기술방식을 보여준다. 예컨대, 성벽공사 방해를 위한 상황에 알맞은 적대자들의 상소문이 앞부분에 배치되어(4:6-23) 성전재건과 성벽재건의 의미가 동일함을 보여주고 있고, 마찬가지로 거의 동일한 귀환자들의 명단이 에스라 2장과 느헤미야 7장에 배치되어 제1기와 제2기의 포로 귀환이 동일한 의미를 지니고 있음을 보여준다. 또한 성전건축을 위해 조서를 내린 왕 가운데 성전이 완공된지 약 50년이 지나서야 왕위에 올랐던 아닥사스다 왕(주전 464년)이 포함되어 있어(스 6:14) 성전건축과 성벽건축이 동일시되고 잇으며, 앗수르 왕이라는 표현(스 6:22)을 통해 페르시아의 왕이 본래 이스라엘의 옛 원수였던 앗수르 제국을 통치하고 있는 왕이라는 사실을 드러내고 있다.
22) 민경진은 이러한 두 인물의 활동보도가 서로 상호보완적이라는 사실을 근거로 에스라-느헤미야가 한 권의 책으로 읽혀져야 함을 주장한다. 민경진, "에스라서, 느헤미야서 없이 가능한가?," 「선교와 신학」 36 (2015), 75-101.

면, 이것은 누가 참 이스라엘인가의 질문에 관한 것이었고, 참 이스라엘을 위한 경계설정은 어떻게 되어야 하는가의 문제였다.

에스라의 지도 아래 예루살렘에 도착하여 첫 번째 드린 희생제사에 참여한 사람들은 "사로잡혔던 자의 자손"(〈베네 학골라〉 בְּנֵי־הַגּוֹלָה)이라고 지칭된다(스 8:35). 이것은 그들이 제1기에 스룹바벨과 예수아와 함께 돌아온 자들과 동일시되며(2:1), 회복된 공동체의 범주 안에 포함되었음을 드러내는 표현이다(스 4:1; 6:19-20; 10:7, 16; 느 7:6 등).[23] 그러나 에스라는 고국에 돌아와 중요한 문제를 발견한다. 이스라엘 백성과 심지어 제사장과 레위 사람들이 "이 땅 백성들"에게서 떠나지 않고 그들의 딸을 맞이하여 그 지방 사람들과 섞이게 되어 "가증한 일"을 행한 것이다(스 9:1). 이러한 하나님께 대한 "불충"을 범하는 일에 특별히 방백과 고관들이 으뜸이 된 것을 알게 된 것이다(9:2). 이때 나열된 이방 민족들은 오경의 가나안 민족들을 지칭할 때 나오던 민족들로 서술되고(창 15:19이하; 출 3:8 등), 이를 통해 그들이 범한 잘못들이 특별히 신명기에서 금지하고 있는 이방인들과의 결혼금지 사항을 위반한 것임을 보여준다(신 7:1-5). 이 때문에 에스라는 극도의 슬픔을 나타내는 애도의식을 행하고 금식하며 장문의 기도를 드린다(스 9:6-15). 에스라의 기도는 이스라엘 백성의 남녀와 어린 아이의 큰 무리, 곧 '총회'(〈카할〉 קָהָל 10:1)를 이끌어낸다. 그곳에 모인 사람들은 에스라의 교훈을 듣고 하나님과 '언약'을 맺고 율법대로 이방 여인들과 결혼을 파기하고자 한다(3절). 이 모든 것이 장엄한 형식 속에서 약속된다(5, 10-12절). 그 이후 3개월에 걸친 조사가 이루어지고(16절 이하), 그러한 사례에 해당되는 110쌍의 사람들에 대한 명단이 완성된다(18-43절). 그리고 그러한 일이 이루어졌음을 보여주는 짧은 종결문으로 마무리된다(44절).[24]

이방 여인과의 혼인문제는 뒤이어 기술되는 느헤미야의 개혁에서도 문제

---

23) R. Rendtorff, *Theologie des Alten Testaments. Bd. 1*, 366.
24) 이 마지막 구절은 에스라 개혁의 결론으로 보기에 분명치 않은 점이 있다. 이것은 자녀를 낳은 여인이 있음으로 개혁을 밀어붙이기 쉽지 않았음을 보여주는 단서가 되기도 한다. 민경진, "에스라서, 느헤미야서 없이 가능한가?,"「선교와 신학」 36 (2015), 90.

가 된다(느 13:23-27). 우선 이것은 에스라 시대에 시도된 이스라엘 공동체의 순수성 회복이 제대로 이루어지지 않았다는 사실을 암시한다.[25] 그러나 이러한 모습은 이방여인과의 결혼 문제가 에스라나 느헤미야 시대 모두 해결해야 할 가장 큰 문제였음을 보여준다. 이처럼 두 지도자가 이 문제를 해결해야 할 중요과제로 인식한 것은 그것이 이스라엘의 정체성과 관련된 문제이었기 때문이다. 이방인과의 결혼으로 인해 신앙 공동체로서의 순수함이 훼손되고 이방신 숭배를 통한 배교와 혼합주의의 우려가 있었기 때문이다. 그러한 사례로 솔로몬 왕이 이방여인을 아내로 맞아 하나님께 범죄한 실패의 경험을 언급한다(느 13:26-27).

이처럼 에스라 – 느헤미야에서 '이스라엘'은 매우 신학적으로 규정된다.[26] 바벨론 포로에서 돌아온 자들과 이 무리에 합류한 모든 사람이 참 이스라엘이다(스 6:21). 이들은 '그 땅의 백성'(〈암 하아레츠〉, עַם־הָאָרֶץ) 과는 구별되면서 '거룩한 씨'로서 이스라엘의 순수성을 보존한 사람들이다.[27] 이렇게 새롭게 확립된 '거룩한 씨'로서의 이스라엘(스 9:2)은 결국 '거룩한 도성'인 예루살렘에 자리를 잡게 된다(느 11:1, 18)는 것이 에스라 – 느헤미야서의 요점이다. 순수성 강조가 혼합주의가 만연한 정체성 위기의 시대에는 의미 있게 작동할 수 있었다. 그러나 하나님의 '거룩한 백성'(출 19장; 신 7장)의 의미가 야훼에 대한 배타적 신앙보다는 혈통적 순수성이 강조될 때 타민족에 대한 인종적 배척이라는 갈등의 불씨를 내포하고 있었다.

---

25) 느헤미야가 에스라와 유사하게 이방인과의 혼인문제에 직면하게 되었다는 사실은 느헤미야 이전에 있었다고 보도되는 에스라의 개혁에 대해 의문을 품게 하기도 한다. 하지만 이것은 오히려 두 사람의 협력적 개혁과정을 추론해 볼 수 있다. 다시 말하면 에스라에 의해 시작된 개혁이 느헤미야의 행정권과 조직력을 통해 비로소 완성을 보게 된다는 사실이다. B. W. Anderson, 『구약성서탐구』, 745.

26) G. Steins, "에스라기와 느헤미야기," 『구약성경개론』, 482.

27) 〈암 하아레츠〉는 구약성경에서 여러 가지 의미로 사용된다. 이것은 상황에 따라 특정 지역에 사는 사람을 가리키는 표현으로 사용되기도 하고(왕하 11:14, 18, 20), 특정 계층을 의미하는 표현이 되기도 한다(왕하 21:24; 23:23). 하지만 에스라-느헤미야서에서는 성전 건축에 반대하는 사람들을 가리키거나 거부하는 의미에서 이방 거주민들을 의미하는 말로 사용된다(스 4:4; 9:1, 2; 10:2, 11; 느 10:20-31). 이점에 관하여 다음을 참조하라. "'Am Ha'arz," *ABD* V. 1, 168-169.

둘째, 생활과 신앙의 구심점을 확보하는 것이다. 포로귀환 공동체의 구심점 역할을 한 것은 성전이었다. 그러나 그 역할과 의미가 토라 강조를 통해서 보완된다. 포로귀환 공동체는 철저하게 토라 중심의 신앙을 보여준다. 성전재건으로 예루살렘에서 희생제사가 가능하게 되었다. 그리고 느헤미야 시대에 이르러 성벽이 재건되어 예루살렘 도시 전체가 '거룩한 도성'(11:1)으로 완비되었다. 이러한 외적 조건과 함께 반드시 갖추어져야 할 것이 이것이 가능하도록 하는 추동력과 지침을 제공하는 내적조건이었다. 그러한 내적조건은 바로 하나님의 법, 토라를 통해서 마련되었다.

에스라가 예루살렘에 온 목적은 분명하다. 그것은 아닥사스다 왕의 위임에 따라 "네 손에 있는 네 하나님의 율법을 따라 유다와 예루살렘의 형편을 살피기 위해" 예루살렘에 왔다(스 7:14). 여기에는 페르시아 제국의 통치 전략이 동기로 작용했을 것이다. 그것은 유대인들이 살고 있던 "강 건너편" 지역에서 제국의 질서를 회복하고 확고히 하기 위한 목적이었을 것이다(25절 이하). 그러나 여기에서 '왕의 법'으로서 기준으로 작용하는 것이 '하나님의 법', 곧 토라이다. 에스라는 이 야훼의 토라를 "연구하여 준행하며 율례와 규례를 이스라엘에게 가르치기"(스 7:10)로 결심한 '율법 학자'로서 예루살렘에 온 것이다. 여기에서 '율법 학자'로 번역된 〈소페르〉(ספר, 스 7:6; 느 8:1, 4, 13; '제사장'과 '율법학자' 두 칭호가 모두 나타나는 경우: 스 7:11, 12, 21; 느 8:9)는 '서기관'을 의미하기도 하는 공식적인 페르시아 관리 칭호였다. 이제 '하나님의 법', 곧 토라는 제국의 인가를 얻어 유대 신앙을 가진 '강 건너편'의 페르시아 신민들에게 구속력을 가진 것으로 이해되고 적용된다. 따라서 에스라-느헤미야서의 구조 안에서 토라 낭독과 그 이후 일련의 사건에 대한 보도(느 8-10장)가 그 정점에 있다는 사실은 매우 의미가 있다.[28] 에스라-느헤미야의 개혁의 중심에 '토라'가 있다는 사실을 보여주기 때문이다.

성벽 공사가 마무리된 후(느 6:15이하; 7:1-3), 첫 번째 귀환 때와 같이(스

---

28) R. Rendtorff, *Theologie des Alten Testaments. Bd. 1,* 371.

3:1) 일곱째 달의 첫째 날이 새해의 시작으로서 장엄하게 기념된다(8:1). 이스라엘 '온 백성'이 수문 앞 광장에 모인다. 그곳에 모인 사람들은 에스라에게 야훼께서 이스라엘에게 명령하셨던 "모세의 토라 책"(8:1)을 가져오라고 요청한다. 이것은 에스라나 느헤미야가 요구한 것이 아니다. 그것은 성벽이 재건된 후 수문 앞 광장에 모였던 백성들의 요구였다. 그들 앞에서 토라가 낭독된다. 새벽부터 정오까지 토라 낭독이 계속되었다(8:3). 그곳에 모인 사람들은 남녀를 불문하고 토라에 대한 열심이 있는 사람들이었다. 토라 낭독은 하나의 장엄한 의식 속에서 진행된다(5-6절). 토라를 펼 때 모든 사람들이 일어서고, 에스라가 축복의 말을 할 때 백성들은 "아멘, 아멘"으로 응답하며 얼굴을 땅에 대고 경배했다. 그런 다음 토라 낭독이 이어졌다. 이때 '제사장'(2절)이자 '율법학자'(4절) 에스라는 레위인들의 도움을 받는다. 에스라 곁에 있었던 레위인들은 읽은 내용을 상세하게 설명하여 주고 사람들이 그것을 이해하게 한다(7-8절). 이를 통해 토라에 대한 해석과 이해가 동시에 추구된다. 이때 느헤미야와 에스라 그리고 레위인들은 "야훼에 대한 기쁨이 너희의 힘이다"라고 말하며(10절) 거룩한 날에 기뻐하도록 백성들을 격려한다. 토라를 알고자 하는 열망은 그 다음날에도 식지 않는다. 백성의 족장들과 제사장들과 레위인들은 에스라를 찾아와 토라에 기록된 바를 살핀다(13절). 그들은 토라에 대한 연구를 통해서 초막절에 "초막"에 거주하라는 규정을 발견한다(레 23:39-43). 그들은 토라의 명령을 따라 초막절을 지킨다. 사람들은 여호수아 이래로 그렇게 행한 일이 없었다고 기뻐한다(17절). 이때 에스라에 의해서 매일 토라가 낭독된다(18절).

　　토라 낭독은 공동체의 회개를 촉발시킨다. 그달 이십 사일 이스라엘 백성이 다시 모여 금식하고 회개한다. 이때도 토라 낭독이 병행된다. 낮 사분의 일은 토라를 낭독하고, 사분의 일은 죄를 자복하고 기도한다(3-4절). 찬양과 기도가 함께 나타난다(5절). 그 이후 레위인들에 의한 긴 참회의 기도가 이어진다(6-37절). 이 기도를 통해 이스라엘의 반역과 신실하신 하나님의 구원의 행동으로 대비되는 이스라엘의 역사가 회고된다: "우리는 악을 행하였사오나 주께서는 진실하게 행하셨음이니다"(33절). 이러한 죄악의 역사로 인한 자신들의 비참함을 인정하고 언약을 세워 자신들이 다짐한 의무를 이행하고자 한다. 그 의무는 "하나님의 종 모세를 통하여 주신 하나님의 토라를 따라 사는 것"(29절)이다. 이러한 언약은 기록되고 인봉된다(38절). 그리고 다양한 10장 30절부터 39절까지 이르는 다양한 의무사항들이 서약된다. 그것에는 "이 땅 백성"의 자녀들과 결혼 거부, 안식일과 안식년 준수, 그리고 "하나님의 집", 곧 성전에 관련된 다양한 규정들이 포함된다.

이러한 일련의 과정은 요시야 왕의 개혁의 모습과 매우 유사한 면을 보여준다. 요시야 왕 때에도 토라의 대중 낭독, 죄의 고백, 제의적·사회적 개혁, 그리고 계명을 따르지 않을 때 받을 저주를 감수하겠다는 서약을 하였다(왕하 23:1-3).[29] 그때나 지금이나 개혁의 핵심에는 하나님의 법, 곧 토라가 있다. 토라를 통해 개혁이 시작되고 토라를 통해 완성된다.

셋째, '함께 하는' 리더십을 보여준다. 이것은 두 가지 차원에서 고찰된다. 하나는 리더십 간의 협력이다. 또 하나는 위로부터의 리더십과 아래로부터의 리더십의 통합이다.

먼저, 에스라-느헤미야서를 통해서 보여주는 개혁은 에스라-느헤미야의 개혁이라고 말할 수 있다. 어느 한 사람의 활동과 능력으로 완수될 수 있는 것이 아니다. 위에서 살펴본 대로 에스라-느헤미야서의 구성은 크게 두 가지로 나뉜다. 에스라 1-6장과 에스라 7장 - 느헤미야 13장의 내용이다. 이 두 시기 모두 두 명의 지도력 아래에서 움직인다. 제1기의 지도자들은 스룹바벨과 여호수아이고, 제2기의 지도자들은 에스라와 느헤미야였다. 이것은 출애굽 공동체의 지도력을 생각나게 한다. 모세와 아론이 광야유랑 시기를 이끌었으며, 그 뒤를 이어 여호수아와 엘르아살이 출애굽 공동체를 이끌었다. 이것은 정치적 지도자와 종교적 지도자의 협력이라고 말할 수 있겠다. 물론 모세의 위상이 반드시 정치적인 것이라고 말할 수는 없지만 아론의 위상에 비추어

---

29) B. W. Anderson, 『구약성서탐구』, 746.

보면 그러한 특징을 인정할 수 있다. 이것은 여호수아와 엘르아살의 경우에도 동일하게 적용된다. 그러나 스룹바벨이나 여호수아, 느헤미야나 에스라의 경우는 분명하다. 스룹바벨(학 1:1, 12 등)이나 느헤미야(느 5:14)는 총독으로 임명된 사람들이다. 그리고 여호수아(학 1:12, 14 등)와 에스라(스 7:1-5, 11-12 등)는 모두 제사장으로 호칭된다.

이것은 어떤 공동체의 변화가 정치적 리더십이나 종교적 리더십 어느 하나만으로 완성될 수 없다는 사실을 보여준다. 이상적인 것은 정치적 리더십과 종교적 리더십이 호응을 이룰 때이다. 에스라 – 느헤미야서는 이러한 점을 분명하게 보여준다. 에스라와 느헤미야가 시차를 두고 예루살렘에 오지만,[30] 결국 두 사람의 활동이 함께 이루어지는 느헤미야 8-10장의 모습을 통해 변화와 개혁의 절정을 보여준다. 이것은 함께 하는 리더십의 중요성을 깨닫게 한다. 지도력 간의 협력을 통해서 개혁이 극대화됨을 알 수 있다.

함께 하는 리더십의 두 번째 측면은 에스라 – 느헤미야의 개혁은 단순히 위로부터의 개혁이 아니었다는 사실이다. 물론 두 명의 지도자의 지도력이 탁월하다. 에스라는 "율법에 익숙한 자"로서의 전문성이 있었고(스 7:6), 자신에게 맡겨진 바를 이루고자 하는 열정과 열망이 있었다(스 7:10). 페르시아 왕궁의 술관원이었던 느헤미야는 예루살렘 성이 허물어지고 성문이 불탔다는 고국의 비참한 소식을 접한다(느 1:3). 이때 그는 수일동안 슬퍼하며 금식하고 기도한다(느 1:4). 그리고 페르시아 왕에게 간청하여 유다 총독으로 임명되어 예

---

30) 에스라와 느헤미야의 활동 연대에 관해서는 여러 가지 논의가 있다. 느헤미야의 도착 연대에 대해서는 별다른 이견이 없다. 아닥사스다 1세 즉위 20년째로서 주전 445년에 예루살렘에 도착한 것으로 여겨진다. 그러나 문제는 에스라의 활동 시기이다. 에스라의 예루살렘 도착 연대를 아닥사스다 1세 즉위 7년째, 즉 주전 458년으로 잡는다면(스 7:7-8), 그가 도착한 지 13년이 흐른 다음에야 토라 낭독을 하게 된 셈이며(느 8장), 함께 활동했을 것으로 여겨지는 느헤미야의 회고록에 에스라가 거의 등장하지 않고 있다는 점이 자연스럽지 못하다는 것이다. 그래서 아닥사스다 7년을 37년으로 고쳐 읽기도 하고(그렇다면 에스라가 활동을 시작하게 되는 시점이 주전 428년이 된다), 에스라 7장 7절의 아닥사스다 왕을 아닥사스다 2세(주전 404-358년)로 가정하여 주전 398년에 도착한 것으로 설명하기도 한다. 하지만 어떤 수정도 에스라와 느헤미야의 활동을 온전하게 설명해 내지 못한다. 따라서 최종형태의 현재 본문의 기술을 따라가는 것이 최선으로 여겨진다. 이러한 논의에 관하여 다음을 참조하라. B. W. Anderson, 『구약성서탐구』, 742-745.

루살렘에 파견된다(느 2:4-8). 그는 예루살렘에 도착한 후 사흘 만에 예루살렘을 시찰하여 현황 파악에 나선다(느 2:12-15). 그리고 예루살렘과 주변 성읍들의 거주민들을 성벽 재건 사업에 참여시키려고 설득한다(느 2:16-18; 3:1-32). 이 과정에서 적대자들의 반대에 부딪치며 위기를 겪지만,[31] 그러한 위기를 극복하고 성벽 공사가 마무리된다(느 6:15). 이 과정에서 일어난 느헤미야 5장의 내용은 모든 지도자들이 새겨야 할 위기극복의 모습을 보여준다.[32]

그러나 에스라 – 느헤미야의 개혁은 이렇게 탁월한 지도자들에 의한 위로부터의 개혁만은 아니었다. 느헤미야 8-10장에 기술된 개혁의 과정과 내용은 '백성'이 개혁의 주체가 되었음을 보여준다.[33] 성벽 재건이 끝난 후 일곱째 달 초하루에 수문 앞 광장에 백성들이 모였을 때 모세의 토라를 가져와 읽게 한 것은 에스라나 느헤미야가 아닌 그곳에 모인 '백성'이었다(8:1).[34] 남녀노소를 불문한 백성들이 하나님의 법이 낭독될 때 귀 기울여 듣고 그것에 반응했다

---

31) 적대자들의 방해 시도들은 무장 공격(느 4:1-17)과 느헤미야 자신을 암살하려는(6:1-14; 또한 6:16-19 참조) 계획까지 광범위하게 나타난다.

32) 느헤미야 5장에는 성벽공사가 한창 진행되는 가운데, "그 백성", 즉 문맥에 따르면 빈곤층의 사람들이 자신들의 "유대 형제들", 즉 여기에서는 가진 자들(7절에 의하면 "귀족들"과 "민장들")에 대해 불만을 제기한다(1절). 이 사람들은 세금 부담과 경제적 어려움으로 인해 자신들의 재산을 부자들에게 저당 잡히지 않으면 안 되었고, 자신의 자녀들을 종으로 팔아야 하는 곤경에 처해 있음을 호소한다(2-5절). 이러한 어려움은 성벽공사에 투입됨으로 더욱 가중되었다. 이러한 백성의 부르짖음을 듣고 느헤미야는 총회를 열고 '형제애'의 모습을 보이지 않은 가진 자들을 꾸짖고 이러한 문제는 하나님 경외의 문제라고 여기고 공동체의 회복을 위해 변화를 촉구한다. 꾸어준 것에 대한 이자를 받지 않을 것과 그들로부터 취한 것을 돌려보낼 것을 요구한다(10-11절). 그러자 그 일의 당사자인 귀족들과 민장들이 이에 호응한다(12-13절). 이때 느헤미야는 자신에게 속한 자들과 함께 먼저 그러한 일의 모범을 보일 뿐만 아니라(10절), 총독으로서 누려야 할 권리와 특권을 포기하는 모습을 보여준다(14-18절). 이러한 느헤미야의 솔선수범은 사회의 갈등을 해소하고 공동체의 연대감을 높이는 결과를 가져왔고 52일 만에 공사를 마칠 수 있었다. 이점에 관하여 다음을 참조하라. 배희숙, "느헤미야와 '하나님의 집' 재건: 느헤미야서 통째로 읽기," 222-224.

33) R. Rendtorff, *Theologie des Alten Testaments. Bd. 1*, 371. 배정훈은 느헤미야서에 묘사된 이러한 변화를 "지도자인 왕이 백성으로, 제사가 율법으로, 제단이 말씀을 전하는 나무 강단으로 바뀐다"고 특징있게 서술한다. 배정훈, "에스라-느헤미야서에 나타난 하나님의 집," 목회와신학 편집부 엮음, 『에스라·느헤미야, 어떻게 설교할 것인가』 (서울: 두란노아카데미, 2009), 63-64.

34) 에스케나지(Tamara Exkenazi, "The Structure of Ezra-Nehemiah and the Integrity of the Book," *JBL* 107/4 (1988), 648)는 에스라 2장과 느헤미야 7장에 보도되는 귀환자 명단의 반복이 주는 의미를 다섯 가지로 설명하면서, 그 의미 가운데 하나가 '전체로서의 백성'의 의미를 보여주는 것이라고 말한다. 에스라-느헤미야서의 구조에 대한 이러한 관찰은 느헤미야 8장에 등장하는 '백성'이 전체로서의 의미를 가진다는 사실을 엿볼 수 있게 한다.

(느 8:2-6). 이때 백성들이 토라의 말씀을 이해하는데 도움을 주기 위해 에스라를 비롯한 레위인들이 그것을 설명한 것은 사실이다. 하지만 이 모든 일의 시작에 백성에 있었고, 그 이후에 이어진 과정에서 백성이 주도적으로 참여하고 있다. 그들은 야훼 토라를 들으며 죄를 자복하고 회개하였다(9:1-3). 레위 사람들에 의해서 드려진 회개 기도에서 '우리'라고 등장하는 회집된 공동체는 언약을 세워 자신들이 다짐한 의무를 이행하고자 한다(9:38). 위로부터의 리더십에 의해 시작된 개혁은 아래로부터의 리더십의 호응을 이끌어 내었고, 위로부터의 개혁과 아래로부터의 개혁이 맞물려 완성된 형태의 변화와 개혁을 이루어낼 수 있었다.

2) 국가재건의 모델로서의 에스라 – 느헤미야 개혁

이제부터는 국가재건의 차원에서 에스라 – 느헤미야 개혁의 의미를 살펴보자. 우선 들어가는 말에서도 언급했듯이 에스라 – 느헤미야의 개혁이 독립된 국가 재건의 모델로서는 적절치 않을 수 있다. 하지만 여러 가지 한계가 있음에도 불구하고 에스라 – 느헤미야의 개혁이 포로귀환 공동체의 재건을 위해서는 기여한 바가 크고 여전히 활용 가능한 내용으로 고찰되기 때문에 국가재건의 원리로서 언급될 수 있다고 여긴다. 필자는 앞에서 지적한 에스라 – 느헤미야 개혁의 세 가지 특징들에 함축된 문제들을 중심으로 국가재건 모델로 활용 가능한 내용들이 무엇인가 설명하고자 한다.

첫째로 정체성을 확립하는 문제이다. 국가재건을 위해 가장 우선적으로 대두되는 것이 '정체성' 문제이다. 이것은 개인적인 차원이든 공동체적 차원이든 언제나 중요하다. 그런데 정체성 확립의 문제는 단순치 않다. 정체성을 규정하는 기준이 다양할 수 있기 때문이다.

이런 점에서 에스라와 느헤미야는 특별했다. 그들은 자신들의 기준을 가지고 단호하게 대처했다. 에스라 – 느헤미야 개혁 당시 정체성 논란에는 당시 예루살렘 지역 관할에 대한 주도권 다툼의 상황이 중요한 요소로 작용한 것을 알 수 있다. 스룹바벨의 지도력 아래 포로 귀환 공동체가 성전건축을 할 때 겪은 반대도 그리고 예루살렘 성벽 재건 시 느헤미야가 겪은 반대도 그러한 정치적 상황이 작용했다고 말할 수 있다.[35] 그러나 이러한 정치적 역학관계를 뛰어 넘을 수 있는 기준이 종교적 정체성이다. 이것을 달리 말하면 '신앙적' 정체성이라고 말할 있겠다. 이 신앙적 정체성은 제2의 출애굽 공동체인 포로 귀환 공동체가 약속의 땅에서 새로운 이스라엘을 이루기 위해서는 반드시 갖추어야 할 요소였다.

에스라와 느헤미야가 직면한 포로기 이후 유다 공동체는 이방인과의 혼인 문제로 신앙 공동체로서의 순수성이 훼손되는 상황에 있었고, 그로 인해 이방신 숭배와 혼합주의가 만연될 우려가 있는 상황이었다.[36] 오경, 특히 신명기 본문(신 7:1-5)을 떠올리게 하는 에스라 9장의 서술에서 분명해지는 것은 그들이 얼마나 하나님께 "가증한 일"을 행하였으며 그것이 얼마나 하나님께 대한 "불충"이 되는가 하는 사실이다(스 9:1-2). 이러한 일이 에스라나 느헤미야에게 더욱 충격적이었던 것은 이러한 일에 모범이 되어야 할 공동체의 지도층이 앞장서서 잘못하고 있었다는 사실이다. 에스라의 경우 제사장과 레위인들만 아니라 방백과 고관들이 이방인과의 혼인에 앞장섰다는 사실에 놀라움을 금하지 못하고 있으며(스 9:1-2), 느헤미야의 경우도 특별히 제사장과 레위인

---

35) 배희숙("에스라·느헤미야에 나타난 유다 재건 정책," 「장신논단」 30 [2007.12], 45-77)은 성전재건 시 포로귀환 공동체가 대면한 적대자들로 명시되는 "유다와 베냐민의 대적자"와 "그 땅의 백성들"이 이방인 고위층 관리로서 '강 저편' 속주의 남쪽 지방을 관장하였으며 권세와 부를 지닌 자들로서 반유다 세력의 중심을 이룬 이방인의 지도층(스 4:7, 9-10)이었다고 평가한다(49-51쪽). 또한 배희숙은 느헤미야가 대면한 적대세력도 자신들의 예루살렘에 대한 영향력이 축소되는 것을 반대하는 정치적 연합세력이었다고 말한다. 예컨대, 산발랏은 사마리아 지방이 속한 "강 저편" 속주의 총독이었고(느 2:10, 19), 도비야는 유다의 행정사안을 담당한 산발랏의 아랫 사람이었던 것으로 추정되며(3:35), 아라비아 사람 게셈은 아랍 부족의 왕으로서 암몬과 에돔, 그리고 블레셋 지역과 주전 587년에 멸망하였으나 일부 유다 백성이 남아 있는 남쪽 지역을 관할하고 있던 사람으로 여겨진다는 것이다(57-58쪽).
36) 알베르츠(R. Albertz), 배희숙 역, 『포로시대의 이스라엘』, (서울: 크리스챤다이제스트, 2006) 181-187쪽은 이스라엘이 포로기를 통해서 경험한 사회사적인 변화와 종교사적인 영향에 대해서 다음 다섯 가지로 설명한다. 첫째, 국가로서의 역사가 종결되었고, 둘째, 이스라엘의 지역적인 통일성이 해체되었고, 셋째, 친척으로 구성된 탈중심적인 기구형태가 강화되었으며, 넷째, 유다의 멸망은 각자의 정체성이 자신의 결정을 통해 새롭게 보존되어야 했고, 다섯째, 따라서 국가 공동체로서의 외부 경계를 허물어뜨렸다.

들이 이러한 일에 모범이 되지 못한 것에 분노하고 그것을 바로 잡은 것을 볼 수 있다(13:30). '파혼'이라는 극단적인 조치를 통해서 이루어진 개혁은 당시 이 문제가 그만큼 절실한 문제였기 때문이다. 이러한 충격적인 조치를 통해서라도 생존의 위협 가운데 있는 당시의 공동체를 새롭게 형성해 나아가야 할 필요성을 느낀 것이다.

그러나 여기에서 생각해 보아야 할 점이 있다. 에스라–느헤미야 개혁 조치가 모든 시대에 동일하게 적용될 수 있는가 하는 점이다. 그것이 에스라–느헤미야 시대의 절박한 상황에서 필요한 조치였음을 인정하면서도, 자칫 이러한 조치가 혈통주의나 분리주의에 빠질 경우 폐쇄적이며 배타적인 공동체로 전락할 위험성도 내포하고 있었다. 이후 유다가 사마리아와 정치적, 종교적 분열을 겪게 되는 역사를 생각하면, 공동체의 정체성을 살리면서도 외연 확장성과 포용성을 갖는 정체성 기준 적용이 아쉬운 부분이다.[37]

둘째로, 생활과 신앙의 구심점을 확보하는 문제이다. 포로귀환 공동체의 구심점은 예루살렘 성전이었다. 그래서 포로 귀환 공동체는 예루살렘에 도착한 후 우선적으로 제단을 만들었고(스 3:2), 그 이듬해에 성전재건 공사를 시작하였으나 적대자들의 방해로 중단되다가 다리오 왕 제 6년(주전 515년)에 성전을 재건하여 봉헌하였다(스 6:16). 포로귀환 공동체가 예루살렘에 성전을 재건하는 것을 제1차적인 과제로 삼은 것은 고레스의 조서에 힘입은 바 크다. 하지만 포로귀환 공동체의 입장에서 보면 비록 독립된 나라는 없을지라도 하나님의 백성으로서의 정체성을 가지게 하는 것이 성전이었기 때문에 성전재건을 최우선적인 과제로 삼지 않을 수 없었다. 에스라–느헤미야의 개혁은 여기에 성벽을 재건하여 예루살렘 전체가 '거룩한 성'으로서 하나님의 전의 의미를 갖게 하는 것이었다. 단순히 성전만이 아니라 도성 전체가 완비되어 황폐해진

---

37) 이런 점에서 사도행전에 나타난 예루살렘 회의 결정은 의미가 있다(행 15장). 예루살렘 사도와 장로들은 이방인 그리스도인들에게도 할례와 율법 준수가 필요하다는 주장에 대해 믿음으로 그리고 주 예수의 은혜로 구원을 얻은 사람들에게 할례나 다른 율법 규정을 요구하지 않고 '성령'과 '요긴한 것들' 외에는 어떤 짐을 지우지 않기로 결정하고(28-29절) 그것이 교회에 적용될 수 있도록 사람을 보내 위로하고 권면하는 조치를 취했다(32절).

곳에 사람이 거주하여 하나님의 도성으로서의 의미를 되찾게 한 것이다(느 11:1-36).

그러나 여기에 새로운 요소가 추가된다. 이렇게 완비된 외적 조건(하드웨어)에 그것이 제대로 작동되도록 하는 내적 조건(소프트웨어)을 갖추게 한 것이다. 그것이 하나님의 법으로서의 토라이다. 이러한 토라의 중요성은 느헤미야 8-10장에 서술된 토라 – 낭독 사건을 통해 분명하게 드러난다.

에스라/느헤미야서에서 "법"은 상이한 두 가지 용어들로 나타난다.[38] 아람어 〈다트〉 (דָּת)와 히브리어 〈토라〉 (תּוֹרָה)이다. 이 가운데 아람어 〈다트〉는 페르시아 '왕의 법'을 나타내는 용어로 사용되기도 한다(스 7:26). 하지만 수식어를 통해서 그것이 '하나님의 법', 토라를 가리킬 수도 있다. 페르시아 왕의 위임에 관한 아람어 본문(스 7:12-26)에서 "네 하나님의 그 법"(14, 26, 25절) 혹은 "하늘 하나님의 법"(12, 21절)이라고 지칭된다. 이러한 하나님의 법은 느헤미야 8장에서 〈토라〉로 언급되며, "모세의 토라 책"(1절)으로 소개된다. 그리고 그것은 계속해서 단순히 "그 토라"(2, 7, 9절 외 여러 곳) 또는 "그 토라의 책"(3, 8, 18절)이라고 불린다. 이때 토라가 장엄한 의식과 함께 공식적으로 낭독되며, 공동체 삶에 결정적인 영향을 준다. 새로운 이스라엘로 형성된 공동체는 그 토라에 따라 초막절을 지키고(8:13-18), 자신들의 죄를 자복하고 회개의 기도를 드렸으며(9장), 토라 준수의 삶을 서약을 통해 약속한다(10장).

포로 귀환 공동체의 구심점을 형성하는 두 축은 성전과 토라라고 할 수 있다. 그러나 에스라 – 느헤미야 개혁에서 토라 요소의 추가를 통해 유대교가 '제사 종교'에서 '책의 종교'로 이행할 수 있는 발판을 마련하였다. 제사를 통한 하나님과의 관계 회복과 유지는 성전을 필요로 하지만, 토라를 통한 관계 유지는 성전 없이도 하나님의 백성으로서의 삶이 지속가능하도록 만들기 때문이다.[39] 또한 토라 낭독을 통해 단순한 들음이 아니라 그 뜻을 깨닫도록 풀

---

38) R. Rendtorff, *Theologie des Alten Testaments. Bd. 1*, 371.
39) 성전의 중요성이 크지만 그것이 절대적이지 않았다는 사실은 회당제도의 설립과 유지에서 찾아볼 수 있다. 제2성전이 주후 70년 로마군에 파괴되기까지 이스라엘의 삶과 신앙에 중심적인 역할을 한다. 그러나 바벨론 포로기를 거치면서 회당이라는 제도가 생겨났다. 회당이 성전을

이해 주는 과정을 거친 것은 삶의 지침과 원칙을 제공하는 '하나님의 법'으로서의 토라가 제대로 기능을 발휘하게 한 것이다.

셋째로, 리더십의 문제이다. 어떤 공동체가 새로운 단계로 나아가기 위해서는 그것을 이끌어가는 리더십이 필요하다. 적절한 리더십이 없이는 변화나 개혁이 모두 불가능하다. 이러한 점에서 두 가지 차원으로 고찰되는 에스라-느헤미야의 리더십은 특별하다. 그들은 리더십 간의 협력을 보여주었고, 위로부터의 리더십과 아래로부터의 리더십의 통합으로 이루어 낸 '함께 하는' 리더십의 모습을 보여주었다.

에스라와 느헤미야는 각기 다른 리더십의 영역과 특징을 보여준다. 에스라는 제사장 가문의 출신의 율법학자로서 주로 제의적이고 종교적인 영역을 담당했다고 한다면, 느헤미야는 예루살렘의 무너진 성벽과 불에 탄 성문을 재건할 목적으로 유다에 파견된 '총독'(1:3; 2:3, 8, 13, 17; 6:1; 7:3; 12:30)으로서 주로 사회·정치적 영역에 영향력을 가진 사람이었다. 시차를 두고 있지만 이 두 사람이 활동하여 이루어낸 성과는 각 영역의 조화를 통해 더 큰 열매를 맺게 한 것이다.[40] 에스라와 느헤미야 모두 소명과 능력이 겸비된 지도자들이었다. 율법 학자로서의 능력만이 아니라 "야훼의 율법을 연구하여 준행하며 율례와 규례를 이스라엘에게 가르치기로 결심한" 에스라의 모습에서 자신의 소명에 투신하는 결연한 에스라의 모습을 알 수 있다. 또한 먼 고국 땅의 일을 자신의 일로 생각하고 예루살렘에 돌아와 자신의 직위를 최대한 활용하여 성벽재건의 과업을 이루어낸 느헤미야에게서 사적인 이익에 연연하지 않고 조

대체하는 것인가 아니면 보충하는 것인가 하는 점에 대한 논란이 있지만, 최초의 회당들은 기도와 토라 연구를 위한 모임장소로서 출발했을 것이다. 포로기 이후 여러 세기 동안 팔레스타인을 비롯하여 유대인들이 흩어져 사는 지역에 많은 수의 회당이 생겼고, 이스라엘의 삶과 신앙에 깊은 영향을 주며 성전보다 오랫동안 종교적 중심지로 역할을 해 왔다. B. W. Anderson, 『구약성서탐구』, 737.

40) 이것은 제1기 포로귀환 공동체에 있었던 스룹바벨과 여호수아의 공동 리더십을 생각나게 하며, 더 나아가 출애굽 공동체의 리더십을 떠올리게 한다. 출애굽 공동체는 모세와 아론, 여호수아와 엘르아살로 나타나는 두 리더십이 조화를 이루고 협력하여 이집트 탈출로부터 약속의 땅으로 이주하기까지 전 과정을 성공적으로 마칠 수 있었다. 이 모든 것은 출애굽과 제2 출애굽 공동체가 모두 이중적 리더십을 통해 약속의 땅으로의 진입과 정착에 성공하였음을 보여준다.

국을 위해 자신을 기꺼이 바치는 애국과 애족의 모습을 배울 수 있다. 이 과정에서 느헤미야는 자신의 생명을 위협하는 공동체 외적인 방해요소들을 극복하였을 뿐만 아니라, 공동체 내부에 문제가 생겼을 때 약자 구성원들을 위해 자기희생과 솔선수범을 통해 문제를 해결한 것(느 5장)은 공동체의 결속력을 강화시켰을 뿐만 아니라 진정한 공동체의 모습을 보여주기에 충분한 지도력을 보여주었다.

그러나 에스라 – 느헤미야 리더십은 탁월한 지도자의 개인적 능력만을 보여주지 않는다. 그들은 모두 공동체의 호응을 얻어내는 리더십이었다. 특별히 토라 – 낭독 사건이 기록된 느헤미야 8-10장의 내용은 '백성'이 주체가 된 개혁운동이었다. 성벽 재건이 이루어진 후 포로귀환 공동체는 '모세의 토라 책'을 공식적으로 낭독함으로써 하나님의 말씀 듣기를 원했으며, 하나님의 법에 기초한 삶을 살기 원했다. 그들은 토라를 따라 절기를 지키며 토라에 어긋난 자신들의 삶을 통회 자복하며 회개하였으며(9장), 구체적인 사항들을 명시하며 토라를 따라 살기로 약속하는 언약을 체결한다(10장). 위로부터의 리더십과 아래로부터의 리더십이 만나 효과적인 개혁을 이뤄낸 모범적인 사례를 보여준다.

4. 나가는 말

포로생활 이후 이스라엘은 정치적 국가로서가 아니라 우주적 하나님에 대한 신앙으로 결속된 신앙 공동체였으며, 포로기 이후 이스라엘의 변화는 모세로부터 시작하여 다윗왕조를 거쳐 전수되어 온 이스라엘의 본질적 강령으로의 복귀를 의미한다고 평가할 수 있다.[41] 이러한 점에서 에스라 – 느헤미야 개혁은 형식상으로는 국가의 재건에 기여한다고 할 수 있지만, 내용적으로는 신

---

41) B. W. Anderson, 『구약성서탐구』, 729.

앙공동체의 회복에 더 큰 의미가 있다고 말할 수 있다. 이러한 점에서 에스라 – 느헤미야 개혁은 오늘날 한국교회가 겪고 있는 위기 극복에 기여할 수 있다.

우선 에스라 – 느헤미야서에 기술된 출애굽의 '재현'으로서의 이스라엘 역사는 오늘날 교회가 계속해서 바라보아야 할 '뿌리 경험'이자 '구원의 원형'으로서 기능한다는 사실이다. 에스라 – 느헤미야의 활동은 이러한 출애굽의 '재현'을 위해 봉사했다. 특별히 그들이 보여준 세 가지 특징, 즉 정체성 확립과 삶과 신앙의 구심점 확보, 그리고 '함께 하는' 리더십은 오늘날 한국교회가 깊이 새겨야 할 요소들이며 덕목들이다. 에스라 – 느헤미야의 활동과 개혁이 한국교회의 비전으로 공유됨으로써 이 땅위에 예수 그리스도의 복음전파와 하나님 나라의 실현을 위해 유용하게 활용되기를 소망하며 이 글을 맺고자 한다.

민족중흥의 지도자 느헤미야

제
5
장

이종록 교수(한일장신대학교)

1. 들어가는 말: 느헤미야 – 불굴하는 지도자

나는 그를 이렇게 부르고 싶다. "불굴하는 지도자 느헤미야." 느헤미야서를 읽어보면, 이 말을 실감할 것이다. 느헤미야는 심각한 어려움 속에서도 결코 굽히지 않는 의지로 개혁을 끝까지 추진한다. 그래서 개혁을 완성한다. 특수한 상황이었기에 그가 행한 개혁정책들을 우리 현실에 적용하려 할 때는 여러 가지를 깊이 생각해야겠지만, 그가 누구와도 비교할 수 없는 투철한 개혁정신으로 쉽지 않은 일을 이뤄내서, 민족중흥을 이룬 탁월한 인물임은 분명하다. 그렇기에 느헤미야는 위대하다. 요즘처럼 존경할 만한 지도자가 아쉬운 때에 이런 인물을 만나는 것은 매우 기분 좋은 일이다.

"느헤미야" 하면, 이런 의문과 호기심이 든다. 느헤미야라는 걸출한 지도자를 양성해서, 위기에 처한 민족을 중흥케 한 사람들은 과연 누구일까? 느헤미야와 에스라도 그렇고, 세스바살과 스룹바벨도 바벨론에 거주하는 유대인 공동체가 키워낸 인물들이라는 사실에 우리가 주목해야 한다. 바벨론 왕 느부갓네살이 유다를 정복하고, 유다 사람들을 바벨론으로 강제이주 하게 함으로써, 유다인 공동체는 유다 본국에 남은 사람들과 바벨론으로 강제이주당해 그곳에서 새로운 공동체를 이룬 사람들로 나뉜다. 이렇게 주전 598년에서 587년까지는 유대인 공동체가 두 개 있었다.

바벨론 유다인 공동체는 에스겔로 시작한다. 에스겔은 바벨론에서 예언자로 부름 받았다. 에스겔은 바벨론 유다인 포로공동체에 속해 있었는데, 본국 유다는 결국 멸망당할 것이며, 바벨론의 유다인 포로공동체가 앞으로 새로운 이스라엘을 건설할 주역이 될 것이라고 예언했다. 예레미야도 같은 말을 한다. 예레미야서 24장에는 무화과의 비유가 나온다. 하나님은 예레미야에게 무화과 광주리 두 개를 보여주셨는데, 한 광주리에는 좋은 무화과가, 다른 광주리에는 먹을 수 없는 무화과가 담겨 있었다. 그러면서 하나님은 예레미야에게 이렇게 말씀하셨다.

> 5 이스라엘의 하나님 여호와께서 이와 같이 말씀하시니라 내가 이곳에서 옮겨 갈대아인의 땅에 이르게 한유다 포로를 이 좋은 무화과 같이 잘 돌볼 것이라 6 내가 그들을 돌아보아 좋게 하여 다시 이 땅으로 인도하여 세우고 헐지아니하며 심고 뽑지 아니하겠고 7 내가 여호와인 줄 아는 마음을 그들에게 주어서 그들이 전심으로 내게 돌아오게 하리니 그들은 내 백성이 되겠고 나는 그들의 하나님이 되리라 8 여호와께서 이와 같이 말씀하시니라 내가 유다의 왕 시드기야와 그 고관들과 예루살렘의 남은 자로서 이 땅에 남아 있는 자와 애굽 땅에 사는 자들을 나빠서 먹을 수 없는 이 나쁜 무화과 같이 버리되(예레미야 24장 5-8절)

에스겔서에도 같은 말이 나온다. 하나님은 예루살렘 유다인들과 바벨론 유다인들을 비교하면서, 이렇게 말씀하신다.

> 17 너는 또 말하기를 주 여호와의 말씀에 내가 너희를 만민 가운데에서 모으며

너희를 흩은 여러 나라 가운데에서 모아 내고 이스라엘 땅을 너희에게 주리라 하셨다 하라 18 그들이 그리로 가서 그 가운데의 모든 미운 물건과 모든 가증한 것을 제거하여 버릴지라 19 내가 그들에게 한 마음을 주고 그 속에 새 영을 주며 그 몸에서 돌 같은 마음을 제거하고 살처럼 부드러운 마음을 주어 20 내 율례를 따르며 내 규례를 지켜 행하게 하리니 그들은 내 백성이 되고 나는 그들의 하나님이 되리라 21 그러나 미운 것과 가증한 것을 마음으로 따르는 자는 내가 그 행위대로 그 머리에 갚으리라 나 주 여호와의 말이니라(에스겔 11장 17-21절)

예레미야는 본국 유다인들을 위해서 예언을 했고, 에스겔은 바벨론 유다인들을 위해서 예언을 했다. 예레미야는 본국 유다의 멸망을 선포하면서도, 백성들이 시드기야를 중심으로 해서 친바벨론 정책을 채택해서 국가적인 위기를 극복해나가기를 희망했다. 그래서 당시 유다인들이 합법적인 유다의 왕으로 생각하는 여호야긴보다 시드기야를 지지했다. 그러나 에스겔은 바벨론 유다인 공동체를 건설하는 일에 관여했기 때문에, 본국에 대해서 심판을 선포하고, 여호야긴을 중심으로 하는 바벨론 유다인 공동체를 강조했다. 그래서 에스겔의 메시지는 궁극적으로 바벨론 유다인 공동체를 중심으로 하는 새로운 미래건설이었다.

그들은 예레미야가 제시한 원칙에 따라서, 바벨론에서 살았고, 바벨론에서 누릴 수 있는 문화적인 혜택들을 충분히 누리면서도, 자신들이 가져야 할 민족적 정통성과 종교적 순수성을 결코 훼손하지 않았고, 후손들을 그렇게 교육했다. 그 대표적 결실이 바로 에스라, 그리고 느헤미야이다.

2. 느헤미야 1 – 경제 지도자

바벨론 유다인 공동체가 키워낸 탁월한 지도자 느헤미야. 그는 무엇보다 경제지도자였다. 우리 사회도 그렇지만, 고대 이스라엘에도 경제적으로 어려움을 겪는 사람들이 있었다. 그들이 경제적인 어려움을 겪는 이유는 여러 가지인데, 가장 흔한 이유는 빚이었다.

> 환난 당한 모든 자와 빚진 모든 자와 마음이 원통한 자가 다 그에게로 모였고 그는 그들의 우두머리가 되었는데 그와 함께 한 자가 사백 명 가량이었더라 (사무엘상 22장 2절)

이들은 주인의 학대를 견디다 못해 도망쳤을 것이다. 신명기 23장 15-16 절은 도망친 종들을 어떻게 처우해야 하는지 언급하는데, 이것은 당시에 도망친 종들이 많았기 때문일 것이다. 사백 명은 대단히 많은 수인데, 나중에는 600명으로 늘어난다. 다윗에게 모여든 사람들은 여러 가지 사정으로 인해 사회생활을 정상적으로 할 수 없는 사람들이었을 것이고, "빚진 모든 자"라는 구절에서 알 수 있듯이, 대다수가 경제적으로 파산상태였을 것이다. 이스라엘 건국초기라고 할 수 있는 다윗시대에도 빚 문제는 상당히 심각한 사회적 문제였던 것으로 보인다. 그리고 그 후로 500여년이 흐르고 느헤미야가 예루살렘에 총독으로 부임했을 때에도 경제사정이 어려워져서 빚을 지고, 그 빚을 갚지 못해서 결국 종이 된 사람들이 많았다.

> 1 그 때에 백성들이 그들의 아내와 함께 크게 부르짖어 그들의 형제인 유다 사람들을 원망하는데 2 어떤 사람은 말하기를 우리와 우리 자녀가 많으니 양식을 얻어 먹고 살아야 하겠다 하고 3 어떤 사람은 말하기를 우리가 밭과 포도원과 집이라도 저당 잡히고 이 흉년에 곡식을 얻자 하고 4 어떤 사람은 말하기를 우리는 밭과 포도원으로 돈을 빚내서 왕에게 세금을 바쳤도다 5 우리 육체도 우리 형제의 육체와 같고 우리 자녀도 그들의 자녀와 같거늘 이제 우리 자녀를 종으로 파는도다 우리 딸 중에 벌써 종 된 자가 있고 우리의 밭과 포도원이 이미 남의 것이 되었으나 우리에게는 아무런 힘이 없도다 하더라(느헤미야 5장

1-5절)

열심히 농사를 짓고 일해도 먹고 살기가 어려워서, 즉 경제적으로 가난해
져서 양식을 구하기, 세금을 내기 위해 땅을 저당 잡히고 빚을 질 수밖에 없는
상황이었다. 그리고 그 빚을 갚지 못해 자식들을 종으로 팔아야 하고, 그래서
가족이 흩어질 수밖에 없는 상황이다. "어떤 사람은 말하기를"이 3번 나오는
것으로 보아, 세 부류의 사람들이 각각 자신들이 처한 상황을 말한 것으로 보
인다. 첫째 부류는 땅이 없어서 품삯으로 사는 사람들이고, 둘째 부류는 땅은
갖고 있지만, 흉년으로 인해 농사를 망쳐서 부채를 갚지 못한 경우이고, 셋째
부류도 땅은 갖고 있지만, 세금을 내기 위해서 빚을 지는 경우이다. 느헤미야
는 당시 개혁을 추진하면서, 이러한 경제적인 불평등 문제에 대해서는 관심을
갖지 않은 것으로 보인다. 우리는 여기서 "가난"이 악순환을 되풀이하면서 결
국 사람들을 파산케 한다는 것을 알 수 있다. 이렇듯 이스라엘에는 건국 초기
부터 후대 유대교 시절에 이르기까지 끊임없이 빚진 자들, 경제적으로 파산상
태에 처한 사람들이 있었다.

느헤미야는 앞에서 살펴본 5장 1-5절 상황에 직면해서 즉각 사람들을 불
러 모으고 대책을 강구하는데, 이 고리대금이 심각한 사회문제임을 인식하고,
동족들에게 고리로 돈을 빌려주는 것을 반민족적이며 반신앙적인 행위로 규
정한다. 그래서 이자를 전혀 받지 않겠다는 서약을 공식적으로 하고, 그 서약
을 어길 경우 저주를 받을 것이라고 경고한다.

6 내가 백성의 부르짖음과 이런 말을 듣고 크게 노하였으나 7 깊이 생각하고
귀족들과 민장들을 꾸짖어 그들에게 이르기를 너희가 각기 형제에게 높은 이
자를 취하는도다 하고 대회를 열고 그들을 쳐서 8 그들에게 이르기를 우리는
이방인의 손에 팔린 우리 형제 유다 사람들을 우리의 힘을 다하여 도로 찾았거
늘 너희는 너희 형제를 팔고자 하느냐 더구나 우리의 손에 팔리게 하겠느냐
하매 그들이 잠잠하여 말이 없기로 9 내가 또 이르기를 너희의 소행이 좋지

못하도다 우리의 대적 이방 사람의 비방을 생각하고 우리 하나님을 경외하는 가운데 행할 것이 아니냐 10 나와 내 형제와 종자들도 역시 돈과 양식을 백성에게 꾸어 주었거니와 우리가 그 이자 받기를 그치자 11 그런즉 너희는 그들에게 오늘이라도 그들의 밭과 포도원과 감람원과 집이며 너희가 꾸어 준 돈이나 양식이나 새 포도주나 기름의 백분의 일을 돌려보내라 하였더니 12 그들이 말하기를 우리가 당신의 말씀대로 행하여 돌려보내고 그들에게서 아무것도 요구하지 아니하리이다 하기로 내가 제사장들을 불러 그들에게 그 말대로 행하겠다고 맹세하게 하고 13 내가 옷자락을 털며 이르기를 이 말대로 행하지 아니하는 자는 모두 하나님이 또한 이와 같이 그 집과 산업에서 털어 버리실지니 그는 곧 이렇게 털려서 빈손이 될지로다 하매 회중이 다 아멘 하고 여호와를 찬송하고 백성들이 그 말한 대로 행하였느니라(느헤미야 5장 6-13절)

느헤미야를 비롯해서 그 신복들도 백성들에게 돈과 양식을 꾸어주었다는 것은 당시 경제사정이 얼마나 어려웠는지를 알 수 있고, 유다 사회가 돈과 양식을 꿀 수밖에 없는 사람들과 꾸어줄 만큼 부유한 사람들로 양분되어 있었음을 짐작할 수 있다. 느헤미야와 그의 신복들은 돈과 양식을 꾸어주고 이자를 받지 않았으며, 그들이 빚을 갚지 못해도 종으로 삼지 않았다. 여기서 보는 대로, 느헤미야 당시에 개혁추진을 위태롭게 할 만큼 백성들이 경제적으로 매우 어려운 상황에 처했는데, 느헤미야는 그 원인을 고리대금(高利貸金)으로 보았다. 고리대금은 형제계약을 파기하는 범죄일 뿐만 아니라, 채무자를 다시는 일어설 수 없게 만드는 가혹한 행위이다. 이와 반대로, 이자를 받지 않는 것은 자신이 손해를 입더라도 형편이 어려운 사람을 도와서 회생하게 하려는 한 방편이다.

이자를 받으려고 돈을 꾸어주지 아니하며 뇌물을 받고 무죄한 자를 해하지 아니하는 자이니 이런 일을 행하는 자는 영원히 흔들리지 아니하리이다 (시편 15편 5절)

이처럼 고대 이스라엘은 이자를 받지 않고 그 사람으로 하여금 회생할 가능성을 갖게 해주는 사람을 칭송했다. 에스겔도 이자 받는 것을 중한 죄로 규정했다.

네 가운데에 피를 흘리려고 뇌물을 받는 자도 있었으며 네가 변돈과 이자를 받았으며 이익을 탐하여 이웃을 속여 빼앗았으며 나를 잊어버렸도다 주 여호와의 말이니라(에스겔 22장 12절)

이처럼 이스라엘이 전적으로 이자를 금하고 이자를 받는 것을 죄악시하는 것은 다른 나라들과 비교할 때 매우 독특한 규정이다.

이스라엘 백성들이 하나님의 종이라는 개념은 가난한 자들, 파산자들을 위한 개혁을 추진한 느헤미야에게서도 나타난다.

10 이들은 주께서 일찍이 큰 권능과 강한 손으로 구속하신 주의 종들이요 주의 백성이니이다 11 주여 구하오니 귀를 기울이사 종의 기도와 주의 이름을 경외하기를 기뻐하는 종들의 기도를 들으시고 오늘 종이 형통하여 이 사람들 앞에서 은혜를 입게 하옵소서 하였나니 그때에 내가 왕의 술 관원이 되었느니라 (느헤미야 1장 10-11절)

이스라엘이 하나님의 종이라는 것은 이스라엘이 하나님 소유라는 것이다. 이것은 매우 중요한 생각이다. 레위기는 이스라엘 땅이 하나님의 것이라고 선언한다. 그리고 이스라엘 백성은 모두 하나님의 땅을 경작하는 종이라고 말한다. 그렇기 때문에 이스라엘 백성들은 동족들을 결코 종으로 부릴 수 없고, 땅도 제 마음대로 할 수 없다. 에스겔서에서도 제비를 뽑아 지파별로 땅을 재분배하는데, 왕이라 할지라도 원래 분배받은 땅 이상을 점유하지 못하도록 강력하게 규정한다. 그래서 백성들이 땅을 잃고 이러 저리 살길을 찾아 헤매지 않게 하신다.

이스라엘 백성은 애굽에서 종살이하다가 해방되었지만, 완전히 자유로움을 누리지 못하고 오히려 하나님의 종이 된다. 그런데 모든 이스라엘 백성이 하나님의 종이라는 이 생각이 고대 이스라엘 사회에서 발생하는 경제적인 문제를 이스라엘 방식으로 처리하게 하는 중요한 요인이었다. 경제적으로 어려움을 당하는 자들을 도와서 다시 일어서게 하고, 파산자들을 회생시키기 위한 여러 가지 방법들은 모두 이 생각에 기초한다. 느헤미야가 그 일을 했다는 점에서, 느헤미야는 무엇보다 경제 지도자였다.

3. 느헤미야 2 – 개혁적 지도자

느헤미야서 13장은 느헤미야가 첫 번째 총독 임무를 마치고 바사로 가기 전까지(1-3절)와 바사에서 귀국한 후 두 번째 임무를 시작한 때(4-31절)로 나눌 수 있다. 느헤미야서를 시기에 따라 이렇게 크게 두 부분으로 나누는데, 더 세밀하게 살피면, 다음과 같이 다섯 부분으로 나뉜다.

1) 첫 번째 개혁
  (1) 1-3절 : 이방인 축출
2) 두 번째 개혁
  (1) 4-9절 : 성전 정화 – 도비야 축출
  (2)_10-14절 : 성전 정상화 – 레위인 복귀
  (3) 15-22절 : 성일 준수 – 안식일 준수
  (4) 23-31절 : 이방인 축출

1) 첫 번째 개혁 – 개혁의 끝은 어디인가?(1-3절)

느헤미야는 귀국한 이후에 숨 돌릴 겨를도 없이 많은 일들을 한다. 만약 그렇게 하지 않았다면 유다는 제대로 설 수 없었을 것이다. 적대적인 세력들이 갖은 방법으로 방해를 하지만, 느헤미야와 유다 백성들은 그것들을 다 이겨내고 끝내 무너진 성벽과 문을 재건한다. 그리고 느헤미야는 백성들을 계보와 직능에 따라 재조직하고 그들에게 적합한 임무를 맡긴다. 에스라와 더불어 사경회를 개최해서 백성들이 하나님 말씀을 알고 그 말씀에 따라 살게 하고, 하나님이 원하시는 대로 살기로 서약하게 한다. 이렇게 해서 유다는 든든하게 선다. 그런데 과연 느헤미야는 자신의 첫 번째 개혁을 어떻게 마무리했을까?

(1) 말씀읽기

하나님을 경외하고 하나님 뜻을 실천하려는 강력한 의지를 갖고 귀국해서, 지칠 줄 모르고 신복들과 더불어 솔선수범하며 개혁을 진두지휘해온 느헤미야는 말씀을 읽는 것으로 마지막 개혁을 시작한다. 아니, 말씀을 읽으면서 자연스럽게 개혁이 일어났다고 해야 할 것이다. 즉, 말씀읽기가 개혁을 촉발시킨 것이다. 그들은 특히 신명기 23:3-6을 주목한다.

느헤미야 13:1-2	신명기 23:3-6
암몬 사람과 모압 사람은 영영히 하나님의 회에 들어오지 못하리니	암몬 사람과 모압 사람은 여호와의 총회에 들어오지 못하리니 그들에게 속한 자는 십대 뿐 아니라 영원히 여호와의 총회에 들어오지 못하리라
이는 저희가 양식과 물로 이스라엘 자손을 영접지 아니하고 도리어 발람에게 뇌물을 주어 저주하게 하였음이라	그들은 너희가 애굽에서 나올 때에 떡과 물로 너희를 길에서 영접하지 아니하고 메소보다미아의 브돌 사람 브올의 아들 발람에게 뇌물을 주어 너희를 저주케 하려 하였으나
그러나 우리 하나님이 그 저주를 돌이켜 복이 되게 하셨다 하였는지라	네 하나님 여호와께서 너를 사랑하시므로 발람의 말을 듣지 아니하시고 그 저주를 변하여 복이 되게 하셨나니
	너의 평생에 그들의 평안과 형통을 구하지 말지니라

발람이 이스라엘을 저주하는 장면은 민수기 22-24장에 기록되어 있는데, 유다 백성들은 옛 역사를 되돌아보면서, 자신들이 말씀대로 사는지 살폈다.

(2) 말씀실천

말씀을 들으면서 그들은 자신들의 삶을 말씀에 비춰보고, 그들이 무엇을 잘못하는지 찾아냈다. 그리고 말씀대로 즉각 실천했다.

백성이 이 율법을 듣고 곧 섞인 무리를 이스라엘 가운데서 모두 분리 하였느니라(느헤미야 13장 3절)

이처럼 신속하게 말씀을 실천하다니, 정말 놀라운 일이다. 그들은 말씀을 읽으면서 현재 그들에게 무엇이 문제인지를 파악하고, 그것을 바로 잡았다. 그들은 그동안 자신들과 함께 거주해온 이방인들을 단호하게 축출했다. 이것은 쉬운 일이 아니었을 것이다. 그런데 느헤미야 10장을 보면, 이렇게 대대적으로 이방인들을 축출하기 전에 이미 이방인들과 절교한 사람들도 있었으며(28절), 유다 백성들은 그렇게 하기로 서약했었다.

30 우리 딸은 이 땅 백성에게 주지 아니하고 우리 아들을 위하여 저희 딸을 데려오지 아니하며 11 혹시 이 땅 백성이 안식일에 물화나 식물을 가져다가 팔려 할지라도 우리가 안식일이나 성일에는 사지 않겠고 제 칠년마다 땅을 쉬게 하고 모든 빚을 탕감하리라 하였고(느헤미야 10장 30-31절)

그들은 이 서약을 실천한 것이다. 이것으로 느헤미야는 첫 번째 개혁을 완수한다. 물론 이방인을 축출하는 것에 대해서 여러 가지로 논란할 수 있겠지만, 당시 상황에서는 그렇게 하지 않았다면, 유다를 바로 세우지 못했을 것이 분명하다. 존립이 위태로운 상황에서 유다인들은 무엇보다 자신들의 정체성을 명확하게 할 필요가 있었고, 그것을 위해서 필수적인 조치들을 취해야 했다는 것을 이해해야 한다. 하지만 그 당시에 그렇게 했다고 해서, 지금도 이방인들을 그렇게 대해야 한다는 것은 아님을 기억해야 할 것이다.

2) 두 번째 개혁 – 이보다 완벽할 순 없다(4-31절)

느헤미야는 12년 동안(주전 445-433년) 총독으로 봉직하다가, 바사로 갔는데, 424년 이전에 다시 귀국한 것으로 보인다. 그런데 느헤미야가 예루살렘을 비운 사이에 느헤미야의 대적들이 세력을 장악하고, 그동안 느헤미야가 어렵게 이뤄놓은 모든 것들을 다 망쳐놓았다. 그들은 성전을 장악하고, 그곳을 그들 세력의 본거지로 삼고 자신들 마음대로 유다를 휘둘렀다. 그래서 느헤미야가 돌아왔을 때 유다 상황이 매우 심각했던 것으로 보인다. 그가 애써 이뤄놓은 모든 개혁들이 다 수포로 돌아간 것이다. 누가 봐도 절망적인 상황이었을 것이다. 그러나 느헤미야는 두 번째 총독 임무를 시작하면서, 적대세력들을 완전히 몰아내고 다시 철저한 개혁을 실시한다. 진정 그는 지치거나 절망할 줄 모르는 불굴의 개혁자였다.

(1) 성전정화(4-9절) – 적대세력축출

먼저 느헤미야는 세력을 장악한 대적들을 숙청하는 일을 한다. 대표적인 인물이 엘리아십인데, 이 엘리아십이 누구인지는 불분명하다. 많은 사람들은 그가 3:1, 20-21, 12:10, 22, 13:28에 나오는 대제사장 엘리아십일 것이라고 생각하지만, 대제사장 엘리아십이 느헤미야에게 적극 동조했던 사실과 본문에 나오는 엘리아십의 행동을 살펴보면, 그가 대제사장은 아니었을 것으로 보인다. 그러나 엘리아십이 비록 대제사장은 아니었지만, 도비야로 하여금 야심을 실현하도록 도와줄 수 있는 힘을 지닌 인물이었음이 분명하다.

엘리아십이 도와준 도비야는 산발랏과 더불어 느헤미야를 대적하는 대표적인 인물이다. 산발랏과 도비야는 처음부터 느헤미야를 대적하고, 느헤미야가 반역의도가 있다고 하고, 느헤미야가 추진하는 개혁을 저지할 수 없자, 심지어 느헤미야를 살해하기 위한 음모까지 꾸몄다(2:10,19, 3:33,35, 4:1-2, 6:1, 14, 17-19). 도비야에 관한 구절들을 찾아보자.

산발랏과 도비야와 아라비아 사람 게셈과 그 나머지 우리의 대적이 내가 성을 건축하여 그 퇴락한 곳을 남기지 아니하였다 함을 들었는데 내가 아직 성문에 문짝을 달지 못한 때라(6:1)

깨달은즉 저는 하나님의 보내신 바가 아니라 도비야와 산발랏에게 뇌물을 받고 내게 이런 예언을 함이라(6:12)

내 하나님이여 도비야와 산발랏과 여선지 노아댜와 그 남은 선지자들 무릇 나를 두렵게 하고자 한 자의 소위를 기억하옵소서 하였더라(6:14)

위 구절들에서 볼 수 있는 것처럼, 처음에는 산발랏이 앞에 나오지만, 뒤로 갈수록 도비야가 앞에 나온다. 이것은 도비야가 점점 세력이 강해졌고 주도권을 장악했음을 보여준다. 그러면서 도비야는 유다 지도층 인사들까지 포섭했다.

그때에 유다의 귀인들이 여러 번 도비야에게 편지하였고 도비야의 편지도 저희에게 이르렀으니 도비야는 아라의 아들 스가냐의 사위가 되었고 도비야의 아들 여호하난도 베레갸의 아들 므술람의 딸을 취하였으므로 유다에서 저와 동맹한 자가 많음이라 저희들이 도비야의 선행을 내 앞에 말하고 또 나의 말도 저에게 전하매 도비야가 항상 내게 편지하여 나를 두렵게 하고자 하였느니라 (느헤미야 6장 17-19절)

당시 도비야는 느헤미야에게 가장 위협적인 인물이었을 것이다. 느헤미야는 총독직을 수행하면서 도비야를 비롯한 적대적인 세력들을 잘 통제했지만, 문제는 그가 예루살렘을 비운 동안에 일어났다. 느헤미야가 없는 기간 동안, 도비야를 비롯한 개혁적대세력을 막을 수 있는 사람은 아무도 없었다. 그래서 예루살렘과 유다는 도비야 손에 넘어가고 말았다. 심지어 도비야는 성전에서 거주했다. 그런데 도비야가 머물던 곳은 십일조와 헌물들을 저장하는 곳이었다. 성전에는 십일조와 헌물을 저장하는 방들이 여럿 있었다(대하 31:11,

느 10:40). 느헤미야는 첫 번째 개혁을 하면서 그곳을 정비했다.

> 그날에 사람을 세워 곳간을 맡기고 제사장들과 레위 사람들에게 돌릴 것 곧
> 율법에 정한 대로 거제물과 처음 익은 것과 십일조를 모든 성읍 밭에서 거두어
> 이 곳간에 쌓게 하였노니 이는 유다 사람이 섬기는 제사장들과 레위 사람들을
> 인하여 즐거워함을 인함이라(느헤미야 12장 44절)

도대체 그 곳간이 무슨 의미를 갖기에 본문이 그토록 관심을 보이는 것일
까? 그 곳간을 정비해서 제 기능을 하게 하는 것은 유다 사회를 성전(제사)을
중심으로 바로 세우는 데 매우 중요했다. 그래서 느헤미야가 정비한 것인데,
이것을 도비야가 완전히 무너뜨린 것이다. 도비야는 그 방들을 차지했을 뿐만
아니라, 9절을 통해서 추론해보면, 그곳에 두었던 제의에 필요한 여러 가지
도구들을 모두 밖에 내다놓았던 것으로 보인다. 이것은 당시에 성전이 제 기
능을 상실했음을 의미하며, 하나님을 경외하는 느헤미야로서는 도저히 묵과
할 수 없는 행위였다. 귀국한 느헤미야는 도비야와 그의 추종자들을 축출했
다. 도비야가 차지한 방들을 비우고 정결케 한 다음, 그 방들을 원래 기능들을
위해서 사용하게 했다.

> 내가 심히 근심하여 도비야의 세간을 그 방 밖으로 다 내어던지고 명하여 그
> 방을 정결케 하고 하나님의 전의 기명과 소제물과 유향을 다시 그리로 들여놓
> 았느니라(느헤미야 13장 8-9절)

대적들을 축출하고, 성전을 정화하고 그 기능을 회복하는 일. 느헤미야는 이
것으로 그의 두 번째 개혁을 시작한다. 역시 하나님을 경외하는 느헤미야답다.

　(2) 성전정상화(10-14절) - 레위인 복귀
　도비야가 십일조와 헌물들을 저장하도록 한 방들을 다른 용도로 사용했다

는 것은 백성들로 하여금 십일조와 헌물들을 내지 못하게 했거나, 그것들을 다른 용도로 사용했음을 의미한다. 그래서 레위인들이 생계를 유지할 수 없었던 모양이다. 레위인들은 전적으로 십일조에 의존했다. 그들은 땅도 소유할 수 없었다(민 18:21-24, 신 14:29, 18:1). 그래서 십일조가 끊기면 그들은 생계를 위해 성전을 떠나 다른 방법을 찾아야 했다.

그렇기에 제사장, 특히 레위인들의 생계를 보장해주지 않으면, 성전이 제 기능을 발휘할 수 없다. 그래서 느헤미야는 사람들로 하여금 하나님의 전을 위해서 돈을 내고, 헌물을 드리고 십일조를 드리게 해서, 제사장들과 레위인들이 생계를 걱정하지 않고 성전에서 섬기도록 하겠다고 서약하게 했다. 그리고 백성들로 하여금 그들이 서약한 대로 실행하게 했다.

레위 사람들이 십일조를 받을 때에는 아론의 자손 제사장 하나가 함께 있을 것이요 레위 사람들은 그 십일조의 십분 일을 가져다가 우리 하나님의 전 골방 곧 곳간에 두되 곧 이스라엘 자손과 레위 자손이 거제로 드린 바 곡식과 새 포도주와 기름을 가져다가 성소의 기명을 두는 골방 곧 섬기는 제사장들과 및 문지기들과 노래하는 자들이 있는 골방에 둘 것이라 그리하여 우리가 우리 하나님의 전을 버리지 아니하리라(느헤미야 10장 38-39절)

이렇게 서약했을 뿐만 아니라, 12장 마지막 부분을 보면, 제사장들과 레위인들을 위한 헌물을 곳간에 쌓고, "그 구별한 것을 레위 사람들에게 주고 레위 사람들은 그것을 또 구별하여 아론 자손에게 주었다"(12:47). 느헤미야는 성전이 제 기능을 할 수 있도록, 사람들을 계보와 재능에 따라 적재적소에 배치하고, 그들에게 필요한 것들을 제공했다.

하지만 느헤미야가 떠난 다음, 도비야가 세력을 장악하면서, 그들은 하나님의 집을 버렸다(아자브〈עֲזָב〉, 11절) 백성들이 헌물을 드리지 않자, 생계를 유지할 수 없게 된 레위인들은 모두 성전을 떠났고, 성전은 그 기능을 상실했다. 도비야를 비롯한 사람들은 느헤미야와 달리 하나님의 집에는 전혀 관심이 없었다. 이스라엘 사람들에게 이것만큼 위험한 일은 없을 것이다. 하나님의 집을 버렸다는 것은 하나님을 버렸다는 것과 같은 의미이기 때문이다. 그러니 그들은 얼마동안 하나님 없는 삶을 산 것이다.

느헤미야는 귀국해서 상황이 얼마나 심각한지 파악하고, 성전을 떠난 레위인들을 다시 불러들여서 본연의 임무를 맡게 하고, 백성들로 하여금 십일조를 드리게 해서 곳간에 쌓고, 충직한 사람들로 하여금 그 곳간을 맡게 하고, 헌물을 분배하게 했다. 이렇듯 성전이 제 기능을 하게 하는 것이 당시 유다 사람들에게 얼마나 중요한 일이었는지는 느헤미야가 하나님께 드리는 기도에서 알 수 있다.(느헤미야는 10-14절, 15-22절, 23-31절을 모두 기도로 마무리한다.)

내 하나님이여 이 일을 인하여 나를 기억하옵소서 내 하나님의 전과 그 모든 직무를 위하여 나의 행한 선한 일을 도말하지 마옵소서(느헤미야 13장 14절)

(3) 성일준수(15-22절) - 안식일준수
느헤미야는 돌아오자마자, 당시 상황을 면밀히 살핀 다음("그때에 내가 본즉 유다..."〈15절〉, "그때에 내가 또 본즉 유다..."〈23절〉),, 무엇이 문제인지를 파악하고 바로 대응했다. 느헤미야가 파악한 또 다른 문제는 안식일 준수에 관한 것이었다. 느헤미야는 예루살렘 외곽에 사는 유다인들이 안식일에 예루살렘에 들어와 상업을 하는 것을 알았다. 그런데 안식일에 장사하는 일은 하루 이틀 된 이야기가 아니다. 그것은 주전 8세기에 아모스도 지적한 문제이다.

궁핍한 자를 삼키며 땅의 가난한 자를 망케 하려는 자들아 이 말을 들으라 너희가 이르기를 월삭이 언제나 지나서 우리로 곡식을 팔게 하며 안식일이 언제나 지나서 우리로 밀을 내게 할꼬 에바를 작게 하여 세겔을 크게 하며 거짓 저울로 속이며 은으로 가난한 자를 사며 신 한 켤레로 궁핍한 자를 사며 잿밀을 팔자 하는도다(아모스 8장 4-6절)

그리고 예루살렘 함락 직전에 예레미야도 안식일 준수에 대해서 비슷한 지적을 했다.

여호와께서 이같이 말씀하시되 너희는 스스로 삼가서 안식일에 짐을 지고 예루살렘 문으로 들어오지 말며 안식일에 너희 집에서 짐을 내지 말며 아무 일이든지 하지 말아서 내가 너희 열조에게 명함같이 안식일을 거룩히 할지어다(예레미야 17장 21-22절)

언제나 그렇지만 경제적인 이익 앞에서는 신앙도 소용없다. 그런데 유다인들 뿐만 아니라 두로인들도 안식일에 상거래를 했다. 두로 사람들은 얼마나 상업에 능한 사람들인가. 그러니 보통 문제가 아니었다. 그래서 느헤미야는 안식일에 상업을 철저하게 금지해야겠다고 생각했다. 그는 먼저 유다 귀인들을 소집해서 그들을 꾸짖는다. 유다 귀인들은 그들에게 주어진 책임을 다하지 못했기에 책망을 들을 만하다. 과거 그들의 선조들이 안식일을 준수하지 않아서 멸망당한 역사를 언급하며, 안식일을 준수하지 않는 것이 얼마나 큰 죄인지를 알려준다. 그리고 신복들을 성문에 세우고 안식일에는 아무도 예루살렘에 들어오지 못하게 했다. 그리고 예루살렘 성 밖에서 숙식하는 장사치들에게 엄중경고해서 안식일에는 어떠한 상거래도 하지 못하게 했다. 이렇듯 느헤미야는 유다, 특히 예루살렘 사람들이 안식일을 안식일답게 지키게 함으로써, 안식일을 거룩하게 하라고 하신 하나님 명령을 완벽하게 이행했다. 그런데 이것이 얼마나 중요하고 어려운 일이었는지는 느헤미야가 드리는 기도를 통해서 짐작할 수 있다(22절). 느헤미야는 힘듦을 무릅쓰고 안식일 준수를 이뤄낸 것이다.

(4) 이방인축출(23-31절)

느헤미야가 파악한 또 다른 문제는 유다인들이 이방인(아스돗, 암몬, 모압인)과 통혼한 것인데, 느헤미야는 그런 결혼 자체에도 충격을 받았을 뿐만 아니라, 아이들이 하는 언어를 듣고, 그들이 아스돗어와 다른 외국어는 말해도, 정작 히브리어(유다어, 왕하 18:26, 28)는 전혀 하지 못한다는 사실에 더 큰 충격을 받았다. 경전이 중요한 역할을 하는 종교에서는 언어습득이 중요하다. 그러니 유다 아이들이 모국어를 전혀 하지 못한다는 것은 보통 심각한 게 아니다. 유다 사회의 존립과 직결된 사안이었기 때문이다. 느헤미야는 중대성을 느끼고 사람들을 책망하고 심지어 두어 사람을 때리고 머리털을 뽑기까지 했다. 우리는 이런 사실에서 느헤미야가 받은 충격을 짐작할 수 있다. 에스라도 대단한 충격을 받았다.

> 이 일 후에 방백들이 내게 나아와 가로되 이스라엘 백성과 제사장들과 레위 사람들이 이 땅 백성과 떠나지 아니하고 가나안 사람과 헷 사람과 브리스 사람과 여부스 사람과 암몬 사람과 모압 사람과 애굽 사람과 아모리 사람의 가증한 일을 행하여 그들의 딸을 취하여 아내와 며느리를 삼아 거룩한 자손으로 이방 족속과 서로 섞이게 하는데 방백들과 두목들이 이 죄에 더욱 으뜸이 되었다 하는지라 내가 이 일을 듣고 속옷과 겉옷을 찢고 머리털과 수염을 뜯으며 기가 막혀 앉으니(에스라 9장 1-3절)

유다 사회 존립을 걱정해야 하는 상황에서 통혼과 이로 인한 언어적 문제가 얼마나 치명적이었는지를 이 구절들을 통해서 충분히 짐작할 수 있다. 느헤미야는 그들이 중대한 죄를 지었음을 깨닫도록 하기 위해서 솔로몬을 예로 든다.

> 솔로몬 왕이 바로의 딸 외에 이방의 많은 여인을 사랑하였으니 곧 모압과 암몬과 에돔과 시돈과 헷 여인이라 여호와께서 일찍이 여러 국민에게 대하여 이스라엘 자손에게 말씀하시기를 너희는 저희와 서로 통하지 말며 저희도 너희와 서로 통하게 말라 저희가 정녕코 너희의 마음을 돌이켜 저희의 신들을 좇게 하리라 하셨으나 솔로몬이 저희를 연애하였더라(열왕기상 11장 1-2절)

느헤미야는 자신이 행한 두 번째 개혁을 첫 번째 개혁과 마찬가지로 이방인축출로 마무리한다. 그리고 느헤미야는 28-31절에서 자신이 두 번째 총독직을 감당하면서 이뤄낸 개혁 업적들을 언급하며 하나님이 그것들을 기억하고 복을 내려주기를 기도한다. 마무리 기도들은 느헤미야가 모든 일을 기도로 시작하고 기도로 마무리하는 기도의 사람임을 보여준다. 그리고 그 기도들은 느헤미야가 이뤄낸 일들이 하나님을 경외하지 않고는, 그리고 담대한 믿음이 없이는 결코 불가능한, 어려운 일이었음을 짐작케 한다.

지금까지 우리가 살펴본 대로, 느헤미야는 두 번에 걸쳐서 유다 사회를 개혁한다. 존립이 위태로운 유다에 첫 번째 귀국해서 온갖 어려움과 살해 위험을 이겨내며 유다를 개혁했고, 도비야가 철저히 망쳐놓은 유다 사회를 두 번째로 귀국해서 완벽하게 바로 세운다. 그는 진정 불굴하는 정신으로 민족중흥을 이룬 위대한 개혁적 지도자였다. 이런 위대한 지도자를 책을 통해서, 특히 말씀을 통해서 만날 수 있다는 것은 이 시대를 사는 우리에게 하나님이 주시는 커다란 기쁨이며 복이다.